中國學術思想 研究輯刊

三五編

林慶彰 主編

第23冊

印順法師的佛學思想

蔣立群 著

花木蘭文化事業有限公司

國家圖書館出版品預行編目資料

印順法師的佛學思想／蔣立群 著 -- 初版 -- 新北市：花木蘭
文化事業有限公司，2022〔民111〕
序 2+ 目 4+264 面；19×26 公分
（中國學術思想研究輯刊 三五編；第 23 冊）
ISBN 978-986-518-825-2（精裝）
1.CST：釋印順 2.CST：學術思想 3.CST：佛教哲學
030.8   110022438

ISBN-978-986-518-825-2

中國學術思想研究輯刊
三五編　第二三冊　　　　　　　　ISBN：978-986-518-825-2

印順法師的佛學思想

作　　者　蔣立群
主　　編　林慶彰
總 編 輯　杜潔祥
副總編輯　楊嘉樂
編輯主任　許郁翎
編　　輯　張雅淋、潘玟靜、劉子瑄　美術編輯　陳逸婷
出　　版　花木蘭文化事業有限公司
發 行 人　高小娟
聯絡地址　235 新北市中和區中安街七二號十三樓
　　　　　電話：02-2923-1455／傳真：02-2923-1452
網　　址　http://www.huamulan.tw 信箱 service@huamulans.com
印　　刷　普羅文化出版廣告事業
封面設計　劉開工作室
初　　版　2022 年 3 月
定　　價　三五編 23 冊（精裝）新台幣 62,000 元

印順法師的佛學思想

蔣立群 著

作者簡介

蔣立群，男，1966 年出生於北京。1988 年畢業於北京廣播學院（中國傳媒大學），之後從事新聞工作，由於工作上的便利，對國家政策以及社會上的各色人物都有興趣研究和思考。2004 年11 月，師從中國人民大學金正昆教授完成碩士論文《2008 北京「人文奧運」的模式選擇》，對中外文化的比較研究有了初步成型的想法。2013 年 5 月，師從中央民族大學劉成有教授完成本書的寫作，自覺能對相關議題給出一個沒有矛盾的解釋。現服務於蘇州戒幢佛學研究所。

提　要

　　「人間佛教」思想是當今大陸和港臺漢傳佛教界一致推崇的現代佛教理念，但是對它的理解和詮釋卻是最多元、最歧異的。要想釐清其中的頭緒，需要我們超越現有的文本的詮釋模式，去挖掘人物思想背後的元問題，即印順法師當時心中的疑惑是什麼？他怎樣思考？以及他的結論。只有順著這個脈搏，我們才能理解他的思想，並對他所做努力的當代意義給予正確的評價。

　　根據這個思路，全書提出印順法師一生中曾發生過三次重大的跨越：第一次是在與其他宗教的對比中發現了佛教的與眾不同，從而皈依了佛門；第二次則是通過閱藏抉擇出了純正的佛法，並發現了中國現實佛教中各種問題背後的原因──對純正佛法的背離，因此他沒有特宏傳統的某一宗派，而是構建了一個具有現代意義的「人間佛教」體系；第三次，應該是試圖以他的「人間佛教」思想去扭轉中國佛教的面貌，更一步地，從淨化人心開始，逐步進到社會的真正進步，最終實現宇宙的莊嚴清淨。其中，前兩次跨越對治的問題明確，答案亦十分精彩。但是第三次的跨越只是抬起了一隻腳，結局如何，全看其繼承者能否切實地解決他遺留給我們的真問題。

　　至於「人間佛教」的解讀，本書採用了幾個分析問題的框架，通過它對東西方宗教哲學的細微差別嘗試著做出了一些界定，同時，亦將印順法師的佛學思想置於這個框架之中，突出強調了緣起性空、人、踐行等幾個方面，以期把「人間佛教」思想的核心理念完整、清晰地呈現出來。

獻給譚英春（1942～2018）
給了我生命和靈魂。

序

劉成有

　　近代中國經歷了歷史上最嚴重的一次生存危機，全社會各階層人士或早或晚、或主動或被動，都參與到了這場巨大的現代性變革當中，佛教界也不例外。從微觀的層面看，與佛教有關的各個參與者都在做著各種各樣的調試，以應對當時的挑戰：政府的宗教政策從廟產興學，到宗教信仰自由；居士群體從過去附屬的地位，到引領了佛教教育、學術的改革，對淨土宗、藏傳佛教的興盛亦起到一定的推動作用；而佛教僧眾內部，更是展示了不同的風貌，堅持傳統的、立意求新的，都在當時留下了重重的一筆，至今仍有餘響。從宏觀的層面看，佛教義理過去曾促進了宋明理學的發展，經過明清兩代，儒釋道思想進一步融合，成為中國正統思想的重要組成部分。這種思想體系亦面臨著西學的嚴重衝擊，一代一代先進的知識分子在現代性的轉型過程中進行了多種的嘗試，從建立孔教、到在佛教中尋找現代性資源，從「中體西用」到接受馬克思主義，這中間的變化更是深刻地塑造了現代中國的形象。

　　在這一歷史洪流中，有一位僧人也進行了一次最深刻的思考。從微觀層面看，他也許只是為了解脫個人的煩惱，但從宏觀層面看，他的努力未嘗不是為了拯救當時衰亡的舊中國，他用佛教思想作為武器，對西方神我的思想進行了徹底的否定，為大眾展示了「人間佛教」的救世方案，他就是印順法師。進入 21 世紀以後，隨著兩岸三地佛教界交流的熱絡，印順法師的名字開始引起了大陸學界的注意，2009 年，中華書局也出版了《印順法師佛學著作全集》（全二十三卷），從資料上解決了研究的瓶頸。

　　對於宗教研究來說，立群可以說是半路出家，但因他有著豐富的社會經驗，平時亦肯動腦筋思考有關問題，因此他能從一種社會學的眼光去認識近

現代佛教界出現的一些問題。在本書緒論中，他介紹了自己參加的幾次佛學夏令營的情況，顯示出他跳出書本的侷限，試圖從現實角度發現佛教各種問題的思路。對於印順法師的分析，立群能夠從問題出發——印順法師為什麼出家？研究佛法的目的為何？——去追尋他的思路歷程，並做出印順法師的一生出現過三次重大跨越的論斷：第一次跨越給自己空虛心靈的解脫找到了答案，第二次跨越給近代中國佛教衰敗的原因給出了一個解釋，而第三次的跨越尚未完成——印順法師繼太虛大師之後豐富了「人間佛教」的理念，但沒有把它更加系統地具體落實。立群由此總結說，印順法師的支持者應在這方面做出更為艱巨的努力才是對他最好的繼承，這個結論是可以得出的。

由於涉獵廣泛，立群在方法論上亦有自己獨到的堅持，他以哲學的二元對立體系為架構，分析印順法師抉擇基督教、道家、儒家思想的異同，並用這一架構理解印順法師對緣起性空、中觀、三法印、「人間佛教」等核心意涵的解釋，特別強調印順法師的佛學思想不是二元思維的本體論，並以此作為印順法師判斷勝義諦與世俗諦的標準，這個結論清晰而明確，確實比一般只是摘編復述或粗暴批判印順法師觀點的論文有質感。另外，立群亦以這個架構區分教界研究與學界研究的異同，並把印順法師的研究方法界定為傳統經學與現代史學的混合型，這對釐清印順法師的論述風格也是有幫助的。

當然，印順法師的研究不會僅僅適用一種模式，我希望這部著作能夠對這一研究提供有建設性的方案。

我應惠空法師之約撰寫的《佛教現代化的探索與實踐：印順法師傳》2008 年由臺中慈光寺出版後，很想進一步深化對「人間佛教」的理論分析。但限於精力，沒有及時完成這一研究工作。立群 2010 年到中央民族大學跟我攻讀博士學位的時候，他已浸潤佛學研究多年，對當代佛教有較多的思考。在跟立群交流的過程中，他欣然接受這一選題作為他博士學位論文的研究方向。論文完成後，受到博士學位論文答辯委員會的一致好評。但因各種原因未能及時出版。得知此作即將付梓，欣喜之餘，樂為之序。

劉成有

2021 年 8 月 2 日於中央民族大學

公式目次

圖目次

緒論　問題的提出

因為不懂，使我嚮往。

——印順，《我怎樣選擇了佛教》

一、緣起

　　以印順法師（1906～2005）的佛學思想〔註1〕作為畢業論文的題目，可以說是筆者思考佛法十多年來的一個必然結果。正如標題下引文所指出的那樣，從無知、迷茫，到如今能對佛法有一個大致完整的認識，其間的每一個環節，都可說是不斷嚮往、探索的過程，而印順法師的著作就是達成這一結果的最大助緣。

　　筆者最早接觸佛教還是在上世紀九十年代，借著到成都出差之機繞道遊覽了峨眉山。在山頂的流通處請到一本高觀如先生創作的《入佛指南》，其開篇講到初學佛法人們的一些困惑：

　　　　初學的人，看到佛法內有所謂大乘、小乘，有所謂法相、三論、天台、華嚴、禪、淨、真言、律宗，乃至俱捨、成實等宗，已覺得路途紛歧，不知何從措足。（中略，筆者注）

　　　　我原也是初學尋不著門路的人：見著人學法相，也跟著去學法相；聽人說念佛容易，也曾跟著念佛；忽然又出了幾位密教大阿闍

〔註1〕印順法師的作品集包括《妙雲集》24冊、《華雨集》5冊、以及《印度之佛教》等專著十幾部，合計約700多萬字。經過臺灣財團法人印順文教基金會的授權，中華書局於2009年8月出版了《印順法師佛學著作全集》（全二十三卷）。本書中有關印順法師的引文，除特別注明外，均出自中華書局的這個版本，不再一一注明。

梨，一般人都驚歎著神異，我也曾跟著學誦真言，學結手印；連那些無宗無派隨便談說的比丘大德，在家菩薩，我也曾跟著眾人膜拜隨喜；不是我見異思遷，老實說，我本來也並不明白這些宗派是怎麼一回事；我學了許多時，依然不知我到底怎樣去學的是好。我看看同學的人們，也有感著同樣的困難，漸漸退了初心的；也有起初很勇猛，後來雖還勉強勇猛著，卻勉強得不見興味的。〔註2〕

這一段話不僅反映了近代佛教的真實狀況，也是任何一個初學者無法迴避的問題。高先生總結說，佛法的最終目的是求覺悟的，上述各宗只不過是達到覺悟的不同途徑。但是究竟應該走哪一條路呢？在論述了各宗的歷史、所依經論、判教、教義、行證、果位以後，作者將其歸宗為小乘的三法印和大乘的一實相印，他讓讀者根據自己的情況選擇適合自己的修行法門。

說實話，因為是初次接觸，雖讀了幾遍，並沒有掌握其中的內涵。

理論艱深，不如從簡單的實踐做起。帶著這個想法，筆者就教於北京的法源寺，因為那裡能夠發展所謂的在家居士。同樣是在法物流通處看到一本書，名為《生活禪——第六屆生活禪夏令營專輯》。按著上面的電話聯繫到河北省的柏林寺，正好在準備第七屆的活動，於是報了名，並於 1999 年 7 月 20 日～25 日如期參加。分配在智慧組第 8 號，除此之外，還有布施、持戒、忍辱、精進、禪定等五個組，總共約有 120 人。這個活動是全封閉的，在活動期間寺院不對外開放，學員們完全按照寺院的儀軌生活、作息，如早晚課、五觀堂、傳燈法會等等。不過最吸引筆者注意的，還是每天上午、下午和晚上各三場的講座、活動，有介紹佛教儀軌、歷史、坐禪行禪的方法、《金剛經》的講解、戒律的意義，以及柏林寺特有的普茶活動〔註3〕。

在這五天當中，讓筆者感動最深的是來源於普光明殿前「功德碑記」中的一句話。和所有大陸寺院的命運一樣，柏林寺也在「文革」中遭到破壞，1988 年重新開放時只剩下趙州禪師的一座舍利塔。在舉行第一屆夏令營的時候，學員們只能待在陰暗的舊教室裡席地而睡，第三屆或是第四屆的開營式，

〔註2〕高觀如：《入佛指南》，上海市佛教協會，上海市出版局內部資料准印證編號（89）第 086 號，第 1、3～4 頁。

〔註3〕主持講座的有：淨慧、妙華、淨因、湛如等法師、以及王邦維教授。參見《禪》編輯部：《生活禪——第七屆生活禪夏令營專輯》，河北省佛教協會虛雲印經功德藏印行，「柏林寺官網〉夏令營演講集〉第七屆」，http://www.bailinsi.net/index.php/Home/Xly/xlyyjxq/id/7.html。

臺上臺下到處淋雨〔註4〕。而今天的情景卻是：山門、大殿、佛學院、寮房、齋堂、淋浴室廊廊相通，松柏常青，不僅淋不到雨，連土也見不到。整個寺院，你可以在任何一個角落席地而坐，雖是夏天，但處處涼風習習，住在裡面猶如人間仙境。碑記上有云：「人能弘道，非道弘人，其奈人不弘道，何賴有大心菩薩」，「以平常心做平常事，則心淨佛國淨，弘昌世運昌矣」。聯想到接觸的大多數學員們，他們關心的多是儀軌、業與輪迴，時時幻想著能見佛一面，偶而山寨一句「喫茶去」，卻不知佛就在眼前。想到這一巨大的反差，不禁淒然感慨。

　　如果說那次夏令營中感性的東西多了一些，那麼2001年7月28日～8月11日期間，筆者參加的大連聖水寺「第一屆短期出家法會」則在理論上有了一個新的提高。這次活動以禪修為主，前四天坐禪、行禪，後三天止語，並穿插一些淨行托缽、拜千佛懺、出坡、傳燈法會等活動。住持（方丈）〔註5〕只在活動間際做了一些開示，中心意思是說，在禪堂裡一圈一圈地走，你離開了哪裡？念佛之人又是誰？因為有太多的時間沒事想事，心中不免產生許多妄想，曾一度感覺自己以打坐的樣子在飛，感覺所有東西都在轉……因自嘲大腦缺氧了，便收迴心思認認真真思考《金剛經》裡耳熟能詳的幾句經文——「佛說般若波羅蜜，即非般若波羅蜜」，「如來所說法，皆不可取，不可說，非法非非法」，因而略有所悟。按照形式邏輯三大基本規律的要求，

　　　　一個事物如果它存在，那麼它就存在；它不能既存在又不存在；它或者存在，或者不存在。一個事物，如果它在某個時間某個方面具有某個屬性，那麼它在這個時間這個方面就具有這個屬性；它不能既具有又不具有這個屬性；它或者具有這個屬性，或者不具有這個屬性。同一律、矛盾律和排中律分別從不同的角度反映了事物客觀的確定性。〔註6〕

〔註4〕淨慧：《淨慧法師在閉營式上的講話》，《禪》編輯部：《生活禪——第六屆生活禪夏令營專輯》，河北佛協虛雲印經功德藏，冀出內准字（1999）第A191號，第271頁。

〔註5〕性妙法師（1962～），遼寧省政協委員、莊河市政協委員、中國佛教協會第八屆理事會理事、中國佛教協會漢傳佛教教務委員會委員、遼寧省佛教協會駐會副會長、大連市佛教協會副會長、浙江餘姚西隱禪寺方丈、大連聖水寺方丈、莊河紅崖曉寺住持，禪門溈仰正宗第十世、禪門臨濟正宗第四十五世、禪門雲門正宗第十四世法脈傳人。

〔註6〕金岳霖主編：《形式邏輯》，人民出版社，1979年10月，第264頁。

故而得出這麼一個結論，佛法是破除形式邏輯所代表的日常邏輯的，它有它自己的邏輯，目的就是論證其核心概念「空」。

　　再次與佛教近距離接觸是在十年以後，一是參加了北京龍泉寺學佛小組的活動，一是參加了 2011 年 8 月 10 日—16 日在四川省色達縣喇榮五明佛學院舉行的青年佛教學術研討會。龍泉寺的學佛小組在北京有幾處，學員可以根據自己住址的遠近或興趣，選擇任一小組參加。筆者參加的是西直門英文小組，英語組的學員們致力於提高英語佛學水平，希望能為有關的翻譯工作出力。所有學佛小組的教材都是《菩提道次第廣論》以及日常法師﹝註7﹞的錄音材料，小組每次活動都是先聽錄音，然後由小組長講解，最後是組員間的學習分享。當有些學員對龍泉寺屬於何宗何派感到疑惑時，時任住持（方丈）﹝註8﹞曾表示龍泉寺是「菩提道次第派」﹝註9﹞。因此學員們在交流經驗時往往說的就是怎樣、何時達到下士道、中士道、上士道、成佛。在五明佛學院也有類似的情形，研討會第一天的主題就是「人是否存在前後世」，當學員們﹝註10﹞對某一問題爭執不下時，一位學員起立道：我們是否都信佛？當得到大部分的肯定響應時，他就把該問題取消了，認為沒有爭論的必要。五明佛學院是世界上最大的藏傳佛學院，別看這裡地處偏僻、生活條件艱苦、海拔 3900 米、屬於藏區，但仍吸引了大批內地人士來此學習、觀摩。筆者每每問到常駐這裡的法師、居士，幾年以後漢僧是否會超過藏僧這個問題時，得到的答案都是肯定的。一般認為，在漢傳佛教地區大乘中的密宗曾在唐代盛極一時，但自五代以後就衰微

﹝註7﹞日常法師（1929～2004），其《菩提道次第廣論》的授課錄音在大陸十分流行。

﹝註8﹞學誠法師（1966～）。

﹝註9﹞參見龍泉寺官方論壇上的《學誠法師與網友問答》2011 年 8 月 26 日。有學員提問：「請教學誠法師，之所以選擇《菩提到（應為菩提道，筆者注）次第廣論》作為提供給眾多佛學同修的教材，應該是出於某種考慮。古往今來，歷代祖師大德們有眾多論、疏、鈔等著述，請問為何不是其他的論著，比如《大乘起信論》、《大智度論》，等。自感愚鈍，請法師慈悲示教！南無阿彌陀佛！」學誠法師答覆：「《菩提道次第廣論》總攝佛法，次第明晰，特別有系統完整的菩提心修法，能銷融宗派諍論，促進佛教界的團結，並且比較契合現代人系統次第的科學思維習慣。可看太虛大師的《菩提道次第廣論序》。」http://forum.longquanzs.org/forum.php?mod=viewthread&tid=21790。補注：本書校對時（2021 年 7 月 31 日）上述網址已失效，有關這方面的信息可參見：《將寺廟辦得像大學》，成蹊編著：《和尚·博客——學誠大和尚博客文集之十六》，華文出版社，2012 年 2 月。

﹝註10﹞來自大陸、香港以及在英、美、斯里蘭卡、日本等國留學的大學生、碩士、博士生等，共 208 人。

了，而禪宗卻一枝獨秀，「直到現在，全國寺院除了少數律寺、講寺外，幾乎都是屬於禪宗」〔註11〕。那麼密宗的逐步盛行，背後所代表的意義又是什麼？

　　筆者自詡屬於肯思考的一類人，參加的也都是同樣肯思考人士為主體的活動，但面對十年間佛教的發展與變化，得到的結論卻是，外表看似深不可測的佛法往往被另類地解讀著——這就是了生死。這個感覺十年來沒有變化。

　　問題又回到了原點，佛法到底意味著什麼？在當今的社會，佛法能夠給人們提供怎樣的時代價值？就在這個時候，印順法師的「人間佛教」思想進入了筆者的視線。直接的原因是，當你試圖瞭解佛教在當代臺灣的發展情形時，首先接觸的就是佛光、慈濟、法鼓、中臺等四大道場的興旺發展。而其中，有三家都是受了印順法師「人間佛教」理念的影響〔註12〕。而且這種現代意識，在大陸佛教界也是熱門的話題，在趙樸初先生的推動下，中國佛教協會於1983年將「走人間佛教道路」的字樣寫進了章程，希望以此理念來重塑佛教徒在歷史新時期的人間使命。隨著「人間佛教」理念的普遍化及其在現實中的突出表現，海峽兩岸的學界也給予了極大的重視，對它的研究已經成為關於近現代中國佛學研究的「顯學」〔註13〕。

　　但是，當你拂去華麗熱鬧的外表，試圖理解其核心的時候，又有太多的分歧與不確定的因素。在臺灣，這邊剛有學者歡呼「印順學」已在成形〔註14〕，那邊卻又緊鑼密鼓地進行著「去印順化」的反向作為〔註15〕。在大陸，「人間佛教」的定義至今沒有一個完全的界定，雖有不少的研究，但仍然沒有取得一致的共識。「人間佛教」成了一個「筐」，它的使用範圍越來越廣，只要是與現代佛教有關的理論與實踐都往裡面裝。「人間佛教」成為一個標籤，而其內涵卻越來越模糊〔註16〕。不過，當筆者沉下心去，試圖釐清其間的來龍去脈

〔註11〕寬忍編著：《佛教手冊》，中國文史出版社，1991年11月，第58、76頁。

〔註12〕釋聖嚴語，參見邱敏捷：《印順導師的佛教思想》，法界出版社，2000年4月，第6頁。

〔註13〕董平：《近二十年大陸關於「人間佛教」的研究及其有關理論問題的思考》，2005年海峽兩岸宗教與社會學術研討會，2005年10月。

〔註14〕藍吉富語，參見邱敏捷：《印順學之薪火相傳——昭慧法師訪談錄》，《弘誓》第110期，2011年4月。引自官方網站 http://www.hongshi.org.tw/magazine.aspx。

〔註15〕江燦騰：《辛亥革命以來的百年現代性佛學研究》，《江蘇行政學院學報》，2012年第2期，第24頁。

〔註16〕黃夏年：《關於「人間佛教」的思考》，「第三屆兩岸四地佛教學術研討會」，2009年12月，第141頁。

時，這些的所有疑問，不僅是他人的，也包括自己的，似乎都看到了解決的曙光，這是通過讀懂印順法師的著作做到的。本書就是這一嘗試的文字說明。

二、研究現狀概述

有關印順佛學思想的研究，在大陸和臺灣呈現出不同的局面。由於印順法師自 1949 年以後即離開大陸前往臺灣，以及大陸整體的宗教政策環境，因此至上世紀九十年代，印順法師「在大陸鮮為人知——甚至在大陸的佛教界也鮮為人知，以致在《中國大百科全書・宗教》卷的《佛教》裡，甚至把並不屬於佛教界的人物都收了進去，卻沒有收入印順法師！」〔註17〕在中國知網數據庫中，最早提到印順法師名字的是 1984 年 5 月《法音》雜誌上的一篇文章《人間佛教思想資料選編》，其中摘錄了《佛在人間》中的兩段話：

> 人類學佛，只是依於人的立場，善用人的特性，不礙人間正行，而趨向於佛性的完成。（釋印順《人性》，載《妙雲集》下編《佛在人間》97 頁）

> 人間佛教，是整個佛法的重心，關涉到一切聖教。這一論題的核心，就是「人・菩薩・佛」——從人而發心學菩薩行，由學菩薩行而成佛。佛是我們所趨向的目標；學佛，要從學菩薩行開始。菩薩道修學圓滿了，即是成佛。（釋印順《人間佛教要略》載《妙雲集》下編《佛在人間》99 頁）〔註18〕

可見這是《法音》雜誌在中國佛教協會將「走人間佛教道路」寫進章程以後所做的資料整理的工作。在其中，大量的資料都是傳統經典的引文，只有印順法師的上述文字以及太虛大師的「仰止唯佛陀，完成在人格，人成即佛成，是名真現實」是近現代人的論述，可見當時的教界已經注意到了印順法師所做的研究。到了 1989 年，在第 12 期的《法音》雜誌上，刊出了蔡惠明先生撰寫的《印順法師的佛學思想》，這是最早全面介紹印順法師創作的文章。截止到 2012 年 12 月〔註19〕，在中國知網數據庫中，以「印順」為標題的期刊

〔註17〕郭朋：《印順佛學思想研究》，中國社會科學出版社，1991 年 8 月，「後記」，第 330 頁。郭文所指的《中國大百科全書・宗教》係 1988 年 1 月第 1 版。在 2009 年 1 月第 2 版《中國大百科全書》中，已有「印順」詞條，介紹了印順法師的生平及其著作。

〔註18〕拾文輯：《人間佛教思想資料選編》，《法音》，1984 年 5 月，第 31 頁。

〔註19〕2013 年 3 月 7 日，筆者在國家圖書館電子閱覽室搜索中國知網數據庫中以

論文共有 56 篇，會議論文 2 篇；而同一時期，以「人間佛教」為標題的期刊論文共有 167 篇，會議論文 7 篇，在這些文章中提到印順法師的文章共有 100 篇，這其中，以印順法師的「人間佛教」思想為主的文章只有 8 篇，其餘的都是與太虛大師、趙樸初先生、星雲法師、以及其他近現代人物的「人間佛教」思想一併研究的。由此可見在大陸的學界、教界，對印順法師的研究仍不能算多，而且更多地是置於中國近代佛教轉型過程中的一環，這麼一個思考領域內。這樣的結論，與董平教授 2005 年的研究基本一致——「相比較而言，大陸對印順法師的專門研究似乎稍顯寥落一些」，「但另一方面，大量關於『人間佛教』的研究論文又幾乎無不涉及印順法師」，「在敘述的一般結構上，則大抵將印順置於太虛大師的影響之下來處理」〔註20〕。

　　這種研究的局面與提出「印順學」的臺灣形成了鮮明的反差。只據弘誓文教基金會一家的統計，截止 2012 年，在組織了 11 屆有關印順法師的專題研討會後，已累計發表新書 28 部，論文 160 篇，座談會引言資料 46 篇，來賓逾 5000 人次。不僅學界推崇，聽眾也十分踴躍。印順法師的弟子及私淑艾者，更誓願「讓導師以他畢生心血所點燃的智慧之光」「燈燈相續，薪火相傳」〔註21〕。另一方面，與印順法師的佛學觀點相左、或直接的反對者們，也多有著述〔註22〕。印順法師及其佛學思想儼然成為臺灣佛教議題的中心，他是「當代臺灣人間佛教思想的領航者」，「臺灣近四十年來的佛學研究，抽去了印老的著作，將非常貧乏，可見其份量是超重量級的」。但是，「真正能對他思想作深刻掌握的，並不多。換句話說，當代的臺灣佛學水準，儘管有印順導師的著作可讀，由於理解不精確，很難評估提升多少」〔註23〕。

　　在香港，雖然不像臺灣的一些道場那樣經常宣講弘揚「人間佛教」，但實

「印順」「人間佛教」為標題的文章所得到的統計結果。補注：本書校對時（2021 年 7 月 31 日）再次搜索以「印順」為標題的期刊論文共 93 篇，會議論文 3 篇；以「人間佛教」為標題的期刊論文共 319 篇，文中提到印順法師的 149 篇，會議論文 14 篇，文中提到印順法師的 6 篇。

〔註20〕董平：《近二十年大陸關於「人間佛教」的研究及其有關理論問題的思考》，2005 年海峽兩岸宗教與社會學術研討會，2005 年 10 月。

〔註21〕參見釋昭慧：《「印順學」已在成形》，《弘誓》第 80 期，2006 年 4 月；釋傳法：《編輯室報告》，《弘誓》第 118 期，2012 年 8 月。

〔註22〕參見釋禪林：《心淨與國土淨的辯證——印順導師與人間佛教大辯論》，南天書局有限公司，2006 年 5 月。

〔註23〕江燦騰：《當代臺灣人間佛教思想家——以印順導師為中心的薪火相傳研究論文集》，新文豐出版股份有限公司，2001 年 3 月，第 8、15、17 頁。

際上也是走的「人間佛教」的路子。「不走不行啊！沒有別的路可走啊！人間佛教是唯一的出路，也是佛教利益眾生的唯一路向」。面對基督教、天主教興旺的教育、醫療和慈善事業，香港佛教界偏重在相同的領域著手工作——「佛教首先要通過辦社會慈善福利事業來廣結人緣，讓人信任你、信服你，從而建立社會基礎；沒有社會基礎，就沒有人緣，就不能吸引人，就不能使人信服；失去了群眾的支持，那如何能夠弘法利生？」〔註24〕在學術研究方面，香港中文大學與佛光山文教基金會合作，於 2005 年成立了人間佛教研究中心，出版《人間佛教研究》期刊，組織研討會（至 2012 年已組織 7 次），其論文集冠以「人間佛教研究叢書」的名義，已陸續出版了五本。除了大陸、臺灣共同關心的議題以外，宗教間的比較和對話，是香港學界關注的一個特色領域〔註25〕。

在西方，根據李四龍教授的研究，

> 在過去的 200 年間，佛教在西方的形象，前後發生了顯著的變化：佛教徒已從最初的異教徒，轉而成為猶太—基督教傳統的對話者；西方學者原先常把印度佛教、巴利佛教看成「純粹佛教」，而把漢藏佛教當作印度佛教的附庸，甚至是墮落的表現形式，現在，這種「退化史觀」得到了徹底的清算；佛教在 19 世紀被普遍當作一種「虛無主義」，但到 20 世紀下半葉，竟成了療治西方社會現代性危機的思想資源。所有這些變化，正在催生歐美國家的「新佛教」：注重禪修、強調參與、倡導宗教對話。〔註26〕

在這種大背景下，「人間佛教」（Humanistic Buddhism, Engaged Buddhism, Socially Engaged Buddhism, Buddhism for the Human Realm 或 Ren Jian Fo Jiao）被越來越多地關注。在 PQDT 學位論文數據庫〔註27〕中，可以看到關於印順

〔註24〕兩段引文係永惺長老語，載何建明：《竺摩法師、人間佛教和香港佛教的發展——香港菩提學會會長永惺長老訪談錄（下）》，《香港佛教》第 554 期，2006 年 7 月。引自官方網站 http://www.hkbuddhist.org/。

〔註25〕參見人間佛教研究中心官方網站 http://www.cuhk.edu.hk/crts/cshb/index.html，及《人間佛教研究叢書》1、2、3，中華書局，2006 年 12 月，2007 年 9 月，2008 年 9 月；《人間佛教研究叢書》4，中國社會科學出版社，2010 年 2 月；《人間佛教研究叢書》5，社會科學文獻出版社，2012 年 7 月。

〔註26〕李四龍：《論佛教在西方 200 年的形象變化》，《江蘇行政學院學報》，2012 年第 2 期，第 26 頁。

〔註27〕ProQuest Dissertations & Theses 學位論文全文庫由北京中科進出口有限責任公司開發建設，是目前國內唯一提供國外高質量學位論文全文的數據庫，主要收錄了來自歐美國家 2000 餘所知名大學的優秀博碩士論文，目前中國集

法師的博士論文有三篇。它們是 *A Modern Buddhist Monk-Reformer in China: The Life and Thought of Yin-Shun*〔註 28〕, *A Buddha-Shaped Hole: Yinshun's Critical Buddhology and the Theological Crisis in Modern Chinese Buddhism*〔註 29〕，以及 *The Practice of Yin Shun's Ren Jian Fo Jiao: A Case Study of Fu Yan College, Dharma Drum Mountain and Tzu Chi Buddhist Compassion Relief*〔註 30〕。張澄基教授曾說，「西洋學者對佛法的解釋和看法，雖亦常有錯誤及曲解，但大體說來，因為是從『現代』、『比較』及『批判』的觀點出發的，所以畢竟不太一樣，最少亦能令人有點清新及警惕的感覺」〔註 31〕。

　　以上，筆者就有關印順法師的研究進行了全景式的描述，下面，再根據一些接觸到的專著和博士論文，說明有關研究中存在的一些問題。

　　1. 郭朋《印順佛學思想研究》（1991）

　　作者認為印順法師的佛學著作「實在就是一部佛學思想的大百科全書」〔註 32〕，為了使讀者能夠簡單明瞭地、全面地瞭解印順法師的思想，故而採用「述而不作」〔註 33〕的方法，將印順法師 700 多萬字的著述濃縮為一本。該書各章章目如下：

　　　　第一章　生平與著述
　　　　第二章　對於初期大乘的論述
　　　　第三章　對於「菩薩」的出現與佛陀觀的演變的論述
　　　　第四章　對於彌陀淨土與文殊、普賢的論述
　　　　第五章　對於唯識思想的論述
　　　　第六章　對於「真常唯心論」的論述
　　　　第七章　對於密教的批判
　　　　第八章　對於禪宗的論述
　　　　第九章　中觀思想

　　　　圍可以共享的論文已經達到 405506 篇，涉及文、理、工、農、醫等多個領域。筆者檢索「印順」「當代佛教」等論文的時間是 2012 年 10 月。
〔註 28〕Po-Yao Tien, California Institute of Integral Studies, 1995.
〔註 29〕William P. Chu, University of California, 2006.
〔註 30〕Jacqueline Ho, University of Calgary, 2008.
〔註 31〕張澄基：「序」，羅睺羅‧化普樂：《佛陀的啟示》，參見蔡惠明：《印順法師的佛學思想》，《法音》，1989 年第 12 期，第 38 頁。
〔註 32〕郭朋：《印順佛學思想研究》，「序」，第 4 頁。
〔註 33〕郭朋：前引書，「後記」，第 330 頁。

第十章　人間佛教

第十一章　宗教觀

第十二章　融匯佛儒

可見，基本涵蓋了印順法師佛學思想的各個方面。其行文方法，就是將散落在不同文章中的相同主題的內容匯總起來，並用通俗的語言進行總結。考慮到印順法師的著作「涉及的範圍廣了些，我（印順法師，筆者注）所要弘揚的宗趣，反而使讀者迷惘了！」〔註34〕以及當時大陸對印順法師的著作基本上是陌生的，因此這種客觀、全面、濃縮型地介紹印順思想的嘗試有它重要的意義。筆者研讀郭著也是希望能以最短的時間，對印順法師的思想有一個全面的把握。但是，因為作者並沒有嘗試去挖掘印順法師著作背後的思想脈絡，所以筆者在讀完郭著後仍不免迷惘。筆者認為，這裡面反映了兩個突出的問題，一是對印順法師的定位，二是對其核心思想的把握。郭朋研究員認為，「在當代的佛教學者中，能夠像印公這樣從歷史發展的角度去探討、研究佛教（無論是歷史的還是思想的）、並且建立起了自己的博大精深的思想體系者，並不多見」〔註35〕。這種觀點已為多數研究者所認可。但是，評價印順法師的各項研究，一定要與其核心思想聯繫在一起才能得到真正的理解。單純地做出純學術的、歷史的解讀，往往就會失其本真。就以唯識思想為例，郭朋研究員在介紹了唯識思想的淵源、唯識思想的述要以後，引述了印順法師在《印度之佛教》一書中對無著的五點評價，即重自力而薄他力；主漸行而非頓入；不齒於神秘、淫樂之道；思想嚴密；以及尤重律制等等指出，在印順法師的心中，唯識學雖不為真常者所滿，性空者所重，但因為有上述五點值得借鑒的地方，所以「終歸還是有所肯定的」〔註36〕。這樣理解印順法師的唯識思想，就與筆者的認知產生了差距。根據筆者的分析，印順法師對唯識的理解剛好相反，即唯識思想雖在形成和發展的各個階段有諸多的因緣，但是它終究是不了義的。印順法師的上述引文只是針對無著，並不是針對唯識而發。類似的不同解讀在關於禪宗、佛儒關係的論述中同樣可以看到。依筆者淺見，理解印順法師的佛學思想，從《法海探珍》《佛法概論》《契理契機之人間佛教》《成佛之道》等文章中，要比從《印度之佛教》《中國禪宗史》《空之

〔註34〕印順：《契理契機之人間佛教》，《華雨集》（四），第2頁。

〔註35〕郭朋：《印順佛學思想研究》，「序」，第4頁。

〔註36〕郭朋：前引書，第108頁。

探源》等中更加直接。也就是說，印順法師對佛教思想史的解讀是圍繞著他的佛法核心的，而這個核心比史實更重要。這是筆者從郭朋研究員的專著中得出的感覺。

2. 李嶷《印順法師佛學思想研究》（2001，北京大學博士論文）

本文除了開頭的導言和末尾的結論外共有六章，它們分別是：第一章，印順法師思想產生的背景——近代的「人生佛教」；第二章，印順法師的生平和思想概述；第三章，般若中觀學——「人間佛教」的佛理基礎；第四章，從佛教的演變來看「人間佛教」的合理性；第五章，大乘三系理論的比較；以及第六章，印順法師的「人間佛教」。從中可以看出，該文並沒有面面俱到，而是試圖闡述印順法師的思想核心——「人間佛教」。該文認為「人間佛教」的理論基礎是緣起、中觀學以及菩薩行，所以它的實踐是與傳統不同的。

> 「人間佛教」是一種指導現實的人在現實的生活中實踐的理論，人間佛教的實踐並不是普通人無法企及的要求，它所強調的是一種真切的認識和動機（發心）的偉大（菩薩行）！這也就是佛教所說的智慧與慈悲！只要有這種動機，在佛教智慧的引導下，並不需要什麼特殊的修行方式，一切現實的、人間的行為都是菩薩行，都是成佛的因行，修行的正道！〔註37〕

另外，對印順法師攝取根本佛教的淳樸、中期佛教的行解、以及後期佛教確當者的分析〔註38〕，筆者認為，都能正確揭示印順法師佛學思想的關鍵內涵，對筆者理解印順法師有很大的促進作用。但是，李著也有兩點欠缺的地方。首先還是在史實的部分，李著中說：「印順的判教，最主要的特點是以歷史事實為主，強調佛教在各個時代的具體的歷史環境，從而揭示佛教發展的歷史原因」；但是，作者在論文中又多次表示了這樣的觀點，「真正的真常唯心思想家恐怕不會同意（印順法師從中觀的角度解釋真常唯心，筆者注）」，「印順法師似乎一提到修定，就與『自證』、『自利』思想聯繫在一起，未免失之偏頗」，「從總體上來說，印順法師對所謂『變質佛教』的批評還是比較中肯的」，但「與佛教歷史的實際情況並不完全符合」〔註39〕等，似乎有自相矛盾之嫌。其次是

〔註37〕李嶷：《印順法師佛學思想研究》，博士學位論文，北京大學，2001 年，第 74 頁。

〔註38〕李嶷：前引文，第 64～65 頁。

〔註39〕李嶷：前引文，第 34、48、56、62 頁。

關於太虛大師和印順法師的思想傳承問題，李著認為，印順法師的研究是對太虛大師「人生佛教」理論的補充〔註40〕，這只是看到了二者之間的聯繫，而忽視了二者的根本分歧，這方面的分析是不細的。江燦騰教授就認為，印順法師是在太虛大師的舊瓶中裝進了自己的新酒，他絕非承襲太虛大師，而是對太虛大師的批評，「如不理解這一點，縱然讀盡印順導師的所有著作，亦是枉然」〔註41〕。總之，李著在正反兩方面都給筆者的研究以有益的借鑒。

3. 方司蕾《論印順「人間佛教」的「神聖維度」》（2008，武漢大學博士論文）

全文除引言和結論外共有四章：第一章，佛教的「神聖維度」和「世俗維度」；第二章，印順生平及其「人間佛教」思想；第三章，印順「人間佛教」的論題核心──「人、菩薩、佛」；第四章，印順「人間佛教」的理論基礎──判教。該文以麻天祥教授的「宗教的二律悖反」為思考出發點，認為中國近代的「人間佛教」思想就是在新的歷史條件下，對出世、入世關係所做的新的理論探索，從而發掘了人間的新意義。但是，這樣的佛教有被世俗的教化體系、文化教育體系替代的風險，因此作者認為，形而上與形而下，或者說「世俗維度」與「神聖維度」，應當且必然成為當代「人間佛教」理論研究的核心問題〔註42〕。這樣的立論從宏觀的角度上看沒有什麼大的問題，但是如果以此基調來評價印順法師，筆者認為就失焦了。按照方氏的邏輯，佛法的出世、入世應該協調，雖然需要避免遁世、避世的傾向，但是過於入世因而減損「神聖維度」的話，佛教就不再是佛教了──印順法師的「人間佛教」有矯枉過正之嫌──所以印順偏離了佛教的主幹〔註43〕。方著可能沒有意識到，印順法師的佛學思想恰恰是要破斥形而上的本體論的，與其說印順法師要超越入世，不如說他要超越出世，方著所謂的「神聖維度」正是印順法師破斥的對象。所以方著雖然對印順法師佛學思想的理解基本正確，如看到了人間的重要性，看到了由人而菩薩而成佛的實踐方法，但是，由於作者仍然堅持「神聖維度」與「世俗維度」的二元思維模式，所以便把印順法師理論中

〔註40〕李嵩：前引文，第9頁。

〔註41〕江燦騰：《當代臺灣人間佛教思想家──以印順導師為中心的薪火相傳研究論文集》，第48頁。

〔註42〕方司蕾：《論印順「人間佛教」的「神聖維度」》，博士學位論文，武漢大學，2008年，第1～2頁。

〔註43〕方司蕾：前引文，第3～4頁。

最突出的東西當成了不足，成了「留給當代佛教的一大難題」〔註44〕。所以筆者從方著中得到的經驗是，研究印順應該本著印順的觀點，如果印順法師的目的就是要批評與入世分離的出世，而研究者反以他在強調入世的同時卻忽視了出世來批評他，豈不就是失去了著力點。具體到「神聖維度」與「世俗維度」的關係，印順法師的邏輯應該是，佛法是出世入世無礙的——傳統佛教因受到神教的影響，以及眾生的根機，偏於遁世、避世——所以，應該提倡「人間成佛」，以真正體悟出世入世無礙的緣起性空。這樣理解和評價，在方向上才是正確的〔註45〕。

4. 邱敏捷《印順導師的佛教思想》（2000）

邱著是臺灣地區較早的對印順法師的佛學思想進行全面描述的作品，該書各個章節的題目如下：第一章，緒論；第二章，印順與近現代中國佛教；第三章，印順人間佛教思想；第四章，印順緣起性空思想；第五章，印順對禪宗與淨土宗的批判；以及第六章，印順佛教思想的影響與略評。筆者從邱著中得到的啟發有二。首先是對「人間佛教」的分析，邱敏捷教授指出印順法師的「人間佛教」思想與傳統佛教之間存在著四點差異，即強調人的地位；聞思是修行的基礎；世間正見、八正道與菩薩道之間依下起上、依上攝下的立體關係；以及緣起性空與菩薩道之間道體與巧用的合一等等〔註46〕。這樣，實際上就構建了一個以緣起性空為核心，以聞思、菩薩行為兩翼的立體網絡，這比單純糾結於出世、入世，更能反映印順法師的「人間佛教」思路。邱敏捷教授並以此為標準，認為印順法師的「人間佛教」是勝義諦的、治本模式，而偏離這個核心，單純強調人間正行的，就是世俗諦的、治標模式。如此透徹地闡明印順法師的主張，並指出其他「人間佛教」道場在理論和實踐上的不足，真可謂是入木三分，這就難怪要引起激烈的反駁〔註47〕。其次是對緣起性空的分析。邱著認為印順法師佛學思想的核心乃是緣起性空，他以此融合了「事理」「空有」「生死流轉 vs 還滅解脫」「諸行無常 vs 涅槃寂靜」「世俗諦vs 勝義諦」等看似衝突而其實是一貫的命題〔註48〕；同時也以緣起性空思想融合了原始佛教與大乘佛教，以及大乘與小乘之間的分歧，結合他的判教理

〔註44〕方司蕾：前引文，第127頁。
〔註45〕有關出世入世，參見印順：《談入世與佛學》，《無諍之辯》。
〔註46〕邱敏捷：《印順導師的佛教思想》，法界出版社，2000年4月，第132頁。
〔註47〕釋昭慧：「昭序」，載邱敏捷：《印順導師的佛教思想》，「昭序」，第13頁。
〔註48〕邱敏捷：前引書，第166頁。

論，印順法師就將全部佛法置於緣起性空的問題下面，「以此方法縱觀佛教歷史的發展，自然能抉擇出各自的真實與方便，達到洗煉之效，讓佛教史真相如實地呈現」〔註 49〕。這二點，對筆者超越史實和出世入世的思維定式，有很多的啟發。

　　但是，邱著也有不能令筆者解惑的地方。首先，為什麼同樣是做環保、慈善的事業，別人做就是世俗諦的，而印順法師的戒、弟子們做就是勝義諦的？為什麼別人搞顯密融合的活動就是治標模式的，而印順法師的戒、弟子與基督教、天主教一起搞反賄選的政治運動就是治本模式的？要知道，印順法師對基督教的教義同樣是給予評破的。筆者認為，邱著在把握印順法師出世、入世的理論時，並沒有一以貫之地落實到具體的研究當中，因此在對印順法師的實踐層面進行評價上就會出現矛盾。一方面，邱著大力讚揚印順法師的戒、弟子們所從事的傳法活動、佛教研究、以及各種本土關懷事業，認為這些都是印順法師思想在當今社會的具體反映，佛教正在受到正確的指引；但在另一方面，邱著又擔心印順法師的觀點如何一步一步地實踐與研究，如何既能保留佛教的特質，又能接引大眾？也就是說，面對傳統佛教的強勢影響，邱著對「人間佛教」未來的發展流露出些許的疑惑。這一點江燦騰教授分析得比較到位，他說，「他（印順法師，筆者注）從未猶豫過他的信佛方式和思想態度的正確性」，「我們可以斷定，他這種『人間佛教』的詮釋，在未來的時代中，將比現代更為佛教徒所體認，而發揮其龐大的影響力」〔註 50〕。從中可以看出，江燦騰教授一方面在義理上肯定了印順法師自己的堅持，另一方面則將受眾的接受度推到了未來，從而避免了當下的矛盾以及由此推導出的對未來的不確定性。其次，邱著雖然涉及了印順法師對禪宗、淨土宗思想的批評，但沒有涉及對神教外道以及儒家思想、世間學問的批評，對唯識思想亦少觸及；在對近代佛教復興的研判上，分析也是過於簡略，結論也過於表面，這些，都在筆者的研究中做了補充。

　　5. William P. Chu《佛形缺口——印順的批判佛學和當代中國佛教的理論危機》（2006，加利福尼亞大學博士論文）

　　該文章節如下：第一章，中國的批判佛學？第二章，區分印度神祇與中國

〔註 49〕邱敏捷：前引書，第 51～52 頁。
〔註 50〕江燦騰：《當代臺灣人間佛教思想家——以印順導師為中心的薪火相傳研究論文集》，第 6 頁。

鬼魂的時代；第三章，與儒學思想的分歧；以及第四章，摩訶迦葉，歧視女性者？作者把印順的判教思想與智顗（538～597）進行類比，顯示出把印順對佛教的抉擇（判教思想）作為詮釋重點的研究旨趣，並重點從近代佛教復興、印度佛教思想、中國佛教思想、以及戒律的角度，對上述事件中爭論各方的觀點進行剖析，從中對印順思想中融合現代學術的護教特徵進行了總結。鑒於印順法師的支持者在臺灣和北美的興旺發展，作者預測，這種兼具有學術和信仰方法論的批判佛教，不僅在亞洲，更會在全世界越來越吸引人。尤其特別的是，作者以女權問題作為分析印順法師思想的一個介入點，這是時下西方流行的一種研究進路，即借助女性的視角來探討佛教中蘊含的現代、後現代的社會價值；而且在對印順思想的分析上，作者不是從國內學者更感興趣的入世出世入手，而是從批判佛教的角度切入，並因此認為中日兩國都經歷了類似情形的現代佛學運動。這一點，恐怕是印順法師不能完全贊同的。筆者的觀點是，日本前現代的文化傳統是從中國學來的，進入現代以後，中國文化的榜樣地位垮臺了，因此日本學者的回歸印度佛學、借鑒西方宗教學方法論，其目的之一是為了取代傳統的中國文化。反觀中國僧人，他們的現代性主張的背後動機是不同的，即使反傳統非常徹底的印順法師，也對中國的大乘精神保有一定的讚賞和同情，因而對日本佛學研究的未來表示了懷疑〔註51〕。在第一章中，筆者將就現代性的問題進行論述，希望能夠釐清近代佛學復興背後的模糊認識。不過，William P. Chu 的下列觀點是對的，他認為過去日本與西方的佛教學者已經進行了長期的交流，但是因為中國的佛學被認為還處在幼兒階段，因此鮮有這方面的聯繫，而印順法師的思想可以成為這種對話的起點；他同時認為，太虛大師的佛教改革運動是為了復蘇被模糊、被誤解的宗教傳統，而印順法師的目的是在傳統文化之外，構建一個新的、具有普遍意義的佛學體系。總之，該文能從現代性視閾以及宗教間對話的角度，分析印順法師佛學思想的現代意義，一些觀點還支持了筆者在相同問題上的認知。另外在該文中，作者還介紹了國外幾本研究著作，有關評論在這裡轉述如下：

Charles Jones, *Buddhism in Taiwan: Religion and the State 1660～1990* (Honolulu: University of Hawaii Press, 1999).

Don Pittman, *Toward a Modern Chinese Buddhism: Taixu's Reforms* (Honolulu: University of Hawaii Press, 2001).

〔註51〕印順：《談入世與佛學》，《無諍之辯》，第 151、159 頁。

以上是兩部西方學者的著述。Chu 認為，西方學者對印順法師進行全面研究的論文並不多，上述兩部著作只是簡略地介紹了印順法師的生平和佛學思想。

Po-Yao Tien 1995 年加州整合大學博士論文 *A Modern Buddhist Monk-Reformer in China: The Life and Thought of Yin-Shun* 是第一部全面介紹印順法師的著作，但是 Tien 的研究有缺陷，對印順法師的翻譯和解讀都存在很多錯誤。

第一部準確的研究著作是 Scott Christopher Hurley 2001 年亞利桑那大學的博士論文 *A Study of Master Yinshun's Hermeneutics: An Interpretation of the Tathāgatagarbha Doctrine* 討論了印順法師對如來藏思想的批評，但是對印順法師的歷史背景、他對現代社會的可能貢獻、以及對於西方學者的借鑒意義等都沒有觸及到。

2004 年 Marcus Bingenheimer 創作的 *Der Mönchsgelehrte Yinshun (*1906) und seine Bedeutung für den Chinesisch-Taiwanischen Buddhismus im 20. Jahrhundert.* Heidelberg: Edition Forum (Würzburger Sinologische Schriften) 是作者長期觀察印順法師在當代中國佛教中地位的研究成果，該文對上面提到的諸多研究上的缺陷都有準確的評論。

三、關於印順，我們還能追問什麼

綜上所述，自上世紀 80 年代起，印順法師的佛學思想就已經廣受重視了（不論是支持還是反對的一方），而且關於它的辯諍也已持續了 20 多年，可以說有關問題已經得到了充分的研判。但是，作為「當代最多元和最歧異的『人間佛教思想』」〔註52〕，有些問題似乎還沒有得到根本的解決。首先，印順法師是學者嗎？雖然印順法師自己反對〔註53〕，但仍有一些研究者以現代學術的眼光來看待他的著作，進行著各種的比較。筆者認為，如果不能抓住印順法師的核心，這種比較都是無意義的。就拿佛教史來說，太虛大師的先有真常唯心，次有性空，最後才有唯識，與印順法師的先有性空唯名論，次有虛妄唯識論，最後才是真常唯心論的分歧〔註54〕，難道是史實可以解決的

〔註52〕江燦騰：《辛亥革命以來的百年現代性佛學研究》，《江蘇行政學院學報》，2012 年第 2 期，第 24 頁。

〔註53〕印順：《平凡的一生》（重訂本），第 95 頁。

〔註54〕劉成有：《佛教現代化的探索——印順法師傳》，太平慈光寺，2008 年 10 月，第 172～173 頁。

問題嗎？江燦騰教授就指出，即使透過文獻學的考據能夠判定馬鳴和龍樹的歷史先後問題，這也不能解決太虛大師與印順法師之間的思想分歧。因為他們是兩個新的佛教思想體系，一個以緣起性空為核心，一個以法界圓覺為歸趣，不論馬鳴與龍樹在歷史上出現的順序如何，都不能動搖太虛大師和印順法師對各自核心理念的堅持〔註55〕。那麼我們就換一個角度，從佛教義理上能夠判定緣起性空與法界圓覺二者的是非嗎？答案同樣是否定的，原因是，根本就不存在所謂的純粹佛教。

　　越來越多的考古學證據使得學者們不得不修改對早期和中世紀印度佛教的印象。跟那些被一致接受的教科書所描述的相反，我們發現早期的僧伽通過敬仰聖骨、佛塔、雕像和佛經來膜拜萬能的佛。恭敬虔誠、供養僧伽、傳遞功德、撫慰本土神靈等，在僧侶及凡俗的戒律中都扮演了重要角色。似乎僧侶們在受戒之後就保留了部分的世襲社會地位，其中至少有些人可以繼續經營個人財產。寺院通常掌有大量的財富，包括擁有大量的土地和大批的奴隸。很多活動，曾經因為「聚眾」而被解散或貶為「密教」──尤其是拜佛祈禱和信奉做法念經──表明其並不是從婆羅門教、印度教和當地的一些異教中借來的，而一直以來就是佛教信仰的基本內容。簡而言之，印度佛教正變得看上去更像是一種「宗教」，而不是像辯護者們所宣揚的：佛教是體現於經文中的無神論的、理性的人文主義信念。〔註56〕

因此，羅伯特・沙夫教授在他的書中斷言，純粹的佛教只不過是辯士、改革者和現在的學者假定的一個抽象的分析概念，我們之所以能長久以來抽象地談論這種純粹的佛教，僅僅是因為不再有印度佛教複雜的活生生的現實來揭穿我們而已。之後，羅伯特・沙夫筆鋒一轉，認為佛教一詞的權威與其說在於它的規範意義，還不如說是在於它的修辭謀略〔註57〕。

　　佛經辭藻極其華麗，對世人極具勸諭之實力，正是當地的社

〔註55〕江燦騰：《當代臺灣人間佛教思想家──以印順導師為中心的薪火相傳研究論文集》，第93～94頁。

〔註56〕羅伯特・沙夫：《走進中國佛教：〈寶藏論〉解讀》，夏志前，夏少偉譯，上海世紀出版股份有限公司、上海古籍出版社，2009年12月，第11～12頁。

〔註57〕羅伯特・沙夫：前引書，第14～15頁。

會準則和人們的心理期待賦予了佛教這種實力。（中略，筆者注）「佛教」以前是，現在也還是，一個有異議的術語。它的意義不應該是從某些完備的神話、教義和宗教實踐中來探尋，而應從佛教不同的文化和地域背景中所具有的職權模式來發現「佛教」的真正含義。〔註58〕

羅伯特·沙夫並沒有定義他的「職權模式」，但通篇看下來，他的主旨是清楚的，那就是，要回溯到不同時空的文化情境中去，看一看佛教給那時的信仰者帶去了怎樣有實力的觀念，而這個觀念與信仰者自身原有的觀念相比增加的意義是什麼？如果信仰者接受了這個新增加的意義，佛教就因此具有了吸引人的力量。

羅伯特·沙夫的研究模式代表了西方佛學研究新的方向。在李四龍教授的論文中，也對這種趨勢進行了描述——西方的佛教徒希望能夠對世界和平、環境保護、臨終關懷、以及宗教間對話等社會議題進行積極的回應，在個體解脫的層面，他們標榜自己是在小乘、大乘、金剛乘之外的「第四乘」〔註59〕，也就是說，他們從佛教教義中發現了針對他們現實生活的新的意義。受他們的影響，筆者嘗試超越試圖核實印順法師的思想是否符合歷史事實、是否和於經典原義的思維模式，而去追問印順法師在選擇佛教前，都有怎樣的觀念？而佛教經典帶給了他哪些「有實力」的新思維，並最終使他選擇了佛教？帶著這個思路，筆者嘗試按照印順法師的心路歷程去體驗、去揣摩其可能的思維軌跡。當在教堂的穹頂下無法自持的時候，當被印順法師「喜極而淚」感染的時候，筆者感覺到了印順法師的脈搏，清楚領會到了他的抉擇、建構的結果，以及對該結果的應用，那就是「以佛法研究佛法」。關於這個命題，學者們都知道這不是一個循環論證，並幾乎同時認為，前「佛法」為印順法師的判教準繩，簡單地說就是三法印，或曰純粹佛教；而後「佛法」為實存的佛教典章、制度、戒律、宗派思想等等〔註60〕。但是由於上面羅伯特·沙夫的分析，前「佛法」實際上是不存在的，三法印其實乃是印順法師自己的一種

〔註58〕羅伯特·沙夫，前引書，第15～16頁。
〔註59〕李四龍：《論佛教在西方200年的形象變化》，《江蘇行政學院學報》，2012年第2期，第33頁。
〔註60〕參見江燦騰：《當代臺灣人間佛教思想家——以印順導師為中心的薪火相傳研究論文集》，第210～213頁；邱敏捷：《印順導師的佛教思想》，第66～73頁；蔡惠明：《印順法師的佛學思想》，《法音》，1989年第12期等。

體悟，這一點，有些學者並沒有一個清楚的自覺。因此我們看到，他們研究印順，都是在用後「佛法」。其結果就是，與印順法師進行無諍之辯的，是太虛大師、梁漱溟、歐陽漸、牟宗三、以及浩如煙海的《大藏經》等等。而如果按照筆者的思路追問的話，與印順法師進行諍辯的對手，將會是黑格爾、馬克思、尼采、費爾巴哈、維特根斯坦、愛因斯坦……因為他們都有一個共同點，那就是超越了具體的宗教教義，而去關注宗教本身之於人的意義。在這裡，筆者並沒有奢望開拓一個新的範式，但從這個角度——基於印順法師思考的本身——似乎可以對進一步理解印順法師的佛學思想有所幫助。這一點，其實與印順法師本人的旨趣也是一致的。他在《初期大乘佛教之起源與開展》一書中就指出，嚴格地從非宗教的史的立場去判定佛教義理，是沒有必要的，也是沒有結論的。真正的佛法標準是以佛弟子的受持悟入為準繩，並經多數人的共同審核而決定，代表著當時佛弟子的公意〔註61〕。所以，印順法師到底從佛法中悟到了什麼？這是筆者的第一個追問。

　　按著這個思路，自然就會提出第二個問題，即印順法師的佛學思想之於現代追隨者的意義是什麼？或者用印順法師的話來說，他自己的這種悟入，能否最終成為其他佛弟子們的公意？這個問題則要放在更廣的宗教社會學的角度去考察。關於佛教在近代中國的發展一般有一個標準的敘事圖譜〔註62〕，即面對西方強勢文化的衝擊，中國人進行了思想上的反擊，這其中，佛教發揮了一定的作用。先有龔自珍、魏源、康有為、梁啟超、譚嗣同、章太炎，中有楊文會、歐陽漸、太虛大師，後有趙樸初、印順法師等人，帶動了中國近代佛教的改革與復興。在下面的分析中您將認識到，這樣的連接譜系其實只是表明了其出場的先後順序，並沒有準確反映背後的發展規律，也就是說，前事件可能並不是後事件的原因。它們各自的出發點是不同的，其要達到的目

〔註61〕印順：《初期大乘佛教之起源與開展》（下），第1127～1128頁。
〔註62〕所謂標準圖譜是指有很多相似的表述，參見李向平：《人間佛教的現代轉換及其意義》，《世界宗教研究》，1997年第1期；劉延剛：《太虛「人間佛教」思想與中國佛教的現代化》，《網絡財富》，2009年3月；邱敏捷：《印順導師的佛教思想》，第21～36頁。葛兆光教授在《從學術書評到研究綜述——與博士生的一次討論》中批評指出，「根本上來說，都有一個很重要的根本性問題，就是在看上去對近代佛教史很全面的敘述中，缺乏明確的『問題意識』和『自身脈絡』，所以研究者事先已經不自覺地接受了過去社會史和政治史對近代史的預設」。《杭州師範大學學報》（社會科學版），2012年9月，第5期，第136頁。

的也不一樣——康梁提倡佛法，目的是拯救國家；太虛提倡佛教革命，目的是扭轉當時中國佛教的面貌；而印順法師對二者都提出了批評，他的目標更遠大，是要讓佛法撫慰追隨者的心靈，使之成為救世之光。他能成功嗎？其理論的困境是什麼？要回答這個問題，需要將印順法師還原到那個時代，需要有一種現代性的眼光。這是筆者將要追問的第二個問題。

本書就將按照這樣的思路進行。首先在第一章探討宗教的意義，以及中國人的傳統信仰在近代所面臨的結構性壓力。這是為了回答第二個問題——要想讓更多的人認可印順法師的佛學思想，首先應該知道他們原來的思想是什麼？是否需要改變？對於第一個問題的回答是在第二、三、四章中進行的，從中將試圖說明印順法師自己的心路歷程，看一看他到底悟入的是什麼？第二章，將勾勒出其構建佛學思想體系之前的一些思考，這是從反向的論述。第三章，從正面對其心目中的純正佛教，進行全方位的、立體的詮釋。第四章，論述其佛學思想的根基。印順法師對他所體悟到的佛法的信心是堅定的，這個信心不是靠佛教史實、不是靠原典校勘，而是靠他自己的宗教體驗。這樣，通過三個不同的角度，希望能對印順法師自己體悟到的佛法給予一個清楚的說明。最後的第五章是本書的總結，在那裡將把第一、第二個問題結合在一起，以探討印順法師自己的體悟能否在其他佛教徒中產生共鳴？

需要說明的是，這個論述結構僅僅是為了使問題的討論簡單化，它「只不過是用來預防學術上疑難問題的具體化構想」〔註63〕，其間難免有推理不嚴謹，見解不準確的地方。但是，面對印順法師的佛學思想這麼一個複雜的系統，面對一個中國僧人在近現代史的更迭中所進行的最深刻的省思，它值得讓我們拋開當下的論述範式——佛教歷史的辯證、或佛教教義的辯異——等的糾纏，而專注於佛教之於人（印順本人以及其他佛教徒）的意義以及未來的發展。筆者將這比喻為「以印順研究印順」，相信這樣的挖掘不會到此為止。同時需要強調的是，筆者並無意忽略其他學者的研究模式，筆者的研究完全是在他們研究成果的啟發下完成的，文中所提到的和未提到的學者，筆者均表示由衷的尊敬。如果有什麼不同，僅僅是在見解上進行的「無諍之辯」，希望得到諸位的批評和指正。

〔註63〕羅伯特・沙夫，《走進中國佛教：〈寶藏論〉解讀》，第 23 頁。

第一章　元問題：對宗教、儒家文化區人民信仰及近代佛學復興諸觀點的揚棄

> 依佛法說，宗教的本質，宗教的真實內容，並不是神與人的關係。宗教是人類自己，是人類在環境中，表現著自己的意欲。宗教表現了人類自己最深刻的意欲，可說是顯示著人類自己的真面目。
>
> ——印順，《我之宗教觀》

　　如果是針對其他的宗教理論家，我們自然可以從神與人的關係中探討其思想的核心。但是這一思路對印順法師無效，因為他的思想另有法源，而且這一法源的挖掘，正是從對神人關係的破斥中發現的。所以要想真正理解印順法師的思想，首先必須從放棄傳統的宗教（佛教）觀念做起。這讓筆者聯想到了中國在改革開放以後，哲學界、宗教學界對「元問題」的重新認識。

　　在英文中，表示「元」這個概念的詞綴是 META。最早使用這個詞綴的是羅德島的安德羅尼科，他把亞里士多德對事物的具體形態變化所進行的研究稱為《物理學》，而將研究超感覺的、經驗以外對象的著作，以 Meta-physics 這個標題來歸類，也就是《物理學之後》。鑒於這些作品都是想要透過表面上的直觀去分析事物更深層的本質，與《易經‧繫辭》中「形而上者謂之道，形而下者謂之器」的意義相近，因此嚴復將這個「物理學之後」譯為「形而上學」〔註1〕。這個詞綴後來被多個學科借用，諸如元認識論、元倫理學、元語言、元邏輯等

〔註1〕參見中國大百科全書總編輯委員會編：《中國大百科全書》（第二版），中國大百科全書出版社，2009 年 3 月，第 25 卷，第 246 頁，「形而上學」詞條。

等，用以強調對該學科自身的研究。拉澤諾維茨引入「元哲學」這個術語，也是旨在對哲學自身的討論。不過在「哲學」和「元哲學」之間的區分現在越來越困難，尤爾頓在《形而上學分析》一書中，乾脆把它區分為：發揮並捍衛某種哲學觀點（哲學的），或是對這個哲學觀點本身進行批判（元哲學的）〔註2〕。

在中國大陸，隨著改革開放、思想解放，同樣的問題也擺在了學者的面前。為了避免出現黑格爾所說的「惡無限」的思維方式，避免「元元元哲學」這種淺薄的語言遊戲，俞吾金教授採納了與尤爾頓相似的思考模式，他把「元哲學」看成是「元問題」〔註3〕。在《從哲學的元問題談起》一文中俞吾金教授指出，哲學的元問題並不是思維和存在的關係問題。因為從這個問題出發，就已經預設了我們心中的哲學——是研究存在的本質的，而這正是亞里士多德以來的西方傳統，這個「知識論」的傳統到黑格爾已經達到了頂峰。其後的哲學家，像克爾凱郭爾、叔本華、尼采、摩爾、羅素、維特根斯坦、費爾巴哈、馬克思等，均是從更基本的「什麼是哲學」這個元問題入手，闡發新的見解，並開創了西方哲學新的景觀〔註4〕。在另一篇《再談哲學的元問題》一文中，俞吾金教授繼續申論到，對於哲學來說，更重要的乃是一種識見。而所謂的「純學術性」的追求已經預設了對哲學元問題的某種回答，即把哲學理解為知識論或學問。「哲學追求的主要不是知識，而是智慧」，對哲學元問題的詢問，正是為了把日益實證化、破碎化的哲學思維重新引回到它的殿堂中，從而更新人們的哲學視閾〔註5〕。俞吾金教授在這裡提到了一個關鍵的問題，即我們哲學思考的起點在哪裡？不是已有的諸多哲學家們思考以後的結論，而是哲學追求本身。

同樣的思考也反映在對宗教的研究上。在《佛教文化》2002年第2期上，時任主編何雲先生也提出了同樣的《一個元問題》：

> 幾年以來，在《佛教文化》雜誌的卷首語中，本人冒昧地提出
> 過許多個「問題」，問過「佛牙何所言，佛指何所指？」，問過「誰
> 持金鑰匙，重啟佛教史？」，問過「我們真的瞭解日本佛教嗎？」，
> 問過「怎麼辦佛教雜誌？」，問過「怎樣告別二十世紀」，等等，一

〔註2〕參見尼古拉斯·布寧、余紀元編著：《西方哲學英漢對照辭典》，人民出版社，2001年2月，第608～611頁。
〔註3〕俞吾金：《再談哲學的元問題》，《學術月刊》，1995年第10期，第24～25頁。
〔註4〕俞吾金：《從哲學的元問題談起》，《探索與爭鳴》，1987年第2期，第1～2頁。
〔註5〕俞吾金：《再談哲學的元問題》，《學術月刊》，1995年第10期，第24頁。

直問到「趙樸老之後，佛教還會是『文化』嗎？」後來越問越少，
很慚愧，那是因為在下膽子越來越小。不過，現在我還得要提一個
問題，一個超越所有問題之上的「元問題」：

　　誰，怎樣來滿足當代人民群眾越來越增長的一種特殊需要——
在宗教信仰方面越來越增長的需要？

　　當代人在宗教信仰方面的變化和需要，與幾十年之前相比，差
別何當一星半點，但是，社會在這方面提供的機制是數十年以前建
立的。如何「與時俱進」？怎樣才算「滿足」？這世上還有比人的
心靈更複雜更多變更遼闊的東西嗎？我看見一個成長為巨人的巨
大陰影，跌跌撞撞地奔走在一條越來越變幻莫測的風波大路上——
我來，我看見，我不能停止我的巨大憂患。〔註6〕

在這裡，何雲主編沒有說出的一點是，宗教的元問題並不是「人民的鴉片」
這個命題，從這個觀點出發，就是預設了我們對宗教的理解，這不僅不符合
學術上的要求，也不符合改革開放以後，國家在宗教問題上消除極左思想的
方針政策〔註7〕。因此，我們要追問的是，如果「宗教是人民的鴉片」這個命
題不全面〔註8〕，那麼宗教其他方面的特點、現實意義又是什麼？回答了這個
元問題，才能給何雲主編的上述問題——誰？怎樣？去滿足人民群眾越來越
增長的一種特殊需要——提供一個解答。

　　在分析、理解印順法師的著作中，筆者逐步感覺到了同樣的處境。多數
研究者都把印順法師當做是中國第一位拿到博士學位的「學問僧」，但是筆者
的認知是，他其實是回答了宗教元問題的那個人。這一點在印順法師《談入
世與佛學》一文中有明確的表示，他說在佛教歷史上存在著兩種佛學，一種
是知識型的，也就是從契經中，經比較、分析、綜合、貫通、刪略、補充等
等，彰顯出佛法的完整面目，這近於客觀立場的研究；另一種是經驗型的，
認為只有在信受奉行的實踐中，佛法才能夠表顯出來。印順法師把知識型比
喻成畫匠，把經驗型比喻成畫家，之所以如此，就是因為只有經驗型才能與
佛教的元問題——超越、解脫更好地契應。他正是從這一立場出發去規範他

〔註6〕何雲：《卷首語·一個元問題》，《佛教文化》，2002 年第 2 期，第 2 頁。
〔註7〕有關中國共產黨宗教政策的演變，參見趙匡為：《現行宗教政策法規》，張志
　　剛主編：《宗教研究指要》，北京大學出版社，2005 年 6 月，第 405～436 頁。
〔註8〕有關中國學界對馬克思主義宗教觀的研究，參見龔學增：《馬克思主義宗教
　　觀》，張志剛主編：《宗教研究指要》，第 437～487 頁。

的歷史研究的。因此這一章，我們將從宗教的界說、儒家文化區人民信仰以及近代佛學復興等幾個方面，對現有的「知識」進行一次梳理，在對其進行揚棄之後，我們將會對印順法師佛學思想的理解，調整出一個新的視角。

第一節　宗教的界說

　　對宗教現象進行科學研究的始作俑者是德國籍教授馬克斯·繆勒。他在《宗教科學導言》（1873）一書中借用歌德評價人類語言所說過的一句話來說明宗教問題，即「只懂一種語言，等於什麼也不懂」，因此，他希望宗教研究者們象生物學家或化學家解釋自然活動那樣，去搜集全世界宗教的各種事實，以客觀的眼光來看待這個古老的話題，然後提出理論解釋這一現象，而不是跟在神學家後面，只去證明自己的宗教是真理，而其他的都是謬誤〔註9〕。從那以後的近 150 年裡，這種帶有現代性理性主義特徵的研究範式一度主導了人們的思維模式，科學必將代替宗教，或者說，在現代社會中宗教將越來越被邊緣化，成為一般人的共識〔註 10〕。但是，任何一種理論如果不能與實際情況完全符合的話，就有再予以修正的需求。一方面我們看到，自西方工業革命以後，科學和理性征服了人類世界的許多方面，但在人生的意義和目的這樣的根本問題上，它們未置一詞〔註 11〕。另一方面，在東歐、中國這樣踐行馬列主義無神論宗教觀，一度實行反宗教政策的國家，人們會有意無意地創造出新的宗教表達和宗教消費產品，像對毛澤東的個人崇拜，或是對氣功的癡迷。而一旦政策鬆綁，在這些國家中都出現了宗教性反彈現象〔註 12〕。更不要說中東、車臣和蘇丹的緊張狀態，主要或部分地是根源於宗教信仰上的差異〔註 13〕。因此，即使你不贊成有些學者關於宗教大復興的說法，但是，忽視宗教的存在，拒絕就宗教與當代諸問題進行分析的人將是冒

〔註 9〕包爾丹：《宗教的七種理論》，陶飛亞、劉義、鈕聖妮譯，世紀出版集團、上海古籍出版社，2005 年 2 月，「導言」，第 1～2 頁。

〔註 10〕安東尼·吉登斯：《社會學》（第五版），李康譯，北京大學出版社，2009 年 4 月，第 452 頁。有關對歐洲國家信眾參與宗教活動的下降趨勢研究，參見第 454～462 頁。

〔註 11〕安東尼·吉登斯：前引書，第 435 頁。

〔註 12〕楊鳳崗：《中國宗教的三色市場》，《中國農業大學學報》（社會科學版），2008 年第 12 期，第 97～98 頁。

〔註 13〕安東尼·吉登斯：《社會學》（第五版），李康譯，第 454 頁。

險的〔註14〕。而要達成這樣的轉變，需要我們超越前人告訴我們的結論，去直面宗教的元問題本身。下面，筆者將從幾本大學宗教學教科書入手，簡述一下大陸學者在宗教觀點上的轉變軌跡。

一、《宗教學通論新編》（1998）

中國大陸宗教觀念的轉變開始於 1978 年，社會和學界明確提出了建立宗教學的口號，並進入了蓬勃發展的黃金時期。經過 25 年的發展以後，呂大吉教授將這種繁榮景象歸納為五個方面：1. 宗教學術研究的隊伍和機構擴大了；2. 建立起了全國性的宗教學會以及地方性、分支性的宗教研究學會；3. 創辦了專業性宗教學術刊物；4. 大量出版宗教學術專著和介紹宗教知識的讀物；以及 5. 建立起了培養宗教學術研究人才和宗教實際工作者的教育機構。並指出，其中的第五點是最為重要的。當然，呂大吉教授也注意到了，除了上述硬件的建設以外，軟件的建設更不可忽視。隨著數量眾多的宗教研究機構以及高校建立起了宗教系所，它們自編的宗教學教材卻呈現出各自為政、花樣百出、學術水平參差不齊的現象。呂大吉教授認為，這是宗教學處於幼年發展期的必然現象，不必用行政手段強行推廣某一著作作為法定教材，只有通過在比較中逐步提高質量，形成共識，才會逐漸形成相對集中和統一〔註15〕。

在眾多的教材中，呂大吉教授主編的《宗教學通論》（1989）、著作的《宗教學通論新編》（1998）、以及《宗教學綱要》（2003）無疑是出版時間最早，受到關注最多的一部〔註16〕。從其一再改寫、再版的情況看，也是產生影響歷時時間最長的。而且，呂大吉教授獨立提出了「宗教的四要素」說，不僅作為宗教的定義，並以其作為分析各種宗教現象、認識各種宗教問題的認識論和方法論，從宗教現象的本質和結構，到宗教的發生與發展，以及宗教作為社會文化形式面在社會生活和歷史發展上所起的作用等……對所有這些宗教學上的基本問題，都力圖用這個定義對之作統一的分析〔註17〕。相較其他的

〔註14〕　彼得・伯格等：《世界的非世俗化——復興的宗教及全球政治》，李駿康譯，世紀出版集團、上海古籍出版社，2005 年 9 月，「中譯本序」，第 3，22 頁。
〔註15〕　呂大吉：「序」，張志剛主編：《宗教研究指要》，「序」，第 2～3 頁。
〔註16〕　牟鍾鑒：「序」，呂大吉：《宗教學通論新編》，中國社會科學出版社，1998 年 12 月，「序」，第 1 頁。改革開放後出版的第一本高校文科教材應是陳麟書教授的《宗教學原理》（1986），陳麟書：《陳麟書宗教學研究論文集》，四川出版集團巴蜀書社，2011 年 3 月，第 2 頁。
〔註17〕　呂大吉：《宗教學通論新編》，「自序」，第 8 頁。

教科書這是其突出的特點，這被牟鍾鑒教授稱之為是中國人建立的具有中國特色宗教學主體格局的重要成果〔註18〕。

在《宗教學通論新編》的導言中，呂大吉教授全面介紹了宗教學自產生之日起一百多年來的發展軌跡，以及各派理論的優劣，進而宣示了自己的理論基調。第一是借鑒吸收各派長處。

> 從各種不同的角度，應用各派宗教學的理論和方法，對之作出全面的說明。不管是哪一種宗教觀念、宗教經驗和宗教行為，我們力圖把一切宗教所共同具有的各種現象和因素，作出宗教現象學的比較與分類；對其本質作出宗教心理學的探討；對其起源與演變作出宗教史學的說明；對其社會功能進行宗教社會學的分析；對其真假作出宗教哲學上的評論。這種兼容並蓄的學術開放精神，體現在本書的理論框架之中。我希望，本書可以提供一種證明：近代宗教學的各種理論與方法並不是互相排斥的，而可以在一個宗教學理論體系中兼容共存，各得其所。〔註19〕

第二是要認識宗教現象的本質，揭示宗教產生和發展的規律。因此，呂大吉教授面對中外學界在宗教概念上的多元化趨勢，以及它們之間的衝突和對立，並沒有規避風險，而是提出了自己新的綜合性主張。他總結了三種不同的對宗教本質的理論論述——即以神為中心規定宗教本質；以信仰主體的個人體驗作為宗教的本質；以及以宗教的社會功能來規定宗教的本質等——以後，對其優劣進行了比較分析，並在吸收借鑒馬克思、恩格斯對宗教論述的基礎上，總結、歸納出了自己關於宗教的定義，即：「請看此圖」：

圖 1-1　呂大吉宗教定義示意圖〔註20〕

〔註18〕牟鍾鑒：「序」，呂大吉：《宗教學通論新編》，「序」，第 2 頁。
〔註19〕呂大吉：《宗教學通論新編》，第 47 頁。
〔註20〕呂大吉：前引書，第 77 頁。

呂大吉教授認為，宗教有內外兩種因素。內在因素是宗教的觀念或思想，以及宗教的感情或體驗；外在因素則是宗教的行為或活動，以及宗教的組織和制度。作為一個比較完整的宗教，必須是這內外四種因素的綜合。這四個要素之間在邏輯上存在著有序的內在關係。處於核心層的是宗教觀念，在此前提下，才有可能產生對它的心理體驗。之後，崇拜行為因運而生，最後的結果則是宗教觀念信條化、信徒組織化、行為儀式化、以及宗教生活的規範化和制度化。如果用語言來回答「宗教是什麼」這個問題，即是：

> 宗教是關於超人間、超自然力量的一種社會意識，以及因此而對之表示信仰和崇拜的行為，是綜合這種意識和行為並使之規範化、體制化的社會文化體系。〔註21〕

呂大吉教授認為，雖然在諸多宗教的定義之間存在著巨大分歧，但是，為了建設中國的宗教學體系、為了對各種宗教現象進行研究，所以，還是要對宗教的本質、宗教所包含的基本內容、基本要素有一個明確的看法。否則，會連什麼是宗教、什麼不是宗教也分不清，宗教研究也就根本無法進行〔註22〕。

　　呂大吉教授是學哲學出身的〔註23〕，這種情況在改革開放後中國宗教學的建立初期是一種常態〔註24〕。因此，我們可以看到的突出一點是，雖然呂大吉教授吸收借鑒了國外各種主要的宗教學理論，並對馬克思宗教觀進行了實事求是的評判，但其結果卻仍然是哲學式的。用簡單的話說就是，宗教現象即使再複雜，也要將其簡約化為一個固定的模式，這個模式既可以將包羅萬象的宗教現象納入其中，更可以解釋宗教的產生、發展、以及它的將來，即從「部落宗教」→「民族宗教」→「世界宗教」的發展〔註25〕。在這一點上筆者覺得有這麼幾個問題。首先，雖然在文字上呂大吉教授特意規避「神」這個術語，但「宗教是關於超人間、超自然力量的一種社會意識」指的就是「神」。其次，其宗教定義中暗含著這樣的假設，即只有制度性宗教才是真正的宗教。所有這些預設，都體現了西方宗教觀念對中國學者思維方式的影響。而新一代的學者們正是從對這一觀念的揚棄中開始了自己的學術歷程。朱紅文教授在《社會科學方法》一書中，是這樣解釋社會科學的方法論意蘊的：

〔註21〕呂大吉：前引書，第 79 頁。
〔註22〕呂大吉：前引書，第 80 頁。
〔註23〕呂大吉：前引書，「自序」，第 5～7 頁。
〔註24〕呂大吉：「序」，張志剛主編：《宗教研究指要》，「序」，第 2 頁。
〔註25〕呂大吉：《宗教學通論新編》，第 102 頁。

在社會科學史上，形成了許多似乎是必須二者擇一的對立的思潮、範式和方法，如科學主義（自然主義）與人文主義（主觀主義）的對立，整體主義與個人主義的對立，主觀的、價值的理解與客觀的、因果的說明之間的對立，定量方法與定性方法，學科分工與科際整合（還有所謂一體性方法）之間的對立，等等。這諸多的範疇和方法，往往都內涵於實質的理論和思想之中。

離開了社會科學的實際發展歷程，根本不可能對諸多的方法論範疇作簡單的取捨。而且，可以肯定，通過這樣的取捨得來的所謂方法，不過是一堆僵死的軀殼而已。也許可以說，只有從社會科學史、社會科學的實際研究過程入手來界定和把握社會科學的性質和方法，才能形成對社會科學的文化體認和觀念整合。因此，探討現代社會科學與現代社會之間的關係，在近現代，乃至當代複雜的社會變革中來探索社會科學這一研究方式及其基本的觀念萌發和形成的過程，在這一過程中來體悟社會科學研究方法的複雜性和多樣性，體驗其真切內涵，這在社會科學方法論的書寫和閱讀中都非常重要。對於缺乏關於社會科學的文化認同的大多數中國讀者來說，明瞭社會科學的形成背景，社會科學的基本發展過程，社會科學的基本性質，也許比照葫蘆畫瓢那樣學習一種、幾種具體的方法，尤其有意義。〔註26〕

朱紅文教授的意思是說，社會科學研究方法是複雜和多樣的，要判斷互相對立的某種研究方法與否適恰，需要更深入地感受這一學科的具體發展進程。具體到中國的宗教學研究亦是如此，哲學的研究進路並不是唯一的選擇，進入新世紀以後，從社會的、歷史的、人文的角度探索宗教內涵的研究方法被重點地強調了起來，預示了宗教學研究旨趣的轉向。其突出的代表就是張志剛教授主編的《宗教研究指要》。

二、《宗教研究指要》（2005）

《宗教研究指要》出版於 2005 年 6 月。在「編者序」中張志剛教授介紹說，這本書本來是 2002 年 9 月申報的《宗教學導論新編》，並入選為普通高校「十五」國家級規劃教材。但在調研中編者意識到，

〔註26〕朱紅文：《社會科學方法》，科學出版社，2002 年 7 月，第 4 頁。

　　若想編著出一部既能反映國內外新近的學術成果，適用於全國
高校宗教學專業、相關人文社會學科以及人文通識教育，又能多年
使用並值得修訂再版的好教材，僅靠一個人或某單位的力量注定是
做不到的；也就是說，這樣一本教材只有靠國內一流專家學者的共
同努力才是可想像的。〔註27〕

如果拿該書與呂大吉教授的三本書做比較的話，最早的《宗教學通論》（1989）
是集體創作的結果。鑒於該書的核心理論「宗教四要素說」是呂大吉教授一
人獨立創建的，為了便於把這具有中國特色的宗教學主體格局建立起來，並
消除蕪雜不齊的遺憾，因此當初的合作者們都沒有繼續參與《宗教學通論新
編》（1998）、以及《宗教學綱要》（2003）的修訂工作，而由呂大吉教授在《通
論》的基礎上獨立完成〔註28〕。張志剛教授在規劃《宗教學導論新編》時估
計也是想採用一人主編、風格、觀點相對統一的編寫形式，但最後，還是回
到了呂大吉教授最早的《宗教學通論》（1989）的模式上來。在《宗教研究指
要》「編者序」中，張志剛教授給出的理由是，這是借鑒了 Blackwell Publishers
出版「哲學指南叢書」這一國際上的先進經驗〔註29〕，但實際上，這其實是
反映了他對宗教學的深層次理解。

　　在《宗教學是什麼？——一種「宗教—文化觀」的闡釋》〔註30〕以及《再
論宗教—文化觀的方法論意義》〔註31〕等文章中，張志剛教授一再強調，作
為一門新興的學科，宗教學的突出特點就是它的「交叉性或綜合性」：宗教與
歷史、宗教與文化、宗教與民族、宗教與社會、宗教與政治、宗教與法律、宗
教與經濟、宗教與哲學、宗教與科學、宗教與文學、宗教與藝術等等，宗教學
幾乎跟所有其他的人文科學相關，反之，所有其他的人文科學也幾乎都與宗
教學相關。作者認為，這就是宗教學的魅力所在：通過開拓視野、轉換視角、
更新觀念來促使人們反省整個歷史或文化研究裡的一些根本的或深層的難
題，例如宗教信仰與人類生存、宗教信仰與歷史傳統、宗教信仰與文化差異、

〔註27〕張志剛主編：《宗教研究指要》，「編者序」，第1頁。
〔註28〕牟鍾鑒：「序」，呂大吉：《宗教學通論新編》，「序」，第2頁。
〔註29〕張志剛主編：《宗教研究指要》，「編者序」，第1頁。
〔註30〕張志剛：《宗教學是什麼？——一種「宗教—文化觀」的闡釋》，李四龍、周
　　　　學農主編：《哲學、宗教與人文》，商務印書館，2004年12月。
〔註31〕張志剛：《再論宗教—文化觀的方法論意義》，李四龍主編：《佛學與國學：樓
　　　　宇烈教授七秩晉五頌壽文集》，九州出版社，2009年12月。

宗教信仰與文化形態、人類早期文化與近現代文化的關係、古典宇宙觀與現代思維方式、傳統價值觀與後現代精神困境等等〔註 32〕。張志剛教授把這種將宗教與文化的關係問題推到首要位置的研究方法稱為「宗教─文化觀」。在這種方法中，文化與宗教是元問題或基本關係，它們已排除了眾說紛紜、莫衷一是的雜多含義，重新獲得了一種基本的規定性，即文化意味著「人類歷史活動的整體」，而宗教則是「一種基本的歷史現象或文化形式」〔註 33〕。與傳統觀念相比，宗教不再簡單地表現為抽象的精神信仰或意識形態，其固有的諸多層面的文化意蘊，將把人們引入當前文化研究的熱點、難點、交叉點和突破點上（如宗教與文化衝突、宗教與文化交流、跨文化對話等）〔註 34〕。這將對傳統的方法論觀念提出挑戰，即能否只用一種方法來窮盡錯綜複雜的宗教現象？張志剛教授的結論是，面對研究對象的複雜性，宗教學應該靠多樣化的研究方法來揭示。同時，這種多樣性應該體現出兼容並包的品格〔註 35〕。需要指出的是，與這種關係模式類似的對個人與社會關係的強調，也越來越成為中國大陸社會學家們的共識。這種趨勢表明，社會學正在逐步走出自創立之始就感受到的自然哲學、形而上學等的巨大困擾，從而對社會學的思維品格與哲學的實質性界分，越來越有清晰的自覺。而對這種區別的強調，正是結束社會學中的哲學式討論，展開真正的社會學思考、實現元問題的社會學轉向的必要前提〔註 36〕。

因此我們看到的《宗教研究指要》就是這樣一部教材，它共分為三個部分：第一編「宗教史研究」，共有佛教、道教、猶太教、基督教、伊斯蘭教、以及新興宗教等六個章節；第二編「宗教學研究」，共有宗教學的形成、宗教人類學、宗教社會學、宗教哲學、以及宗教文化學等五個章節；第三編「當代中國宗教研究」，共有當代中國宗教概括、現行宗教政策法規、以及馬克思主義宗教觀等三個章節，而缺少了宗教的本質、宗教的概念、宗教的未來等傳統宗教學的議題。這對中國的學生來說將會是一種全新的體驗，因為他們只

〔註 32〕張志剛：《宗教學是什麼？──一種「宗教─文化觀」的闡釋》，第 287 頁。
〔註 33〕張志剛：前引書，第 297 頁。
〔註 34〕張志剛：前引書，第 299～300 頁。
〔註 35〕張志剛：前引書，第 301 頁。
〔註 36〕鄭杭生、楊敏：《論社會學元問題與社會學基本問題──個人與社會關係問題的邏輯結構要素和特定歷史過程》，《華中科技大學學報》（社會科學版），2003年第 4 期。

有從各個章節之中去領會宗教的豐富性和複雜性，而這也許就是編者所追求的。不過，因為是初期的嘗試，《宗教研究指要》其實仍保留了相當分量的傳統宗教學因素。比如從第一編中可以推測，編者仍將那種具有完整教義、組織、與儀軌的制度性宗教作為宗教的全部，因而無形中忽視了原始圖騰信仰、民間宗教等重要內容；第二編則缺少了十分重要的宗教心理學、宗教現象學，「實屬遺憾」〔註37〕；在第三編中，主要仍以傳統的馬克思主義宗教觀，以及標準口徑的群眾性、民族性、國際性、長期性、複雜性等「五性」，以及文盲多、老年人多、婦女多等「三多」來評介中國當前的宗教狀況，並沒有把近年出現的、按照新思路去考察現實中國宗教的大量新成果包括進來〔註38〕。在「宗教學的形成」一章中，張志剛教授呼籲關注重大現實問題，加強應用性研究，要發出中國學者響亮的聲音〔註39〕。單從《宗教研究指要》這一部教材看，這個目標還相當遙遠。不過，一年以後出版的范麗珠等教授的《當代世界宗教學》（2006）一書，則帶給人耳目一新的感覺。

三、《當代世界宗教學》（2006）

《當代世界宗教學》是范麗珠教授、James D. Whitehead 和 Evelyn Eaton Whitehead 共同進行的、歷時五年、跨學科、跨文化研究的一個學術成果。單從其內容的全面性來看，它並不適合作為宗教學專業的教材使用〔註40〕，但是，如果要是作為宗教學研究範式轉換的一本參考書，確有相當前沿的指導意義。該書第一部分名為「建構意義」，雖然在第三章中，介紹了西方宗教學

〔註37〕張志剛在「編者序」裡解釋說，在結稿時因這兩部分不夠滿意而被刪減了。張志剛主編：《宗教研究指要》，「編者序」，第 2 頁。在北京大學出版社 2013年 1 月出版的張志剛主編：《宗教研究指要》（修訂版）中，已經補足了這兩章的內容。

〔註38〕參見葉小文：《當前我國的宗教問題──關於宗教五性的再探討》，原載《世界宗教文化》，1997 年第 1～2 期，曹中建主編：《中國宗教研究年鑑》（1997～1998），宗教文化出版社，2000 年 7 月，第 1～27 頁。

〔註39〕張志剛：《宗教學的形成》，張志剛主編：《宗教研究指要》，第 240 頁。

〔註40〕該書的封面上標有「中美學者合力打造宗教學新教程」一語，在「前言」中也講到，「希望為在中國高校學習的本科生和研究生修讀宗教研究課程時提供必要的幫助，同時也希望幫助其他更多的對宗教感興趣的讀者深刻理解宗教在當代文化（東方和西方的）中扮演的角色」。范麗珠、James D. Whitehead、Evelyn Eaton Whitehead：《當代世界宗教學》，時事出版社，2006 年 3 月，「封面」，「前言」，第 1 頁。

研究的五個學術性方向——宗教經驗、宗教制度、宗教傳統、宗教在歷史上的角色、以及宗教研究（對符號象徵話語意義的公開調研）等，但作者似乎對宗教的另外兩個特性情有獨鍾，即建構意義（第一章）與超驗（第二章），並以此定義作者心目中宗教的內涵。

> 面對人們難以領悟的各種奧秘——痛苦與死亡、生命起源和命運，每個文化都創造了宗教信仰和活動來獲得解釋和安慰。〔註41〕
> 超越的能力植根於人類對美好生活的嚮往，存在於人類宗教性的核心之處。好奇心和渴望引導人類超越其常理的界限，進入神秘的省悟，而這就是宗教存在的實質。〔註42〕

也就是說，作者從一個新的角度給宗教予以界定，在這裡，宗教可以不需要有一本權威的教義經典，也不一定要有獨立的教團，但只要它能滿足人們對終極關懷的解答，慰藉人們對超越的體悟，它就是宗教的。因此在第四章「中國民間宗教」中，作者就以中國民間宗教作為例子指出，按照西方宗教標準得出的「中國沒有宗教」的結論是錯誤的。通過詳細介紹了中國民間宗教與中國民眾的日常生活與社會制度的緊密關係；它的信仰議題——命運、緣分、善惡報應；它的實踐形式——風水、朝聖（進香）、民俗醫療等等因素，作者得出如下結論：雖然中國宗教的景觀與典型的西方模式難以吻合，但它同樣具有人類普遍的宗教性均具有的上述兩個特徵，即意義建構與超越〔註43〕。

在第二部分「宗教性與現代性」中，作者首先區分了「現代化」「現代性」「世俗化」「世俗性」這兩對概念，指出「化」是社會發展過程，「性」是文化理念。同時認為，當今世界「現代化」「現代性」是普遍發展趨勢，但其結果，卻不一定非以西方社會的「世俗化」「世俗性」為唯一目的，因為這與各個國家開始現代化時所處的文化、歷史背景以及當時的環境因素有關。具體到中國，比如說，用政教分離來描述宗教的發展就會造成一定的誤解〔註44〕。有關這方面的內容，筆者將在第三節中有更詳細的解釋。

〔註41〕范麗珠、James D. Whitehead、Evelyn Eaton Whitehead：前引書，第18頁。
〔註42〕范麗珠、James D. Whitehead、Evelyn Eaton Whitehead：前引書，第34頁。
〔註43〕范麗珠、James D. Whitehead、Evelyn Eaton Whitehead：前引書，第53～68頁。
〔註44〕范麗珠、James D. Whitehead、Evelyn Eaton Whitehead：前引書，第73～84頁。

　　該書的第三部分「宗教‧中國與未來」中，作者卻轉變了論述風格——前兩部分的基本立場是強調中國宗教的特殊性，而這一部分，作者似乎更強調東西方在晚現代性的視閾下，宗教趨同的可能性。它首先以范麗珠教授在深圳進行的田野調查為藍本〔註45〕，講述從四面八方來到深圳的新移民們，在市場經濟改革的大潮中，面對有關意義和人生目標等問題時所做的選擇。他們既沒有完全轉向制度性宗教，也沒有簡單重複鄉村民間信仰模式，而是顯示出幾項鮮明的特徵：1. 精神關懷的實踐；2. 開放的，或如歐大年教授所描述的「非教派的」態度；3. 自由地從多種精神資源中獲得支持；4. 從多元文化中選擇信仰；5. 社區支持和信仰結構的新模式；以及 6. 在精神信仰和實踐的個人選擇方面增強自主意識等等〔註46〕。然後，作者論述了西方天主教和基督新教進行的轉變——為共善（全社會共同福祉）做貢獻，以便再次進入公共領域的努力。最後，作者再次以「意義」「超越」的具體化，如人生定位、道德取向、人類解放、擺脫痛苦等，追問宗教的目的和意義，並昭示未來宗教的可能性定位。

　　縱觀全書，各部分論述的邏輯是這樣的：1. 突出宗教的「建構意義」與「超越」的特性，試圖以此彌合基督教等西方制度性宗教與中國民間宗教的差別；2. 通過分析中西「現代化」過程的異同，指出中國宗教在現代性轉變過程中的特殊性；以及 3. 東西方宗教發展的趨同趨勢——指導人們走正確的路以超越意義。正是由於該書有這種很強的邏輯指向，因此筆者在開始介紹時即評價其是作者的一個學術成果，作為參考書是很有價值的，但並不適合做宗教學專業的教材使用。原因之一是它的內容不全面，與其說是「當代世界宗教學」，不如說是「中國宗教學的新案例探索」更符合全書的議題。原因之二是它的自洽性——有自己的理論、自己的證據、自己的結論，而標榜追求晚現代特性的這本大學教材更應該是理論開放的。另外，作為一個關鍵概念，Late-modern 在全書中分別有三種中文譯法：「當代」「晚現代」「後現代」，這似乎也顯示了中國學界在建構自己哲學理論時的尷尬處境。因為中文（符號）的表達習慣是，一個概念可以根據上下文來變換用詞，這樣，相同的概

〔註45〕范麗珠：《當代中國人宗教信仰的變遷：深圳民間宗教信徒的田野研究》，臺北：
　　　　韋伯文化，2005，參見范麗珠、James D. Whitehead、Evelyn Eaton Whitehead：
　　　　前引書，第 144 頁。
〔註46〕范麗珠、James D. Whitehead、Evelyn Eaton Whitehead：前引書，第 149 頁。

念就會有幾種中文（符號）表達方法。筆者的經驗是，這樣做未必合適──每當閱讀西方哲學著作百思不得其解時，對照一下原文，反倒更能理解作者的原意。可見中國學者在將西方理論中國化的過程中，不僅需要硬件上的突破，更需要解決軟件上的難關。但不管怎麼說，《當代世界宗教學》反映了張志剛教授所期待的在宗教學研究中的「中國視點」「中國聲音」，這是值得充分肯定的。而且這種努力並不是孤證。在《現代宗教是理性選擇的嗎──質疑宗教的理性選擇研究範式》〔註47〕《西方宗教理論下中國宗教研究的困境》〔註48〕等論文、以及 2010 年出版的《宗教社會學：宗教與中國》〔註49〕、2012 年出版的《中國與宗教的文化社會學》〔註50〕中，范麗珠教授繼續堅持自己的一貫立場，即在吸收借鑒西方理論的基礎上，力圖建立起適合解釋中國宗教現象的理論體系來。

四、小結

　　以上，筆者介紹了呂大吉教授、張志剛教授、范麗珠教授的三本宗教學教材，從中可以看出中國學者在對宗教本質、宗教學的研究進路等問題的理解上，逐步豐富和發展的過程。當然，筆者並不是說，將來我們對宗教、對宗教學就只有向這個方向走才對，呂大吉教授也不認為，「宗教學的教材就只有這個寫法」〔註51〕。不過，有一點是可以肯定的，那就是，經過了改革開放，大陸學界對馬克思主義宗教觀的理解獲得了重要理論突破，人們對宗教的認識越來越深入、真實和正確〔註52〕。

　　牟鍾鑒教授在《探索宗教──一個研究者的心跡》一文中，將他本人從受蘇聯教條主義和鬥爭哲學的影響，轉變到重新認識馬克思主義宗教理論的實質，並以開放的心態研究宗教問題的心路歷程，總結為四個方面：1. 由「鴉

〔註47〕 范麗珠：《現代宗教是理性選擇的嗎──質疑宗教的理性選擇研究範式》，《社會》，2008 年第 6 期。

〔註48〕 范麗珠：《西方宗教理論下中國宗教研究的困境》，《南京大學學報》（哲學‧人文科學‧社會科學），2009 年第 2 期。

〔註49〕 范麗珠、James D. Whitehead、Evelyn Eaton Whitehead：《宗教社會學：宗教與中國》，時事出版社，2010 年 4 月。

〔註50〕 范麗珠、James D. Whitehead、Evelyn Eaton Whitehead：《中國與宗教的文化社會學》，時事出版社，2012 年 10 月。

〔註51〕 呂大吉：「序」，張志剛主編：《宗教研究指要》，「序」，第 5 頁。

〔註52〕 卓新平：《講透「社會主義的宗教論」需要新思想》，《中國宗教》，2003 年第 5 期，第 19 頁。

片論」到「異化論」；2. 由「教義宗教」到「文化宗教」；3. 從「宗教是舊社會的殘餘」到「宗教是社會主義社會的上層建築」；以及 4. 從貶低、否定宗教，到同情地理解、客觀地評價。牟鍾鑒教授同時指出，這四個方面的理論突破並不是他一個人完成的，而是宗教學界一大批學者集體努力的結果。並強調，這樣的突破帶來了宗教學研究的繁榮〔註53〕。

呂大吉教授也指出，過去人們只能在兩種觀點之間進行選擇，要麼是立即消滅宗教之類的無神論口號，要麼就是在木雕泥塑的偶像面前五體投地地跪拜。中國宗教學術研究之所以虛脫乏力，停滯不前，在很大程度上就是由於受到了上述這兩種態度的影響。同時，這種態度也加劇了社會的矛盾與衝突。因此，呂大吉教授認為，正確的立場和態度應該是「學術需理性，信仰要寬容」——既要在尊重宗教信仰者的信仰基礎上，深入研究他們的信仰；同時，又要避免一切盲目迷信的信仰主義〔註54〕。

呂大吉教授與牟鍾鑒教授可說是英雄所見略同。在《中國的社會主義者應該是溫和的無神論者》一文中，牟鍾鑒教授列舉了三種無神論者：1. 不信宗教，也沒有其他信仰和理想的人；2. 戰鬥的無神論者——對宗教採取毫不寬容、堅決鬥爭的態度；3. 相信唯物史觀的溫和的無神論者。指出，第三種無神論比歷史上以往的無神論都要深刻。

> 它不滿足於證明神靈的不存在，它還要說明為什麼神靈雖然並不存在而古往今來相信神靈的人卻很多，為什麼宗教作為重要的社會主義文化現象能夠長期的普遍的存在，為什麼單靠教育手段不能促使人們走出宗教。它（中略，筆者注）看到了宗教有神論產生和存在的社會根源和認識根源，歷史地說明了宗教在人類歷史文化中的地位和作用，所以它反對向宗教開戰，而主張通過社會改革和發展來逐步消除自然和社會異己力量對人的壓迫，以促進人的解放、人的幸福和人性的回歸。（中略，筆者注）

> 溫和的無神論者既不是信仰主義者，又超出了反宗教的立場，能夠對宗教作同情的理解、客觀的評價，把宗教文化視為人類文化的組成部分，對宗教的根源與本質、結構與功能作全面深入的分析，

〔註53〕牟鍾鑒：《探索宗教——一個研究者的心跡》，原載《宗教》，2000 年第 4 期，牟鍾鑒：《探索宗教》，宗教文化出版社，2008 年 1 月，第 62～67 頁。
〔註54〕呂大吉：《宗教學通論新編》，第 26～27 頁。

對於宗教在歷史與現實中的正負兩面性有實事求是的說明,不斷探尋宗教發展的規律和趨勢,不頌揚也不攻擊,使宗教研究成為一門學問。〔註55〕

總之,經過宗教學界的努力,學者們已經擺脫了「文革」時對馬克思主義宗教觀的極左式理解以及西方的敘述模式,轉而認為,我們不可能從已有的經典著作中找到現成的答案,而只能「從調查入手,從頭開始,研究新情況,解決新問題」〔註56〕。這也就是筆者在本章開頭所指明的,雖然學者們對宗教的研究進路各有不同,結論也各有千秋,但都體現了他們對宗教元問題的追問,這已經成為中國宗教學研究的主流。

同樣,用這樣的思維方式去理解印順法師的佛學思想未嘗不是一條可行的途徑,在第二、三、四章您將看到,被范麗珠教授重點突出的意義建構與超越,正是印順法師佛學思想背後所隱含的目標旨趣。

第二節 中國儒家文化區人民的信仰景觀

對宗教元問題的追問,一方面是源於理論的滯後,另一方面是源於現實的需求。正如何光滬教授所說,「對中國的社會科學研究而言,問題應該是本土的,方法應該是普遍的」〔註57〕。但是,當人們用西方的宗教理論(普遍的方法)去解釋中國宗教現象(本土的問題)時,卻遇到了不小的疑問:中國有宗教嗎?儒教是宗教嗎?在這種疑問背後體現的,是中國學界的宗教觀念自覺或不自覺地為西方的價值觀念所左右的事實。這種狀況帶來的是對中國宗教價值的疑惑、否定,更遑論中國宗教研究對世界宗教理論可能作出的貢獻〔註58〕。因此在這一節中,我們將繼續我們的追問,其邏輯與上一節是一致的,那就是,我們不能止步於西方現成的宗教學結論,而是要去觀察活生生的中國宗教本身。因為,「西方宗教理論無法完整地揭示中國文化中宗教價

〔註55〕 牟鍾鑒:《中國的社會主義者應該是溫和的無神論者》,原載《中國民族報》,2007 年 1 月 16 日,牟鍾鑒:《探索宗教》,第 101～106 頁。

〔註56〕 羅竹風語,參見陳耀庭:《開拓的精神、實在的構建——試評羅竹風同志的宗教學研究》,《學術月刊》,1997 年第 6 期,第 5 頁。

〔註57〕 何光滬語,方立天、何光滬、趙敦華、卓新平:《中國宗教學研究的現狀與未來——宗教學研究四人談》,《中國人民大學學報》,2002 年第 4 期,第 18 頁。

〔註58〕 范麗珠:《西方宗教理論下中國宗教研究的困境》,《南京大學學報》(哲學·人文科學·社會科學),2009 年第 2 期,第 92 頁。

值所在，中國宗教的位置之模糊不是中國宗教本身的問題，而是整套的解釋方式讓中國宗教模糊了」〔註59〕。

　　不過，在進行探討之前我們先要釐清一個概念，這個概念是在中國宗教學者的研究基礎上被凸顯出來的。過去，我們雖然認識到中國宗教的民族性現象，把它當成中國宗教五性特徵之一，但是由於幾十年形成的學術研究的分科和管理部門的分工，民族與宗教是被分開對待的，民族學長期忽視宗教研究，宗教學也不甚關心民族問題，造成民族與宗教關係研究領域的盲區。2005年，中央民族大學「當代重大民族宗教問題研究中心」的學者們嘗試建立民族宗教學的理論體系，出版了《民族宗教學導論》一書〔註60〕。其中，牟鍾鑒教授將中華多民族大家庭歷史上出現的各種宗教現象全部考慮在內，總結出中國宗教文化多元通和模式的六大特色，即主體性與多樣性的統一；通和性與差異性的統一；民族性與開放性的統一；神聖性與人間性的統一；體制性與民俗性的統一；以及連續性與階段性的統一等等〔註61〕。也就是說，以儒家文化為主導的漢族人民信仰，與少數民族地區人民的宗教信仰是一種和諧共生的關係。就中國宗教這個概念來講，既有一體的一面，也有多元性的一面，這是中國多民族國家自立於世界民族之林的根本特色〔註62〕。鑒於這樣的認知，筆者在這裡規定，這一節論述的都是「儒家文化區人民信仰」這樣一個概念。但是，由於「儒家文化區人民信仰」在中國宗教中佔有主體的地位，過去的學者常以中國宗教來對待，因此，筆者在引述中也會以「中國宗教」來稱呼。但是，這並不表示筆者對少數民族宗教信仰重要性的忽視。有興趣的讀者更可參閱呂大吉、何耀華總主編的《中國各民族原始宗教資料集成》（多卷本）〔註63〕，領略少數民族宗教的豐富材料，感知中華民族共同的精神財富。

〔註59〕楊慶堃語，參見范麗珠：《西方宗教理論下中國宗教研究的困境》，第101頁。

〔註60〕牟鍾鑒主編：《民族宗教學導論》，宗教文化出版社，2009年6月，「序」，第3～4頁。

〔註61〕牟鍾鑒：「第六章：中國宗教文化的多元通和模式」，牟鍾鑒主編：前引書，第338頁。

〔註62〕張踐：《多元宗教信仰與各民族的和諧共生》，牟鍾鑒主編：《宗教與民族》（第六輯），宗教文化出版社，2009年8月，第137頁。

〔註63〕呂大吉、何耀華總主編：《中國各民族原始宗教資料集成》（多卷本），中國社會科學出版社。

一、陳懷宇的研究——傳教士的視角〔註64〕

亞利桑那州立大學副教授陳懷宇在《近代傳教士論中國宗教——以慕維廉〈五教通考〉為中心》一書「自序」中指出，歐美的中國研究提出的論題大多可追溯到基督教新教傳教士的中國研究，而當代歐洲中國研究學界提出的新論題亦多脫胎於傳教士早已提出的舊論題。至於中國學者也沒有超出這個範圍，在論題上幾乎全盤接受了歐美的影響，只是在具體問題上提出了更多的材料加以補充，雖然得出的結論對歐美學者略有修正，然而在轉移學術風氣上還有不小的差距。因此，陳懷宇副教授希望通過梳理傳教士的著述，找出他們研究中國宗教的思路，並對此作出反思〔註65〕。

陳懷宇認為，在 19 世紀傳教士的著作中顯示出了兩種理論架構，一種是建立在普遍主義、現代主義的基礎之上，一種是建立在人文主義、多元主義的框架裡。但不論是哪種理論，都體現了其背後對於宗教理解上的二元矛盾：一方的觀點是，宗教是神的啟示，另一方的觀點是，宗教的本質是人類生活的實際經驗與文化理想的結合。但是，雖有這種困擾，佔據主導位置的通常是基督教神學家，其他宗教只能被迫進行對話，這種對話的框架、體系和論題，多半來自歐洲中心主義和基督教中心主義的預設立場〔註66〕。

之後，陳懷宇副教授以倫敦佈道會（1795～）作為研究視點，講述了這個最早（1807）到中國傳教的新教教會在華所做的四個方面的工作：傳福音、醫療和教育、文化和出版、以及社會救濟。其中的一些傳教士因為傳教的原因，開始學習、研究中文詞彙和語法結構，並進而研究中國的哲學、思想、宗教，開闢了英國漢學研究的新天地。這些傳教士當中有理雅各、修德、艾約瑟、歐德理等人，他們在一定程度上溝通了大英和大清兩大傳統之間的相互認識和理解，但他們的研究終歸帶有濃厚的殖民主義和帝國主義色彩〔註67〕。

下面，陳懷宇副教授即以慕維廉的《五教通考》為中心，評介了該書的幾個特點。

〔註64〕本小節內容主要參考陳懷宇：《近代傳教士論中國宗教——以慕維廉〈五教通考〉為中心》，世紀出版集團、上海人民出版社，2012 年 6 月。本段從該書中的引文，只注明作者和頁數。
〔註65〕陳懷宇，第 2 頁。
〔註66〕陳懷宇，第 3～4 頁。
〔註67〕陳懷宇，第 55～56 頁。

　　1. 關於五教。《五教通考》是《儒釋道回耶穌五教通考》的簡稱，它是倫敦會士慕維廉（1822～1900）用中文書寫的、面向普通百姓的、問答式的傳教小冊子，於 1879 年在日本出版。慕維廉的其他作品一般都是先在中國出版，然後再在日本、韓國出影印本。這一本比較特殊，因此在北京國家圖書館館藏慕維廉所著書籍目錄中並沒有這本書，所以鮮為人知。但是，它的價值卻不可小覷。就以「五教」來說，這是最早明確以這個概念稱謂儒、釋、道、回、基督教的中文著作之一。在這裡，慕維廉並沒有提到宗教的概念，因此，「教」應該理解為中國傳統話語中所謂的教化。至於五教說，可能是借鑒了三教說的傳統——梁武帝時佛教人士提出此說，表明論說者意圖將佛教這一西域宗教納入中原宗教文化的體系中來。「五教」由基督教傳教士提出，用意也在於將當時被視為洋教的基督教納入中國的宗教信仰體系〔註68〕。當然，這一提法也體現了回教、天主教（基督教）在當時中國發展壯大的事實。這不僅在西方傳教士的研究中大量體現，也成為一些中國學者的認知。只不過作為新教的教徒，慕維廉的五教中是以基督耶教代替天主教的〔註69〕。

　　2. 對儒教的批評角度。慕維廉是站在基督教的立場看待儒家思想的，他的理解是不全面的、簡單化的，有關議題對於大多數中國人未必關心，但對於基督教而言卻有相當的重要性。比如，說到儒家的郊社追遠之禮，他認為，這證明了儒家中存在上帝實有之意，它教導人們敬天、畏天、事天，天、上天、皇天就是上帝的別名。因此他批評朱熹認為天即是理、天即是太極之說，勸誡人們應該放棄對百神、祖先的崇拜，因為這都沒有認識到上帝的主宰地位。中國傳統中所謂清氣上升、濁氣下降之說，僅指出了天地之氣，沒有指出天地之主；同樣，雖然華人已經認識到人性本善，但因不信上帝，所以是不足的，也因不信上帝而獲罪於上帝〔註70〕。

　　3. 慕維廉對佛教、道教、回教亦多有批評。和其他基督教人士的主張一樣，慕維廉認為其他教只是螢火，唯耶穌正教「獨為真理」「如日之光」〔註71〕。陳懷宇認為，這其實是在重複三教合一的歷程，即從衝突、排斥走向融

〔註68〕陳懷宇，第 66～69 頁。
〔註69〕陳懷宇，第 95、100、65 頁。
〔註70〕陳懷宇，第 71～72、75 頁。
〔註71〕陳懷宇，第 62 頁。

合。只不過這個所謂的融合不是由三教中任何一教的內部人士提出的，而是中國的民間〔註72〕。

　　慕維廉在這本小冊子中所反映的思路與其他西方傳教士一樣，那就是從自身的宗教經驗、關懷和理解出發，去描繪他們對於中國宗教的印象。他們首先注意的是基督教最中心的議題，並將之加諸於中國宗教中的一些現象之上。比如宇宙論——這涉及上帝創世問題；對神的看法——關涉一神論；生死觀——涉及靈魂、肉體二分、靈魂不朽、以及因信而得拯救和永生。用一句話概括他們的立場就是，基督就是道路、真理、生命，信他便可以得永生〔註73〕。

　　除了慕維廉的《五教通考》以外，陳懷宇副教授還匯總了其他傳教士關於中國宗教的研究結果。其中比較重要的是「政權宗教」的論述，這個宗教在三教、五教之外，但地位比它們都高。比如英國學者溫特波塔姆根據傳教士的材料寫作而成的《一個關於中華帝國歷史、地理、哲學的看法》（1795）一書中就指出，

　　　　中國古代的原始崇拜一直延續到現在，這種早期的教義既沒有
　　被政治革命打斷，也沒有被哲學家們的迷夢干擾。直至現在它仍是
　　政府承認的唯一宗教，皇帝、大臣以及士人均遵守這一宗教。〔註74〕

這個宗教的核心概念是「天」「帝」，它是一種自由的、智慧的存在，一位賞罰分明的神，歷來改朝換代的革命均歸功於「天」的直接引導，因而得到歷代統治者的支持。其表現形式，就是五嶽、郊、壇、祖廟等的崇拜和祭祀制度。它的神靈譜系有三等：一等包括天、地、皇帝先祖、社稷神；二等包括日、月、以前的帝王、孔子、農業神、絲神、年神、天地之神；三等包括死去的忠臣烈士、孝子、儒生、北斗、雲、雨、雷、諸山、四海之神等等〔註75〕。

　　最早來華的新教傳教士馬禮遜，在1834年6月出版的《中國叢報》上發表文章《中國的政權宗教》，其中也講到：中文的「教」指「教導」「教義」，因此可用於儒、道、釋及回、基督，但中國人並不用這個「教」字來指稱政權宗教。這個宗教沒有教義用來教導、學習和信仰，只是一些禮儀和儀式，完

〔註72〕陳懷宇，第100～101頁。
〔註73〕陳懷宇，第102～103頁。
〔註74〕陳懷宇，第112頁。
〔註75〕陳懷宇，第113～115頁。

全是一種「身體性的禮拜儀式」，按照《大清會典》《大清律禮》的規定執行。它祭祀的對象分為三個等級：大祀包括天、地、太廟和社稷；中祀包括日、月、先王先聖、孔子、神農、天神、地祇、太歲；小祀包括雲、雨、風、雷、五嶽、四海、四瀆、名山大川以及其他各類神祇如門神等等〔註76〕。

　　馬禮遜跟之後來華的一些新教傳教士也認為儒教是中國的政權宗教，迪恩在1859年出版的《中國的佈道》中便持有這種觀點。他認為，孝道是中國古代官方的意識形態，為統治階級所宣揚和付諸實踐。它不僅僅是一套政治和倫理教益系統，而且是有神論的，中國的上古有認識真正上帝存在的正確思想，但後來迷失在多神教的迷霧之中。而孔子是無神論思想，他忽視了人類的永生〔註77〕。

　　美國傳教士杜步西的著作《龍、像、鬼：儒釋道三教》（1887）一書，則從西方對宗教的界定標準出發，認為儒教是宗教，因為它有聖典（「四書」「五經」等）、有教會（學校）、有教士（教師）、有教義（倫理），而且加入了古代宗教的很多禮儀，從而逐漸成為了宗教〔註78〕。

　　另外，受穆勒宗教科學或比較宗教學方法的影響，西方傳教士對中國的秘密宗教、祖先崇拜等宗教現象也做了大量的記錄和研究。

　　不過，正如本段開頭提到的那樣，不管是從神的進路還是從文化的進路，新教傳教士對中國文化的態度，已經從早期耶穌會（天主教）傳教士的欣賞，轉變成了負面。1582年，意大利耶穌會士羅明堅和利瑪竇開始入華傳教，他們秉持「適應」中華文明的策略，讀華書、講華語、著華服、行華禮、奉華俗，活動於大江南北，廣結學界政界人士，在傳教的同時譯介西方科技著作，並將中國典籍介紹到西方，推動了中西文化的交流。1610年利瑪竇在北京去世，萬曆欽賜墓地安葬（在今北京市委黨校院內），他的傳教方法和實踐後來被康熙稱為「利瑪竇規矩」，這些都可說是中國統治者對利瑪竇奉行「適應」策略的認可。利瑪竇去世後不久，在華天主教各修會之間就出現了「禮儀之爭」。其爭論的焦點集中在兩個問題上：1. 能否用中國典籍中的「上帝」類比基督教的「天主」；2. 是否允許中國基督徒參加祀天、祭祖和參拜孔子這類的禮儀活動。作肯定答覆的是「適應」政策的擁護者，作否定答覆的，則認為前

〔註76〕陳懷宇，第116頁。
〔註77〕陳懷宇，第118～119頁。
〔註78〕陳懷宇，第119～120頁。

者有容忍偶像崇拜之嫌，因而主張推行「激進」的傳教策略以維護天主教的純正性。這場爭論持續了一個多世紀，中國統治者在「激進」的傳教士挑起衝突時就禁教；但即便在禁教時期，仍不拒絕利用傳教士的一技之長，使得中西文化交流仍能在迂迴中艱難前行〔註 79〕。而新教倫敦會最早入華傳教的馬禮遜是 1807 年來到中國的，這距離鴉片戰爭已不到 33 年，隨著中國國力的衰微，西方對中國的認識逐漸產生了質的變化。與此同時，主張天主教應與中國禮儀相結合的耶穌會已於 1773 年被教廷解散，讚賞中國在歐洲已經失去了威信，並遭到誣陷、詆毀、甚至誹謗〔註 80〕。於是，我們可以看到西方新教傳教士對中國宗教的總體結論是：

從中國古代至今，流傳著一種政權宗教，它實際上只崇拜一位上帝〔註 81〕。

中國先儒是信仰靈魂不滅的。後代的儒家與偶像崇拜結合，因而墮落、衰退了，不能代表原始的純粹的儒教〔註 82〕。

孔子推崇對過去的追懷，但這沒有提供任何新的東西。他遇到問題總是轉向古聖先賢（而不是上帝）尋找答案，造成天朝在千年以來無甚進步，看上去仍然相當落後。因為中國人仍然一直在崇拜祖先，一代一代不斷重複著他們父輩所做的事〔註 83〕。

從道家到道教的過程，顯示出從哲學墮落成迷信；佛教偶像崇拜；回教一些教徒的生活兇殘荒淫；民間宗教充斥著如恒河沙數的神祇〔註 84〕。

因此，中國的宗教發展過程，乃是一個不斷墮落和敗壞的過程〔註 85〕。

如果能復原這些當地的神啟因素，則當地人將很快接受基督教〔註 86〕。

所以，中國人將在基督教中找到他們原本隱晦的不確定的對未來的希望〔註 87〕。

〔註 79〕鄭德弟：「中文版序」，杜赫德編：《耶穌會士中國書簡集：中國回憶錄》（第 1 卷），鄭德弟、呂一民、沈堅譯，大象出版社，2001 年 1 月，「中文版序」，第 4～6 頁。

〔註 80〕安田樸：《中國文化西傳歐洲史》，耿昇譯，商務印書館，2000 年 7 月，第 834 頁。

〔註 81〕陳懷宇，第 114 頁。

〔註 82〕陳懷宇，第 121 頁。

〔註 83〕陳懷宇，第 151 頁。

〔註 84〕陳懷宇，第 114、76、136 頁。

〔註 85〕陳懷宇，第 121 頁。

〔註 86〕陳懷宇，第 163 頁。

〔註 87〕陳懷宇，第 159 頁。

......

這就是在「世界近代史背景下，傳教士所認識的中國宗教與中國文明」〔註88〕。

但作為歐洲殖民政策之前兆的對華不友好行為，大家就是這樣活動的。那時的人是否敢於提議對一種曾向它借鑒了如此之多東西的文明實行殖民政策呢？當時是首先污蔑攻擊這種文明，最後由大炮完成了這種行為〔註89〕。

二、牟鍾鑒的研究──中國宗法性傳統宗教〔註90〕

挾持著大炮而來的強勢西方文化及其思維模式，在對於中國宗教的研究中正在發生著變化。這一段，我們以牟鍾鑒教授的中國宗教研究為中心。

在《關於中國宗教史的若干思考》〔註91〕一文中，牟鍾鑒教授的一段話一下子吸引了筆者的注意，因為從中可以看出，牟鍾鑒教授正在試圖衝破固有的思維定式。

> 以往中國宗教史論著忽略了一個大問題，即中國歷史上存在著一個源遠流長的正宗宗教。人們寫中國宗教史寫到夏商周三代的宗教時，必寫祭天祭祖祭社稷祭山川日月，及至秦漢而下，一下子轉入佛教、道教，從此中國宗教史便是佛教史道教史，以及中國基督教史，中國伊斯蘭教史、民間宗教史，最多加上各少數民族傳統宗教史，似乎三代的宗教後來不再存在了，至少可以略而不論了。有人在佛道之外尋找大教，於是找到儒家，視儒學為宗教。但是儒學從開始就是作為擺脫了古代傳統宗教的人學而出現的，它是神學的對立面，以人為本位，以理性為基礎，其重心在修身濟世，宗教祭祀並非儒學題中應有之義。儒學也有天命鬼神思想，在其發展史上亦曾被神學化過，有些儒者熱心於宗教祭祀，但皆非儒學的主流，道統中沒有它們的地位，主流是內聖外王之道。我們只能說儒學具有宗教性，不能說儒學就是宗教。〔註92〕

〔註88〕陳懷宇，第5頁。
〔註89〕安田樸：《中國文化西傳歐洲史》，第831頁。
〔註90〕本小節內容主要參考牟鍾鑒：《探索宗教》中的有關文章。本段從該書中的引文，只注明作者和頁數。
〔註91〕牟鍾鑒：《關於中國宗教史的若干思考》，原載《文化傳統辯證・時代與思潮〔5〕》，學林出版社，1991年10月。
〔註92〕牟鍾鑒，第275頁。

也就是說，牟鍾鑒教授並不滿意一般的宗教史敘述模式，即只談論制度宗教，外帶（儒家文化區）民間宗教，少數民族宗教，以及把儒學當成宗教等等。他的切入點是，在這些宗教之外還有一個「正宗大教」。

關於這個正宗大教，牟鍾鑒教授將其命名為「中國宗法性傳統宗教」，他對它的整體評價是：

> 中國宗法性傳統宗教以天神崇拜和祖先崇拜為核心，以社稷、日月、山川等自然崇拜為翼羽，以其他多種鬼神崇拜為補充，形成相對穩固的郊社制度、宗廟制度以及其他祭祀制度，成為中國宗法等級社會禮俗的重要組成部分，是維繫社會秩序和家族體系的精神力量，是慰藉中國人心靈的精神源泉。不瞭解這種宗教和它的思想傳統，就難以正確把握中華民族的性格特徵和文化特徵，也難以認識各種外來宗教在順化以後所具有的中國精神。
>
> 中國宗法性傳統宗教在古人心目中佔有崇高的地位，它不僅在實際生活中為官方所尊奉，為民眾所敬仰，而且為學者和史家所關注。〔註 93〕

在這篇《中國宗法性傳統宗教試探》〔註 94〕一文中，牟鍾鑒教授詳細描繪了這個正宗大教的幾個特性：

1. 來源的古老性。考古發現（內蒙古陰山岩畫、雲南滄源岩畫等岩畫、東北紅山文化等）以及古文獻資料（《儀禮》《禮記》《尚書》《周易》等）都顯示，天神崇拜、祖先崇拜以及其他一系列自然崇拜都起源於原始社會或國家形成之初。到君主等級制出現以後，鬼神觀念也開始了等級分化，在百神之上誕生出至上神，殷人稱之為帝，周人稱之為天。天神成了人君在天上的後臺，君權神授成了統治者的思想武器，祭天成為歷代君王的特權。進入氏族社會以後，祖先崇拜開始成熟，男性祖先崇拜則盛行於父權制氏族社會。當中國從原始社會跨入私有制社會以後，這些東西都保留了下來，成為家庭、家族、國家穩定的基礎，祭祖、敬祖成為中國人普遍的基本的信仰〔註 95〕。

2. 發展的連續性。與世界其他文明不同，中國的古代宗教傳統沒有中斷，

〔註 93〕牟鍾鑒，第 245 頁。

〔註 94〕牟鍾鑒：《中國宗法性傳統宗教試探》，原載《世界宗教研究》，1990 年第 1 期。

〔註 95〕牟鍾鑒，第 248 頁。

進入中世紀以後越加興盛發達，越加嚴整周密。改朝換代沒有影響它，道教興起、佛教傳入也不曾動搖它的國家宗教性質。對於多數中國人來講，敬天祭祖是第一義的，不可放棄。而佛道信仰可以信，也可以不信。這種狀況一直延續到辛亥革命前後〔註96〕。

3. 儀規的宗法性。這種宗教的基本信念就是敬天法祖。《禮記》中說，「萬物本乎天，人本乎祖」，所以，祭天祭祖就是報本答恩的方式。而在以後的發展中，敬天導致忠君，於是忠道得以伸張；法祖導致尊老，於是孝道得以發揚。忠孝之道乃是宗法等級社會的主要倫理規範，所以這種宗教具有很強的宗法性。所謂宗法，就是鞏固父系家族實體的一套體制，它以男性血統的繼承關係為軸心，形成上下等級和遠近親疏的立體人際網絡，以此確定一個人的權利和財產在家、族中的地位。因此這種宗教並不需要獨立的教團組織系統，因為祭祀是大家份內的事，個人根據其在宗族、家族、家庭中的地位，自然就擔當著不同的角色，所以也就沒有入教手續和教徒非教徒之分。和其他文明相比的話，這個宗法性傳統宗教就是中國人的全民性宗教〔註97〕。

4. 功用的教化性。這種宗法性傳統宗教一般不追究鬼神世界的具體情狀和個人靈魂的得救，也不看重祭拜儀軌的細節，它最看重的是宗教祭祀發生在政治和倫理方面的教化作用。中國沒有宗教的概念，只有神道設教的意味，它要培養人們恭敬孝順之心，改善人性，淨化心靈。所以在中國，宗法性傳統宗教塑造了中國人與眾不同的宗教性格：既有長期的有神論傳統，也有突出的無神論因素。正如荀子所說，「君子以為文，而百姓以為神」〔註98〕。

5. 神界的農業性。從原始社會延續下來的自然崇拜，明顯地以農業神崇拜為核心。在祭天、祭祖之外，祭社稷（土地神、谷神）、祭先農（農耕始祖）等同樣重要，這是因為民以食為天，農業的好壞直接影響到宗法等級社會的穩固與否〔註99〕。

接著，牟鍾鑒教授對這一正宗大教的三種祭祀儀軌、以及神靈譜系做了詳細的說明。

1. 敬天與祭天〔註100〕。包括以下四種方式。

〔註96〕牟鍾鑒，第 248～249 頁。
〔註97〕牟鍾鑒，第 249～250 頁。
〔註98〕牟鍾鑒，第 250 頁。
〔註99〕牟鍾鑒，第 250 頁。
〔註100〕牟鍾鑒，第 251～256 頁。

（1）郊祭。是歷代君王祭天的主要方式，清代的郊祭場所是天壇祈年殿。一般由欽天監預卜吉期時辰，前一日皇帝至天壇齋宮齋戒，祀日穿天青禮服，上香並行三跪九叩禮，奠玉帛，燔柴，奏祀樂，獻祭。郊祭一般一年一次，或二年、三年一次，是天子獨享的神聖權利。

（2）封禪。地點在東嶽泰山。祭祀的方式是：在山上築土為壇以祭天，報天之功，曰封；在山下小山除地，報地之功，曰禪。封禪一般在兩種情況下進行：一為改朝換代，二是世治國盛。但因耗費巨大的人力物力，因此歷史上行封禪大典的君王並不多。

（3）告祭。在新朝初建、新君初立、建都、遷都等國家大事進行之際舉行的告天之禮，求得上天認可，藉以穩定政局、安定人心，這就是告祭。告祭的傳統是逐步發展起來的，體現了中國人「天命不於常，帝王非一族，失德必墜，得道可王」的思想逐步地深入人心。

（4）名堂祭。以祭祀五帝為主，是郊祭的一種補充。五帝在初期等同於上帝，後來降格，位於昊天上帝之下、群神之上，但也常與天混同。

2. 祭祖與喪葬〔註101〕。縱觀歷史，可分為三個階段。

（1）周代為早期。行政與宗法體系相一致，全國如同一個大家庭，祭祖既是宗教活動，也是政治（宗法）活動。

（2）秦漢至宋為中期。行政區劃和官僚選拔制度打破了原來無所不包的宗法體系，宗法制縮小為宗族內部的制度，祭祖不再是全國統一的政治行為，官階品位有時比嫡庶之分還重要。

（3）明清是晚期。貴族宗族與民眾宗族之間的分野更顯著，家庭的作用增強，祭祖活動更加分散和放寬。

牟鍾鑒教授認為，上述趨勢並不表示宗法制的衰落，只是它的形式在變化。而其維繫上層社會與平民社會正常運轉的功能一直持續，成為中國人凝聚向心力的重要保障。從理論上講，祭天先於祭祖，但事實上，祭祖和喪葬比敬祭天神更重要。一方面因為，天神的概念模糊不清，另一方面，祭天活動限於皇帝，而祖先的概念清晰，祭祀範圍廣大。因此，歷史上怨天罵天者猶可為社會所容，但不敬祖者比較罕見，祖先受辱、祖墳被掘也成為最使國人不堪忍受的事情。

〔註101〕牟鍾鑒，第257～260頁。

3. 其他神祇崇拜〔註102〕。在這裡，牟鍾鑒教授列舉了多種神祇的祭祀儀式，典章依據。計有：社稷崇拜、日月星辰祭祀、聖賢崇拜、山川祭祀、高禖（媒神）祭祀、太歲祭祀、蠟（冬季）祭、以及歷代帝王將相祭祀等等。

在做完上述分析後，牟鍾鑒教授就宗法性傳統宗教的主要內容特質、作用和歷史命運等，做了如下總結：

1. 傳統宗教雖然神靈雜多，但卻有一條清晰的脈絡，那就是，祭天、祭祖、祭社。所有神祇可分為天神、地祇、人鬼、物靈四大類，他們被分成大祀、中祀、小祀三等，歷代大祀大致都限制在祭天祭祖祭社稷的範圍之內。這樣在中國人心目中，有一個在人間之上的神界，有一個在人間背後的陰間，崇拜鬼神，乃普遍正宗的信仰〔註103〕。

2. 傳統宗教的神權與君權、族權、父權是緊密結合在一起的，成為社會政治生活、家族生活和精神生活的有機組成部分。佛教初入中國時，「沙門不敬王者」「沙門不應拜俗」；天主教初入中國時，羅馬教廷干預教徒敬天、祭祖、拜孔子，都是最受中國的政權、人民詬病的〔註104〕。

3. 傳統宗教與傳統禮俗融為一體，因而重儀規，忽視宗教信仰與宗教理論的建設和深化，滿足於天命鬼神的一般性觀念，宗教性常被世俗禮教的形式所淹沒〔註105〕。

4. 與第 3 點相類似，傳統宗教與儒家禮學的關係也互有交叉。儒家的天命鬼神思想和關於吉禮凶禮的論述正是傳統宗教的神學理論。但儒家畢竟以理性為主，追求內聖外王的理念，所以儒者雖熱衷於宗教祭祀，但敬鬼神而遠之者居多，且只是看重宗教的德性教化功能，並不真信鬼神。而傳統宗教是以信仰為基礎，期望鬼神的護祐，兩者是有區別的。因為得不到儒家學者的支持，所以，傳統宗教的理論不發達，沒有形成博大嚴整的神學體系〔註106〕。

5. 傳統宗法性宗教與宗法性國家政權、族權過於緊密，本身沒有獨立性，因而，一旦失去政權、族權的支持，便會土崩瓦解，最後，只剩下民間習俗的慣性作用〔註107〕。

〔註102〕牟鍾鑒，第 260～264 頁。
〔註103〕牟鍾鑒，第 264～265 頁。
〔註104〕牟鍾鑒，第 265 頁。
〔註105〕牟鍾鑒，第 265 頁。
〔註106〕牟鍾鑒，第 266 頁。
〔註107〕牟鍾鑒，第 266 頁。

6. 宗法性傳統宗教在歷史上的作用有兩重性，既有麻痺人民安於既有制度的消極面，也有凝聚民族精神的積極面〔註108〕。

以上筆者詳細分析了牟鍾鑒教授，因不滿足於傳統的中國宗教史的論述範式，而突出「宗法性傳統宗教」的研究成果。在最開始時筆者曾有一個疑惑，那就是，講中國宗教史只涉及儒釋道固然有問題，但重新掀開宗法性傳統宗教的老底，其意義又在哪裡？畢竟和儒釋道相比，這種宗法性傳統宗教在辛亥革命以後就因得不到中世紀社會、以及帝制的支持，已經從整體上坍塌了〔註109〕。對於中國現實的宗教現象，如果五教不能概括全部，那麼加上民間宗教、民族宗教，問題基本上可以解決。從另一個角度講，對宗法性傳統宗教的挖掘，是否延續了西方傳教士的思路？雖然牟鍾鑒教授沒有強調三代的宗教是一神，但起碼可以證明，西方傳教士對中國後來發展的眾多偶像崇拜的認知是正確的。那麼，接下來自然就會問，西方傳教士關於中國宗教從一神墮落成多神崇拜，最終要由基督教來拯救的歷史圖景是正確的嗎？抑或是從黑格爾之類西方哲學家的角度講，中國的宗教完全缺乏真正的道德性和內在理性，是無可救藥、無端至極的迷信的結論〔註110〕，是深刻的嗎？

圖 1-2　秦始皇陵一號青銅馬車〔註111〕

〔註108〕牟鍾鑒，第 266～267 頁。

〔註109〕牟鍾鑒，第 266 頁。

〔註110〕黑格爾：《黑格爾關於中華帝國的國家宗教》，選自黑格爾：《宗教哲學講演·特定的宗教》，畢芙蓉、張嚴、戶曉輝、杜娟譯，李理校，《世界哲學》，2011年第 5 期。

〔註111〕秦始皇帝陵博物院：《秦始皇帝陵出土一號青銅馬車》，文物出版社，2012 年 8 月，圖 9。

　　解鈴還須繫鈴人。其實，筆者的疑惑在於沒有真正理解牟鍾鑒教授的整體思路。牟鍾鑒教授自己說，他的這個發現得到學界越來越多人的認同〔註112〕，於是，筆者便把它當成牟教授整個理論的核心。這樣理解並不全面，或者說是錯誤的。因為牟鍾鑒教授真正的貢獻不在於重新發現了這個正宗大教，並給予其一個至高無上的地位，而在於通過它，還原了中國人宗教信仰的一個立體結構。這個立體結構可用圖 1-2 來說明，這幅圖是秦始皇陵中出土的一號青銅馬車。筆者用字母將其簡化為：

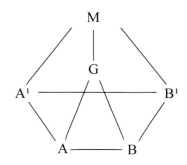

圖 1-3　中國前現代宗教信仰立體結構

其中，G 為圖 1-2 中的御手，代表中國的統治者；A 為圖 1-2 中的二匹馬，代表普通民眾；B 為圖 1-2 中的另二匹馬，代表儒家知識界階層；A^1為圖 1-2 中的一個輪子，代表指導普通民眾的宗教思想；B^1為圖 1-2 中的另一個輪子，代表指導知識界主流的儒家思想。而在它們全部之上，有一個傘蓋 M，這就相當於那個「為社會上下普遍接受並延續數千年的正宗信仰──宗法性傳統宗教」〔註113〕。

　　這樣一來，這個宗法性傳統宗教雖然是大多數中國人的第一義，指導著從統治者到知識分子、以至普通百姓的宗教生活，但是它並不是中國人宗教現象的全部，也不是傳教士心中的那個時間線性在先的政權宗教，而是在 M 與 G、A、B 之間，存在著立體的複雜關係：

　　一方面，上層貴族的宗教禮儀影響了下層民間風俗，如祭祖、蠟祭；民間的宗教風俗也被貴族吸收，變成國家正式祭奠，如祭灶、祭關帝〔註114〕；

〔註112〕牟鍾鑒，第 69 頁。
〔註113〕牟鍾鑒，第 245 頁。
〔註114〕牟鍾鑒，第 265 頁。

但另一方面，祭天祭皇祖祭社稷更多地是滿足上層貴族的精神需要與政治需要，與民眾的精神生活距離較遠〔註115〕。

儒學的誕生是對傳統三代宗教的偏離，反映了人的自我意識的覺醒，是文化發展史上的重大轉向〔註116〕。但孔子並不廢棄宗教，他採取的是改良的態度。一方面保留傳統的天命論，但消除天神的人格特徵；另一方面持敬鬼神而遠之和神道設教的態度，不重視彼岸的存在論問題，而看重宗教的心理功能與教育功能。這種觀點對中國士階層發生了深刻影響〔註117〕。因此孔子以後，知識素養較高的人士不再對建設傳統國家民族宗教的神學體系發生興趣，轉而去建構另外的天道性命之學。這其中，道家、佛教哲學思想都曾發生過影響，形成過玄學、理學的學術風潮〔註118〕。同時，儒家這種宗教觀存在著內在的矛盾，對本體存而不論並不能取消本體。因此，在後世儒家學者中，既有荀子、王充等明白承認鬼神並不存在，也有董仲舒等嘗試建構神學體系〔註119〕。總之，儒學本質上是人學，但它也有宗教性〔註120〕。在與宗法性傳統宗教的關係上，兩者都注重倫理，它們都產生於宗法等級社會的土壤，是這顆大樹上結出的兩個果實，儒學是宗法主義的理性形態，傳統宗教是宗法主義的宗教形態〔註121〕，儒學有學（哲學）無教（宗教），傳統宗教有教無學，兩者相對分離又並行聯袂，共同維持著中國人最正宗的信仰〔註122〕。另一方面，從儒學與普通民眾的關係上看，由於其長期的官學地位，同時造就了中國人不熱心宗教又不反對宗教的國民性格〔註123〕。

而對於普通百姓來說，他們既不能像統治者那樣追求君權神授的政治目的，也難以理解儒家天道性命之學的奧秘。在皇權、宗法制度發達的社會裡，在宗法性宗教和儒家宗教觀的影響下，中國民間最常見的觀念是「上天保祐」「祖德庇蔭」，以「傷天害理」為禁忌，遇難呼救蒼天，有事禱於祖靈，這是

〔註115〕牟鍾鑒，第 333 頁。
〔註116〕牟鍾鑒，第 278 頁。
〔註117〕牟鍾鑒，第 283、69 頁。
〔註118〕牟鍾鑒，第 279～280 頁。
〔註119〕牟鍾鑒，第 285、287、291 頁。
〔註120〕牟鍾鑒，第 69 頁。
〔註121〕牟鍾鑒，第 249 頁。
〔註122〕牟鍾鑒，第 278 頁。
〔註123〕牟鍾鑒，第 69 頁。

普通中國人最正宗的信仰。而且由於宗教的多元互融發展和向民間的滲透，
多教多神崇拜成為民間宗教突出的特徵〔註124〕。

　　這樣，我們就對牟鍾鑒教授關於中國宗教的整體觀念有了一個準確的認
識。那就是要照顧到三個層次——官方思想、學者思想、民眾思想，他們彼
此分別但又互相滲透〔註125〕，它們構成了歷史上中國人信仰的整體圖景：

> 原生型宗教連續存在和發展，皇權始終支配教權、多樣性與包
> 容性、人文化與世俗化、三重結構的銜接與脫節。後來我又加上一
> 條：少數民族地區宗教信仰比漢族地區濃厚和突出。〔註126〕

這樣，通過這個立體的模型（圖 1-3），牟鍾鑒教授對於中國人有無宗教的問
題，儒學是否是宗教的問題等等，都給予了一個能夠自圓其說的解釋。他的
觀點實際上超越了傳教士以及國內部分學者的論述範式，是中國宗教史研究
新的、重要成果。筆者唯一覺得需要修正的是牟教授關於中國宗法性傳統宗
教已經隨著辛亥革命而消亡的論斷，筆者的根據是，不能僅僅盯著它的神祇
和祭祀看，如果我們突出它的社會教化功能的話，清明節、端午節的恢復〔註
127〕，抗戰勝利紀念日的設立〔註128〕等等，都暗合了中國宗法性傳統宗教的
精神，它們在家庭和諧、民族凝聚力的教化效果上，可視為是中國宗法性傳
統宗教的現代翻版。

　　牟鍾鑒教授的研究並不是孤證。除去儒家文化區的民間宗教或曰秘密宗
教〔註129〕、少數民族宗教的研究逐步受到重視、成果越來越豐富以外，中國
國家宗教的研究，以及傳統的三教合一關係的研究，也越來越走出過去視各
宗教間是彼此孤立的、有主有次的思維模式，向著構建中國宗教的整體形態
特徵的方向發展。就筆者所見，就有張榮明教授的「中國傳統宗教信仰的總
體類型框架」，如圖 1-4。

〔註124〕牟鍾鑒，第 280～281 頁。
〔註125〕牟鍾鑒，第 281 頁。
〔註126〕牟鍾鑒，第 68 頁。
〔註127〕2007 年 12 月，國務院公布《國務院關於修改〈全國年節及紀念日放假辦法〉
　　　　的決定》，自 2008 年開始，「五一」黃金周被取消，改為短假期，並設立了
　　　　清明、端午、中秋 3 次短假期。
〔註128〕2014 年 2 月 27 日，第十二屆全國人大常委會第七次會議經表決通過，將 9
　　　　月 3 日確定為中國人民抗日戰爭勝利紀念日。
〔註129〕參見劉平：《中國秘密宗教史研究》，北京大學出版社，2010 年 12 月。

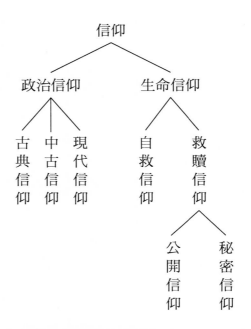

圖 1-4　中國傳統宗教信仰總體類型框架〔註 130〕

他把中國人的宗教信仰按其功能分成兩種，一為政治信仰，為社會服務；一為生命信仰，為個人服務。前者講治世，後者講治心，兩者各有分工，也有契合點。而作為生命信仰，按其實現過程又分成自救信仰和救贖信仰。前者信徒相信自己的力量，具有積極的色彩；後者信賴神靈，期待著消極的拯救。而在救贖宗教中，又有制度化的公開宗教和秘密的非制度化宗教。張榮明教授認為，知識階層一般信奉自救宗教，如道教，而對下層民眾的救贖宗教是鄙視的〔註 131〕。對於張榮明教授的個別分析，筆者是持保留態度的（如上述道教），但他的這個整體框架，同樣也是指出了貴族信仰、知識階層信仰、以及民眾信仰這三個分支，與牟鍾鑒教授的觀點還是有近似的地方。

　　在西方，有關中國宗教史的研究也突破了自法國開始的傳教士們的固有模式，不僅注重某一宗教體系的淵源和發展，也開始強調各種宗教的相互融合，以及它們在日常生活中的體現〔註 132〕。編撰了西方中國宗教史研究最全

〔註 130〕張榮明：《中國思想與信仰講演錄》，廣西師範大學出版社，2008 年 2 月，第 27 頁。

〔註 131〕張榮明：前引書，第 15～28 頁。

〔註 132〕姚平主編：《當代西方漢學研究集萃‧宗教史卷》，上海世紀出版股份有限公司、上海古籍出版社，2012 年 9 月，「前言」，第 3 頁。

資料〔註133〕的湯普森就主張，要以單數形式（Chinese Religion）而不是複數
形式（Chinese Religions）來形容中國宗教，因為，「中國宗教是中國文化的一
種表徵，融入百姓的生活中，而各種宗教間的區別和對立只表現在上層的、
專職的宗教體系中」〔註134〕。他的觀點與許理和關於中國宗教的金字塔模式
比較接近。許理和認為，儒道釋三教是共享底座的金字塔塔尖。塔尖越高，
它們之間的差異就越明顯、越侷限在一個職業的、精英群體中。而就底座而
言，人們很難分辨它是佛教、道教還是儒家〔註135〕。這種情形很像甲骨文的
「山」字一樣：

圖 1-5　甲骨文「山」字〔註136〕

他們的觀點，在當今西方中國宗教史的研究中是有代表性的〔註137〕。總之，
以立體、全面的，而不是線性、孤立的視角來看待中國宗教，越來越成為大
家的共識。

三、范麗珠的研究——現代性的視角〔註138〕

　　上一節中筆者就提到，范麗珠教授的研究意在突破固有的西方傳統理論
模式，試圖找出解釋中國宗教現象的正確理論架構。在她推出的第二本「中
美學者合力打造宗教學新課程」《宗教社會學：宗教與中國》（2010）中，作者

〔註133〕計有：《中國宗教研究：1970 年以前英、法、德語文獻綜合分類目錄》《西語
　　　　中的中國宗教研究：1980 年以前英、法、德語文獻綜合分類目錄》《中國宗
　　　　教西語文獻：1981 年至 1990 年》《中國宗教西語文獻第三卷，1991 年至 1995
　　　　年》《中國宗教西語文獻第四卷，1996 年至 2000 年》等。姚平主編：前引
　　　　書，「前言」，第 1～2 頁。
〔註134〕姚平主編：前引書，「前言」，第 2 頁。
〔註135〕姚平主編：前引書，「前言」，第 3 頁。
〔註136〕徐中舒主編：《甲骨文字典》，四川辭書出版社，1989 年 6 月，第 1025 頁。
〔註137〕姚平主編：前引書，「前言」，第 3 頁。
〔註138〕本小節內容主要參考范麗珠、James D. Whitehead、Evelyn Eaton Whitehead：
　　　　《當代世界宗教學》，時事出版社，2006 年 3 月，簡稱范麗珠（2006）；范麗
　　　　珠、James D. Whitehead、Evelyn Eaton Whitehead：《宗教社會學：宗教與中
　　　　國》，時事出版社，2010 年 4 月，簡稱范麗珠（2010）。本段從上述兩書中的
　　　　引述，只注明簡稱和頁數。

繼續這個進程，分析了中國宗教不同於西方的幾個特徵。比如遠古中國人對祖先的崇拜，對天、理、氣的獨特感知〔註139〕，儒釋道三教你中有我，我中有你的融合、互補的特性〔註140〕，民間宗教之於下層民眾的重要的文化意義等等〔註141〕，並著重介紹了楊慶堃的研究。楊慶堃教授接受過嚴格的西方社會學傳統的訓練，但在學習中他發現，很多用來理解西方社會的概念和理論，對於中國的社會現實沒有解釋力，甚至產生誤導。19世紀末20世紀初的西方學者普遍持有的觀點是：中國歷史上缺乏一個結構顯著的、正式的、組織化的宗教，儒家思想為社會提供的只是一般性的道德倫理基礎；另一方面，遍布於中國鄉村的只是一些缺乏組織的原始信仰和模糊不清的宗教實踐。楊慶堃教授在《中國社會中的宗教》中，利用西方傳統中既有的宗教的「功能和結構」概念證明，宗教是幫助人們處理人生面對的終極關懷的問題的，比如那些破壞人類社會關係的現實威脅，諸如死亡的命運、不公正的遭遇、難以計數的挫敗等等。因此，中國社會中雖然沒有西方的制度性宗教的運作模式，但宗教因素依然存在，它的運作方式是彌漫式的。因此，回答「中國的宗教在何處？以何種方式活躍於中國社會？」這些問題，其答案就是，它不是以獨立的組織化結構表現出來，而是深深地根植於家庭生活和鄉村社會之中。它不需要組織、領袖，它內含於每一個中國人的精神體內。佛教、道教等制度性宗教為其提供了概念、理論方面的支撐，而彌漫性宗教也為儒家思想的世界觀提供了補充。楊慶堃教授認為，這一點是西方人特別不容易理解或欣賞的中國宗教的本質特徵。楊慶堃對於中國宗教的整體描述與牟鍾鑒教授大體一致，但由於他對於彌漫性宗教（大致相當於其他學者所謂的民間宗教、秘密宗教）的界定也是基於西方學術化的，即將其視為一個特定的宗教，因而認定，隨著封建王朝解體、世俗化、城市化等現代性因素的興起，彌漫性宗教將面臨沒落的命運。這一點，范麗珠教授是持保留意見的〔註142〕。因為根據她的田野調查資料，宗教仍然是一種有活力的社會力量，因為，「這就是生活」〔註143〕。

〔註139〕范麗珠（2010），第4頁。
〔註140〕范麗珠（2010），第15頁。
〔註141〕范麗珠（2010），第27～37頁。
〔註142〕范麗珠（2010），第70～83頁。
〔註143〕范麗珠（2010），第172頁。

如果說上面的研究仍然不出牟鍾鑒教授的整體範圍的話，那麼，范麗珠教授關於西方宗教與現代性關係的研究，則為人們更好地理解中國宗教之於西方傳統的特殊性提供了另一個視點。用一個歷史座標圖可以表示如下：

西方宗教：A（前現代）西方歷史上的宗教景觀　B 現代化、世俗化的變革議題　C（晚現代）

中國宗教：a（前現代）中國特殊的宗教景觀　b 現代性視閾下的自身議題　　　　c（晚現代）

圖 1-6　中西各自的現代性發展軌跡

也就是說，牟鍾鑒、楊慶堃教授等人的研究議題是西方 A 對中國 a 的靜態對比，而范麗珠教授則將視點轉向了西方 B、C 與中國 b、c。所以在牟鍾鑒、楊慶堃教授眼裡，隨著封建制度的解體，傳統大教已經衰亡了，而范麗珠教授則指出，越來越多的中國人仍然在從中國宗教中獲得精神營養。

在《當代世界宗教學》（2006）的第二部分，作者首先援引查爾斯·泰勒的著作澄清了現代化與現代性的區別。劃分兩者的標準是，「化」是社會歷史過程的一個階段；「性」反映的是伴隨著社會發展過程而顯露出來的思想體系。前者是社會學者關心的議題，而後者則為哲學家、歷史學家、文化人類學家、文化心理學家所矚目〔註 144〕。簡單地說，「化」指的是現象，而「性」指的是理念。其中，現代化的現象包括工業化、城市化、公民政治參與、以及社會中各階層的結構分殊等。其中，社會中各階層的結構分殊是指經濟、政府、科學、教育、宗教、媒體、藝術等等各個階層，雖互相關聯，但也獨自扮演特殊的角色，行使著特殊的功能〔註 145〕。而現代性的理念是指科學作為普遍的信仰、工具理性、個人主義、以及普遍的平等觀念等等〔註 146〕。

隨後，范麗珠教授指出，以現代化和現代性作為背景，西方世界出現了一些所謂世俗化的變化。她引用貝爾格的話說，世俗化就是社會和文化的一部分擺脫了宗教制度和宗教象徵的控制。而卡薩諾瓦則將世俗化概括為以下三個命題（表 1-1），它們強調的共同點都是，宗教已由社會生活的中心退居到邊緣。

〔註144〕范麗珠（2006），第 74～75 頁。

〔註145〕范麗珠（2006），第 75～76 頁。

〔註146〕范麗珠（2006），第 76 頁。

表 1-1　世俗化假設的中心命題〔註 147〕

世俗化在社會中作為功能性分殊
通過社會活動不同範圍的變化過程——使經濟的、政府的、科學的、教育的、媒體的、藝術的——功能脫離宗教領域，具有獨立性。
世俗化作為宗教的私人化
「宗教領域」成為多方面的和專門的活動，不斷從公共生活中隱退，而更多地集中於私人事務的關懷——個人價值和個體的道德行為；家庭的穩定；對生活滿意程度的主觀感受。
世俗化與宗教的消亡
當宗教的公共角色喪失和社會影響減弱，宗教制度將失去其信徒，宗教信仰和活動對個體的影響力將降低。

　　同樣地，如果說世俗化反映的是社會發展的現象，那麼世俗性就是這種發展背後所體現的世界觀，一種文化上的信仰的態度。查爾斯・泰勒將其概況為四個重要原則：世界的解魅；「排他的」或個人滿足的人道主義；自我的概念和「緩衝的」自我；以及宗教作為個人的選擇，而不是共同的文化資源等等〔註 148〕。世俗性與現代性相比，現代性的思想體系更宏觀一些，涉及的理念更廣，而世俗性的思想體系主要強調的是人與神之間的關係。

　　范麗珠教授如此著重介紹「現代化」「現代性」與「世俗化」「世俗性」的區別，是為了說明西方的歷史經驗與其他國家可能的不同點。她的觀點是，「現代化」「現代性」是全世界都面臨的趨勢，但各個國家實現現代化、落實現代性理念的結果，並不一定都要像西方社會那樣是「世俗化」與「世俗性」的〔註 149〕。范麗珠教授的觀點，可以用下圖予以表示：

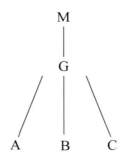

圖 1-7　西方前現代宗教信仰立體結構

〔註 147〕范麗珠（2006），第 79 頁。
〔註 148〕范麗珠（2006），第 82 頁。
〔註 149〕范麗珠（2006），第 82～83 頁。

圖 1-7 表示了前現代時期西方社會的整體結構。其中 M 表示上帝，G 代表教會，A 代表普通民眾，B 代表封建貴族，C 代表科學、藝術等等。那時，西歐社會生活的各個領域，包括君權、社會價值取向、以至科學、哲學等等，其思想來源都以基督教神學為圭臬，而教會充當了上帝與社會的中介。這種狀況，經過科學革命、啟蒙運動、法國和美國的革命等幾個階段的發展已經發生了根本性的變化，其結果可用圖 1-8 表示：

圖 1-8　西方現代社會結構

其中，MG 之間的關係沒有變化，但已經不再具有神聖的絕對性權威的地位。其結果就是，民眾 A、政府 B、科學 C 等等，需要重新構建其形而上的理論根據，建立這個理論根據的精神就是科學、工具理性、個人主義和普遍平等的觀念，以及政府權力來源於人民的契約理論等等，這些就是所謂現代性的世界觀 M^1、M^2、M^3。而由圖 1-7 經現代化、現代性變革得到圖 1-8 的結果，我們可以看到一個清晰的世俗化的過程——宗教不再具有獨佔的真理性和特權，它逐步退縮成公民個人基於個人主義理念自我選擇的屬於私人領地的狹小空間。神聖世界終結了，原來宇宙充滿的神明和人類意願被非人性力量驅動的機械性世界所取代，它成為絕對理性。而宗教從科學的領域、自然世界和公共領域等等逐步退出，遁入私人的內心，成為厭世者的天堂。因此在韋伯的眼裡，現代性帶來的就是整個世界的解魅[註150]。

　　接著，范麗珠教授轉到了她論述這一問題的核心點上，那就是中國的議題。她引述余英時的話說，中國所接受的現代化是西方花了兩個世紀的時間吸收並消化的東西，它進入中國不過短短的三十年或四十年，更關鍵的是，這個接收伴隨著西方的堅船利炮[註151]。這個過程到了 1949 年取得了階段性的結果，傳統架構被打破，取而代之的是馬克思主義、毛澤東思想。這個信仰雖然具有無神論和世俗性的蘊含，但其功能，卻具有神聖帷幕的特徵。

[註150] 范麗珠（2006），第 85～93 頁。
[註151] 范麗珠（2006），第 94 頁。

> 一個神聖的帷幕可以保護其成員免遭外來的襲擊，就像雨傘一
> 樣為人們擋住雷雨。作為權威性的意識形態，神聖帷幕同樣阻撓人
> 們的獨立思考。顯然在其保護覆蓋下，帷幕有時會阻擋受其覆蓋者
> 的視野。形象地說，當某人居於華蓋的保護下，他是無法看到天空
> 的任何變化或呼吸到新鮮空氣的。〔註152〕

范麗珠教授說，中國與西方當代社會學家都認為，中國文化在1949年陷入了自己的神聖帷幕，馬克思主義表現得與宗教極為相像〔註153〕。而70年代末開始的改革開放，開始了對這個神聖帷幕的解魅過程，但是，解魅的同時沒有建立起新的價值觀體系，伴隨而來的卻是對物質利益的追求和消費主義的盛行〔註154〕。社會感到空虛，學界掀起文化熱，宗教也在這種大背景下，場所重新開放，宗教學校開始招生，越來越多的中國人轉向從中國傳統民間宗教中獲得精神慰藉〔註155〕。

范麗珠教授的思路是正確的，但是她犯了一個同樣的錯誤，那就是用西方中心觀來比附中國現代化的發展進程：

> 中國人經歷的解魅也完全迥異於西方。在歐洲解魅是與基督教
> 王國神聖帷幕的崩潰相伴隨，宗教不再像以往那樣具有權威，所以
> 西方的解魅與世俗化是孿生的。在世俗化的西方文化下，宗教的地
> 位大大降低，教會逐漸成為社會上多元化價值體系中的一種。
>
> 在中國，解魅出現的情境則大大不同。中國民眾並非沒有受到
> 宗教神聖秩序的影響。在七十年代末期和八十年代初期，社會普遍
> 的失望情緒是對文革（應加引號，筆者注）時期政治掛帥的一種反
> 應。伴隨對「文革」政治信仰的破滅和政治神聖帷幕倒塌的是一種
> 深刻的失落感──文化和精神價值的失落。〔註156〕

表面上看，范教授提示讀者的是西方與中國的現代化進程是不一樣的：在西方，現代化針對的是基督教王國，其過程伴隨的是世俗化世界觀的確立；而在中國，解魅針對的是「文革」的神聖帷幕，它反映的是中國人的精神在帷幕倒塌後的失落與空虛。錯在哪裡？錯就錯在把西方的「解魅」B用到了中

〔註152〕范麗珠（2006），第95頁。
〔註153〕范麗珠（2006），第96頁。
〔註154〕范麗珠（2006），第97頁。
〔註155〕范麗珠（2006），第96～99頁。
〔註156〕范麗珠（2006），第97～98頁。

國的 c 上，所以，看似強調了東西方的不同，但實際上，中國仍然是西方的
附庸。

　　有學者指出，近百年來中國人經歷的為振興中國而進行的各種政治、經
濟、文化運動，都可統稱為探索中國現代化道路的運動〔註157〕。而改革開放
後的情況，與其說是對應著西方現代性、世俗性的解魅現象，不如說是對應
著西方晚現代的「非世俗化」進程。它們都是對現代性理性主義崇拜所帶來
的負面效應的再反思。所以，將西方現代性的解魅（B：針對基督教）比附中
國「文革」後對極左思潮的反思（c：針對「馬克思主義的神聖帷幕」〔註158〕），
是錯誤的，這一點在范麗珠教授後面的論述中可以得到證明。因為她繼續描
述了西方社會對工具理性的反思，對實踐理性的再思考，以及在這樣的大背
景下，宗教團體如何在反省自己過去錯誤的同時重新定位，重新找到在晚現
代社會中的新的落腳點：

　　　　1. 對人類經驗的終極信仰更深刻的體悟；
　　　　2. 不斷增加對所有知識有限性的認識；
　　　　3. 對日常生活中信仰重要性的高度讚賞；
　　　　4. 對宗教多元化和價值多樣性的真正開放。〔註159〕

在對西方的晚現代性特徵進行論述之後，范麗珠教授立刻將其在深圳所做的
田野調查聯繫在一起，顯示出作者本人希望將西方晚現代性的發展，與改革
開放後當代中國宗教的變化進行比較的意圖（C 與 c）。這也就反向證明了，
把改革後中國人思想的變化比作解魅（西方的現代性特徵 B）是不嚴謹的，
它會掩蓋一些根本性的問題。因為仔細對比就可以發現，改革開放以後，中
國人是在對宗教鴉片論的反思中重新認識宗教的正面價值的〔註160〕，這與上
述西方思想家們針對理性主義（反宗教的）的反省而給予基督教以新的定位，
在理路上反倒更近似些。

　　所以，在現代性視閾下進行中西對比的正確思路應該是，參圖 1-6：

　　西方：前現代 A 為圖 1-7；現代 B 為圖 1-8；晚現代 C 是對現代理性主

〔註157〕 羅榮渠：《中國近百年來現代化思潮演變的反思（代序）》，羅榮渠主編：《從
　　　　「西化」到現代化——五四以來有關中國的文化趨向和發展道路論爭文選》，
　　　　黃山書社，2008 年 5 月，「代序」，第 1 頁。
〔註158〕 范麗珠（2006），第 95 頁。
〔註159〕 范麗珠（2006），第 119 頁。
〔註160〕 范麗珠（2006），第 170～172 頁。

義、世俗化的反省，結果待定；

中國：前現代 a 為圖 1-3；現代 b 的狀況如何描述，筆者傾向於羅榮渠教授的觀點，如圖 1-9，而范教授把它理解成圖 1-7，其中 M 約為馬列主義，G 約為中國共產黨，A、B、C 約為政治、經濟、社會、文化等等各個方面，這樣理解其實並不嚴謹；晚現代 c 是改革開放以後中國人思想觀念正在發生的變化進程，它對治的是中國特色的現代化進程中出現的各種問題，這一過程同樣尚未完結。結合圖 1-9，筆者的預估是，它將是 a 與 B 的某種方式的融合，這是題外話。

總之，只有在各自的發展軌跡下拿 B 與 b，C 與 c 進行對比才是正確的，范麗珠教授的上述分析可能是在無形中將中國的 c 比附成西方的 B，這樣的對比是在對歷史、思想的割裂狀況下進行的，它會掩蓋許多關鍵性的問題。正如筆者在上一節中指出的那樣，作者在「當代」「晚現代」「後現代」等的概念運用上有不嚴謹的地方，同樣在這裡，不加區分地使用「解魅」一詞也無助於問題的解讀。但是，在現代性的視閾下觀察宗教的發展，卻是筆者認可的傾向。這樣，我們就可以從靜態的、動態的等等多個角度，把中國宗教的面貌清楚地展現出來。

四、小結

對牟鍾鑒、范麗珠教授研究角度的讚賞源自於筆者早先對另一個問題的領悟，即所謂的李約瑟問題。中國人自 17 世紀開始就接觸西方科學，當時的國人認為它可學，但需要發揚中國傳統以超越之；20 世紀初，國人觀念發生了 180 度的轉變，生出中國古代無科學的感覺；上世紀 50 年代以後，卻由於英國學者李約瑟的龐大研究，一種似乎更客觀的認識為大家所接受，即中國古代的科技水平比西方優勝，尤其是四大發明促進了西方的發展，中國的落後只是文藝復興以後的事情。這樣就產生了所謂的李約瑟問題：為何現代科學出現於西方而非中國？陳方正教授的研究給筆者很大的啟發。他認為，西方現代科學只是表面現象，支撐這一現象的背後因素是西方的哲學、宗教，乃至整個文明，所以，現代科技是西方文明內在邏輯的必然顯露，並不意味著中西科技的相對水平發生過大的逆轉，也就是說，近代科技的原創只能產生在西方。所以，李約瑟問題其實類似於「為什麼你的名字沒有在今天報紙

的第三版出現？」這樣的問題，糾纏其中，無益於問題的解決〔註161〕。

　　同樣，對於中外宗教問題也是如此，我們可以對比、我們可以借鑒，但卻不能因此而混淆。借用余英時教授的觀點就是，不能對中西歷史進行錯誤的類比〔註162〕。中國沒有宗教、儒家是宗教、以及神聖帷幕的解魅等等，都是西方學者基於錯誤類比而產生的「你的名字為什麼沒有在今天報紙第三版出現？」的問題。對這類問題只能通過新的角度予以消解，比如從問「你們中國原來信的什麼教？」，改為問「你們的信仰是怎樣的？」〔註163〕同樣地，那種認為孔子已經於二千年前就開始了宗教的世俗化〔註164〕的「中國中心觀」思路，也值得我們高度的質疑。夏明方教授說，就其主流而論，他們（西方學者）對中國形象的異樣詮釋（指李約瑟問題之類），均未脫離其自身文化的發展脈絡。隨著現代性發端的不斷前移，中國幾千年的歷史也就逐漸變成了一部停滯的歷史〔註165〕。所以，既要正確掌握現代宗教理論，又要立足於中國宗教的獨特性、豐富性和現實性，這是我們應該時刻警醒的議題〔註166〕。

　　以上學者的研究對筆者的思想形成產生了很大的影響，只不過，上面這些論述都是文字表述型的。筆者文科出身，頭腦中有咬文嚼字的習慣，大眾中似乎也有這種思維定勢，但是後來發現，咬文嚼字對於文學作品是可行的，但對於宗教、哲學著作來講則未必，在這一領域中，文字只是表象，需要透過表象才能理解事件背後真實的意義。因此筆者想出了一種用圖表、字母來分析問題的思路，這也成為本書論述的主要方式。（其實，在印順法師的著作中也經常用到各種圖表）。在這一節當中，筆者就嘗試用到了圖1-3、圖1-7、

〔註161〕陳方正：《繼承與叛逆：現代科學為何出現於西方》，生活讀書新知三聯書店，
　　　　　2009年4月，第626、634頁。
〔註162〕夏明方：《十八世紀中國的「思想現代性」——「中國中心觀」主導下的清
　　　　　史研究反思之二》，《清史研究》，2007年8月第3期，第4頁。
〔註163〕范麗珠：《西方宗教理論下中國宗教研究的困境》，《南京大學學報》（哲學·
　　　　　人文科學·社會科學），2009年第2期，第93頁。
〔註164〕范麗珠：前引文，第96頁。
〔註165〕夏明方：《十八世紀中國的「思想現代性」——「中國中心觀」主導下的清
　　　　　史研究反思之二》，第16頁。
〔註166〕有關「中國中心觀」的評述，參見夏明方：《十八世紀中國的「現代性建構」
　　　　　——「中國中心觀」主導下的清史研究反思》，《史林》，2006年第6期；夏
　　　　　明方：《十八世紀中國的「思想現代性」——「中國中心觀」主導下的清史
　　　　　研究反思之二》，《清史研究》，2007年8月第3期。

圖 1-8 等立體架構圖，以及圖 1-6 的平面流變圖，以期擺脫文字的束縛，把中國宗教清晰、完整、立體、動態的發展面貌正確地展示出來。

下面我們就繼續按照這個思路，去審視 20 世紀初中國的宗教界、思想界人士所做的種種努力，我們可以直接問，過去中國的宗教體系在近代發生了哪些變化？需要如何改進？而印順法師的理論對這種改進都作出了怎樣的貢獻？這不是在苛求印順法師，這樣的標準同樣適用於同時代的所有中國思想家們。胡適先生由潮流的中心轉變為潮流的邊緣，其原因也就在於此〔註 167〕。下面，筆者就以梁啟超、太虛大師為例，分析他們佛教思想背後的真實意圖及其意義，您將會發現，他們彼此之間的差別還是相當明顯的，僅僅從文字的表面——都提倡了佛教——就推導出近代中國佛教發生了復興這樣一種標準敘事範式，同樣是不嚴謹的。

第三節　現代性視閾下的近代佛學思想

一、清末民初的思想抉擇

1900 年前後，中國人開始對宗教產生了濃厚的興趣。蔡元培先生在這一年寫出了《佛教護國論》，認為當時的中國孔、佛並絕，中國成了沒有宗教的國家，「近於禽獸矣」。因此他主張應該提倡一個有知識、身體健康、立志護國的佛教，以孔、佛合一來抵抗西方強勢，保護中國文化之存在。當然，同樣也有人建議皇帝降旨，把基督教的宗旨曉諭中國士民。顧鳴鳳在《問近年中華民教不和之案層見迭出……》中建議，將《新約》一書去其雜蕪，存其精義，編入《四庫》集部，讓「愚懦者讀之，可以生仁愛之心，強暴者讀之，可以戢兇橫之氣，西人聞之，亦群服我國之大公無私，方將低首下氣，敬服之不暇」〔註 168〕。

如何理解這種現象？在緒論中筆者講到了一種標準的近代史圖譜，並對此發出質疑——即那種認為在近代中國佛教發生了復興，或者基督教將有大

〔註 167〕江燦騰：《當代臺灣人間佛教思想家——以印順導師為中心的薪火相傳研究論文集》，第 224 頁。

〔註 168〕葛兆光：《孔教、佛教抑或耶教——1900 年前後中國人的心理危機與宗教興趣》，原載《中國近代思想史的轉型時代——張灝院士七秩祝壽論文集》，臺北：聯經出版事業公司，2007 年，葛兆光：《中國宗教、學術與思想散論》，復旦大學出版社有限公司，2010 年 9 月，第 72～74 頁。

發展的觀點，都是只看到了現象的表面。就佛教來講，霍姆斯‧維慈教授即對佛教復興的說法表示懷疑，他的根據是，只有在提供給外國人閱讀的材料和有關太虛的資料中，才可以看到佛教「復興」這個詞，而在實際當中，他沒有從一個中國僧人的口中聽到過它，他們反而總是搖頭歎息道：「今天的青年僧人不知道什麼叫叢林和禪規。現在禪堂不再存在了」。霍姆斯‧維慈提醒道，人們應該關注佛教「復興」提法下面掩蓋的某種趨勢，如果這種趨勢繼續下去，將意味著不是佛教活力的增長，而是一個活生生宗教的最終消亡。霍姆斯‧維慈所說的趨勢是，寺院傳統的社會契約——以功德換大米——失效了〔註169〕。

如果說霍姆斯‧維慈教授是從佛教的角度來看待佛教「復興」背後的問題，那麼同樣的，我們也可以像葛兆光教授那樣從另一個角度來追問：為什麼這個時候會突然興起另外尋找新宗教的熱情？中國人傳統的精神支柱孔教在那時怎麼了〔註170〕？這就是筆者所謂的現代性視閾。

需要說明的是，宗教在這裡不是中國人傳統思維裡的儒釋道之「教」，而是一種與西洋文明有關的新事物。那時的人們看到，西方國家發達，他們有基督教；日本維新成功，他們有神道教。因而推測出，中國要想進步也應該引入一種宗教。這種思路與上一節我們談到的傳教士思維有些近似：傳教士們是用西方的眼光指導中國的一切，包括（宗）教；而那時的中國人，則開始用西方的眼光去反思中國。不過走到這一步是因為，過去用中國人的眼光看世界、看西方的方法已經失敗了。

最早有此體會的可能是林則徐。蔣廷黻先生在《中國近代史》一書中指出，其實存在著兩個林則徐：真實的林則徐認識到西方的先進，因此請人編寫《海國圖志》，購買外國武器，主張以夷制夷；而另一個林則徐則是中國傳統的士大夫，他使用中國的古法，主張對洋人進行剿滅，只可惜被奸臣所害，沒有給他抗擊英國的機會，徒留一個千古遺恨在世世代代的中國人心間。但是，歷史已經給出了答案，不過是在20年以後。1840年，那個以為自己的名譽比國事重要的士大夫林則徐沒有提出改革的主張，以便中國在鴉片戰爭以

〔註169〕霍姆斯‧維慈：《中國佛教的復興》，王雷泉、包勝勇、林倩等譯，上海世紀出版股份有限公司、上海古籍出版社，2006年12月，第216～222頁。

〔註170〕葛兆光：《孔教、佛教抑或耶教——1900年前後中國人的心理危機與宗教興趣》，第72～74頁。

後就開始維新。直到 1860 年英、法聯軍攻進北京，才有少數人覺悟了，知道非學西方不可。也就是說，中華民族喪失了 20 年的寶貴光陰。如果這樣，不如讓林則徐早早敗在英國人手下，也好讓那些少數人能夠盡早覺醒。「我們不責備他們，因為他們是不足責的」〔註 171〕。

從那以後，中國百年近代史的思想進程無需筆者多著筆墨，羅榮渠教授將其總結為圖 1-9，準確反映了這一重大歷史進程的全息圖景。從中，我們可以總結出以下幾點：

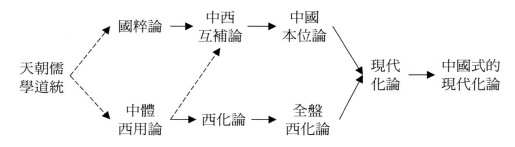

圖 1-9　中國式現代化理論的形成過程〔註 172〕

1. 最左端的「天朝儒學道統」，筆者將其類比為圖 1-2。雖然該圖當初是為了表示中國宗教的整體結構的，但用它來比喻中國整體的思想也是說得通的。在歷史的進程中雖有種種起伏，但這輛豪華馬車已經平穩運行了 2000 多年。這是中國近代史開始前的原始狀態。

2. 從「天朝儒學道統」到「現代化論」，是中間的探索過程。最先開始的分歧——「國粹論」和「中體西用論」，就是對兩個林則徐的真實描述。我們不妨把西方文明比喻成一匹烈馬，當時的中國人根據過去的歷史經驗，或者認為它根本不配拉車（國粹論），或者認為能夠馴服得了它，希望它像其他老馬那樣完成拉車的工作（中體西用論）。但是歷史證明，這匹烈馬一旦進入中國，中國傳統的這輛豪華馬車便被它拽散了架。嚴復在總結洋務運動、甲午戰爭、戊戌維新的得失之後也曾形象地寫到：

> 體用者，即一物而言之也。有牛之體，則有負重之用；有馬之體，則有致遠之用。未聞以牛為體，以馬為用者也。中西學之為異

〔註 171〕蔣廷黻：《中國近代史》，海南出版社，1994 年 8 月，第 24～27 頁。
〔註 172〕羅榮渠主編：《從「西化」到現代化——五四以來有關中國的文化趨向和發展道路論爭文選》，「代序」，第 35 頁。

也，如其種人之面目然，不可強謂似也。故中學有中學之體用，西
學有西學之體用，分之則並立，合之則兩亡。〔註173〕

由於認識到了西方的牛馬與中國的牛馬之不同，於是中國的知識分子逐漸放
棄了「西化」「歐化」或「中國化」的概念，轉而提出「現代化」的主張。

3. 一般人認為，現代化理論是二戰以後美國學術界提出來的，對於中國
人來說是舶來品〔註174〕。但根據羅榮渠教授的研究，中國人從自己的實踐中
提出現代化的概念和觀點，要早於西方的現代化理論約20年〔註175〕。

那麼，中國知識分子心目中的現代化意義是什麼呢？羅榮渠教授引用了
馮友蘭先生的文章予以說明。

從前人們常說我們要西洋化，現在人常說我們要近代化或現代
化。這並不是專是名詞上改變，這表示近來人的一種見解上的改變。
這表示，一般人已經覺得以前所謂西洋文化之所以是優越的，並不
是因為它是西洋的，而是因為它是近代的或現代的。我們近百年之
所以到處吃虧，並不是因為我們的文化是中國的，而是因為我們的
文化是中古的。這一覺悟是很大的。即專就名詞說，近代化或現代
化之名，比西洋之名，實亦較不含混。〔註176〕

羅榮渠教授總結說，中國思想界對中國發展道路的認識在逐步深化中，把現
代化的基本概念確定為工業化、科學化、合理化、社會化，這已在上世紀三
十年代的文化爭論中基本形成了。中國知識界通過自身的思想論辯與探索得
出的現代化概念，與戰後西方學者根據馬克斯·韋伯的觀點提出的現代化概
念是基本一致的〔註177〕。

在這種現代性的視閾下，我們可以對清末民初的佛學思想進行動態的理
解，即把它放在一個大的歷史背景中去看待——從傳統的架構，到這個架構
的崩解，再到最後的重建——只有如此，我們才可以真正理解梁啟超所說的

〔註173〕嚴復：《與〈外交報〉主人書》，王栻主編：《嚴復集》（第三冊），中華書局，
　　　　1986年1月，第558～559頁。
〔註174〕有關現代化理論的形成與發展，參見孫立平：《傳統與變遷——國外現代化
　　　　及中國現代化研究》，黑龍江人民出版社，1992年10月。
〔註175〕羅榮渠主編：《從「西化」到現代化——五四以來有關中國的文化趨向和發
　　　　展道路論爭文選》，「代序」，第26～27頁。
〔註176〕馮友蘭：《新事論》，羅榮渠主編：前引書，「代序」，第26頁。
〔註177〕羅榮渠主編：前引書，「代序」，第26頁。

「晚清所謂新學家者，殆無一不與佛學有關係」〔註178〕的意義。葛兆光教授也把中國人在 20 世紀之初對宗教的興趣劃分為如下幾個階段：恪守在傳統內建立國教（孔教）〔註179〕；半隻腳踏出傳統，重新發現佛教，「這個本來是產自印度的宗教，這個時候被當作自家的東西」〔註180〕；以及「從無所住，立一切法」，瓦解對傳統的固執〔註181〕等幾個階段。所以說，對當時的佛學復興現象，不能僅從佛教的角度，或者佛教內部一個派別的角度去解釋。下面，將以梁啟超先生和太虛大師為例，具體說明這一論點。

二、梁啟超先生的立場

梁啟超先生曾將自己與康有為先生進行對比，說到康有為先生自 30 歲以後思想已經定型不再變化，而梁啟超自己則沒有成見，且求知欲極強，富於進取心，「不惜以今日之我，難昔日之我」。雖然自謙說自己的學說破壞有餘而建設不足，且往往前後矛盾〔註182〕，但也許正因如此，才成就其在中國思想界的崇高地位，「過去半個世紀的知識分子，都受了他的影響」〔註183〕。

從梁啟超先生對宗教的評論中，我們可以看到這種前後變化的不同。在最開始，梁啟超先生接受了西方人的說法，認為有宗教、半有宗教和沒有宗教，可以作為一個民族開化、半開化和未開化的指標，也把當時的中國看成是半教之國。但是，具體到建立一個國教時，他最開始的主張還是傾向於孔教。1897年他給當時中國駐美公使伍廷芳寫信，分析華工在美受到歧視侮辱的原因，除了不懂英文，教育程度差以外，就是沒有信仰。因此他建議在當地建立孔廟〔註184〕。1898 年德國人毀壞孔子像的消息傳到他耳朵裡時，他曾表示出極大的憤怒，斥責西洋人毀孔教倡耶教的行徑，認為孔教如亡，國將不保〔註185〕。那個

〔註178〕梁啟超：《清代學術概論》，上海古籍出版社，1998 年 1 月，第 99 頁。
〔註179〕葛兆光：《孔教、佛教抑或耶教——1900 年前後中國人的心理危機與宗教興趣》，第 76～80 頁。
〔註180〕葛兆光：前引書，第 80～86 頁。
〔註181〕葛兆光：前引書，第 100～104 頁。
〔註182〕梁啟超：《清代學術概論》，第 86～90 頁。
〔註183〕曹聚仁語，楊書鍼：《梁啟超的佛學研究》，司馬琪主編：《十家論佛》，世紀出版集團，上海人民出版社，2006 年 6 月，第 18 頁。
〔註184〕梁啟超：《飲冰室合集》文集三，第 5 頁。
〔註185〕葛兆光：《孔教、佛教抑或耶教——1900 年前後中國人的心理危機與宗教興趣》，第 75 頁。

時候，梁啟超先生已經接觸佛學有幾年了，1891 年他因受康有為的影響開始接
觸佛學書籍，1895 年通過與譚嗣同等人的交往才真正進入佛學的領域。葛兆光
教授形容說，這時的佛學思想對於梁啟超來說，還只是思想倉庫裡的資源而已，
要想將其利用起來，還要等到合適的時機，而這個時機很對就到來了。1894 年
當艦炮實力遠在日本之上的大清國在甲午海戰中失利，並於 1895 年簽訂《馬
關條約》以後，儒家學說不行了這個過去要掉腦袋的念頭，逐步成為一些知識
分子的共識〔註 186〕。其中的原因有兩條：1. 儒家學說似乎無法解釋西方的科
學知識；2. 儒家學說似乎過於強調服從和因循，不足以喚起國人的精神力量，
以應對「兩千年來未遇之巨變」〔註 187〕。就是在這樣的歷史背景下，佛學，這
個既在儒學之外又在傳統之內的資源被人們利用了起來，梁啟超也不例外。

　　首先，因為受到佛教在日本維新過程中起到積極作用的影響，人們開始
轉變過去認為佛教只注重出世解脫的傳統認識，而是把它幻想成為社會改革
的力量〔註 188〕。1902 年梁啟超在《論佛教與群治之關係》一文中，就稍稍改
變了對儒家學說的固執立場，認為孔教主實行，佛教主信仰，而當下中國要
建成群治之社會，是萬萬不可以不講信仰的。他並總結出佛教的以下長處：1.
佛教是智信而不是迷信；2. 佛教是兼善而不是獨善；3. 佛教是入世而不是出
世；4. 佛教是無限的而不是有限的；5. 佛教是平等的而不是差別的；6. 佛教
是自力的而不是他力的。最後梁啟超表示，這才是他信仰佛教的先決條件，
即使這樣的觀點在出家人的眼裡是謗佛的，他也要為了建設群治之國家而提
倡這樣的佛學〔註 189〕。

　　其次，傳統中國本來有一套解釋自然現象的整體理論，但是面對洶湧而
至的西方科學知識，這套陰陽變化理論已顯得格格不入，並且對現象的解釋
也顯得似是而非。於是有人發現，要理解西洋的思想，佛教經典倒是一個很
好的中介。比如西洋的邏輯，可以用因明來比擬；人類的心理分析，可用唯
識來解釋；西洋的宇宙學，靠佛教恣意汪洋的想像也算能夠明白。除此之外，

〔註 186〕 葛兆光：前引書，第 82～83 頁。

〔註 187〕 葛兆光：前引書，第 84～85 頁。

〔註 188〕 葛兆光認為這是中國人對日本近代佛教的誤讀。葛兆光：前引書，第 87～
　　　　　91 頁。

〔註 189〕 梁啟超：《飲冰室合集》文集十，第 51 頁。本段引文參考葛兆光：前引書，
　　　　　第 92～93 頁。但因葛著結論處只說到梁啟超接受譚嗣同的說法，覺得「佛
　　　　　學廣矣大矣深矣微矣」，故以梁氏原文予以補充。

在令國人汗顏的哲學領域，佛教的義理也可以與西方思想進行比附。梁啟超先生在《近世第一大哲康德之學說》（1903）一文中，就體現了這樣的思路。他用佛教的「真如」來思考康德的「真我」，以佛教的「無明」來理解康德的「現象之我」，故有「康氏哲學大近佛學」之評語〔註190〕。不過縱觀全文，梁氏並非以讚揚佛教為目的，而是傾向於支持康德在《永世太平論》中闡釋的主張，即以民德民智的弘揚來代替侵略之手段，滌除當時西方國家之於國際關係的野蠻惡習〔註191〕。

正是由於佛學思想被發掘出面對西學的有用性，故而像康有為、文廷式、譚嗣同、吳家瑞、宋恕、汪康年、夏曾佑、梁啟超、章太炎、胡惟志、孫寶瑄、沈曾植等中國最出色的思想者，都不約而同地開始關注佛教。於是在 19 世紀末 20 世紀初，佛學在中國出現了一線復興的希望〔註192〕。葛兆光教授進一步總結說，佛學復興不僅是給當時的思想界提供了一種理論資源，更在新學家的心目中顛覆了儒家思想的話語霸權，給當時的國人提供了一個批判、整合和重建思想體系的新基點〔註193〕。

以上筆者主要借鑒了葛兆光教授的研究成果，而且只涉及梁先生早期的佛學思想，並沒有介紹他後期主要在《佛學研究十八篇》中反映的佛學觀念。不過，相關的研究是很多的，結論也大體一致。雖然到了晚期，梁啟超先生因到歐洲旅行思想又有新的轉變，轉持中西互補說〔註194〕，不過麻天祥、孔祥珍教授認為，梁先生後期對佛教歷史的考證、義理的闡釋、以及典籍真偽的辨識等方面的研究目的，也不是注經釋詞、歷數公案，而是以救世為目的，利用並改造佛教教義〔註195〕。張灝教授的研究也指出，梁啟超先生對儒家思想的批判與堅持，也是針對其是否適應新的世界〔註196〕。所有這些都支持筆

〔註190〕 葛兆光：前引書，第 94～100 頁。

〔註191〕 梁啟超：《飲冰室合集》文集十三，第 66 頁。

〔註192〕 葛兆光：《孔教、佛教抑或耶教──1900 年前後中國人的心理危機與宗教興趣》，第 100 頁。

〔註193〕 葛兆光：前引書，第 102 頁。

〔註194〕 羅榮渠主編：《從「西化」到現代化──五四以來有關中國的文化趨向和發展道路論爭文選》，「代序」，第 9～10 頁。

〔註195〕 麻天祥、孔祥珍：《梁啟超說佛》，湖北人民出版社，2007 年 1 月，第 46～47 頁。

〔註196〕 張灝：《梁啟超與中國思想的過渡（1890～1907）》，崔志海、葛夫平譯，江蘇人民出版社，1995 年 1 月，第 159～163 頁。

者的如下觀點：清末民初的佛學復興的背後所反映的，其實有不同的思想基礎。新學家們提倡佛學，真正目的乃是為了復興中國，這既是他們看待佛學的視點，也是其他人追隨他們主張的原因。就拿梁啟超先生來說，他最核心的思想乃是「新民」理論，在《新民說》（1902～1906）中，雖然借用了《大學》新民之名，但其內涵，諸如自由、進步、自尊、合群、尚武、進取冒險、權利思想、國家思想、義務思想等等，與美國社會學家英格爾斯在《人的現代化》一書中開列的現代人特徵相比較，有許多觀點是吻合的，顯示出梁先生思想的現代性特徵。胡適即通過此篇認識到在中國之外還有很高的文化，從此開闊了新的視野；毛澤東等人也將最早建立的革命組織起名為「新民學會」〔註197〕，顯示其對當時年輕人思想的巨大影響。而且，這種復興中國、與世界先進水平接軌的現代意識，在 2008 年「新北京、新奧運」的理念中也能看到它的漣漪，而梁氏儒學的、佛學的痕跡已經不見了。梁啟超先生對於康德的比附也是一樣。在當代，做佛學與康德的比較研究有之〔註198〕，但要理解康德，人們幾乎不會再以唯識作為參照〔註199〕。所以說，新學思想家欲建立國教，推崇佛學，他們看重的是佛學中適應中國現代化要求的那部分資源，而非佛教本身。事實上，新學人物對當時佛教的破敗現象是持強烈批判態度的，最早提出廟產興學的就是新學領軍人物康有為，而梁啟超先生也說，「其（佛教）必益社會耶？害社會耶？則視新佛教徒能否出現而已」〔註200〕。在這裡，「新佛教徒」實際上就是其「新民」的概念複製，二者是等價的。

三、太虛大師的立場

　　一般關於近代中國佛教的研究文章，往往從上面講到的梁啟超等人出發，直接連到楊文會先生、太虛大師等人士在居士界、僧伽界的各項事業，便認為那時出現了佛教的復興。其實這樣做，是以大環境的整體趨勢掩蓋了小環境的獨特特徵。從上面的大環境分析可以看出，晚清新學家之所以喜好佛學，其目的是為了建構一個中國的新體系。就梁啟超先生來講，他並不關心任何

〔註197〕羅榮渠主編：《從「西化」到現代化——五四以來有關中國的文化趨向和發展道路論爭文選》，「代序」，第 5 頁。
〔註198〕參見牟宗三：《中西哲學之會通十四講》，上海古籍出版社，1997 年 12 月。
〔註199〕參見葉秀山：《一以貫之的康德哲學——我這幾年學習康德哲學的一些體會》，《中國社會科學院研究生院學報》，2012 年 1 月。
〔註200〕梁啟超：《清代學術概論》，第 100 頁。

特別的宗教或者它們的原始意義，而是宗教信仰能為現代國家所扮演的功能。
具體到佛教，他把它當做一種精神動員的方法，用來誘導、催引潛在的政治
力量〔註201〕。當然，這樣的大環境，對佛教小環境是有正面影響的，因為新
學家們的努力似乎使得佛教遭受外在勢力破壞的速度趨近減緩。1912年10月
梁啟超從日本回國，佛教總會在北京廣濟寺為他舉行了歡迎大會，主持人在
致詞時就感謝梁啟超處處提倡佛教，因而避免了許多因為辦理新學而引發的
毀教浪潮〔註202〕。如果與道教做一個對比的話就更加明顯。根據劉成有教授
的研究，由於沒有上述大環境的便利因素，道教教內人士為適應新時代而提
出的義理方面的新詮釋，並沒有在社會上產生什麼影響，因而在廟產興學政
策的實施中，道教界內人士只是唯唯諾諾，拱手相讓，不像佛門的抗爭——
積極推行慈善、辦學等社會公益事業、創辦新型僧伽教育機構、培養新型人
才——那樣理直氣壯〔註203〕。所以說，大環境之於小環境的有利影響是有的，
但是不可將其高估並直接推導到佛教復興的思路上去。佛教是否復興，還要
進一步分析佛教的小環境。

依照圖1-3來分析，在傳統架構下佛教小環境是這樣的：皇權（M）支配
教權（A^1）；知識分子（B^1）對其敬而遠之；普通百姓將佛教視為補充固有祭
祀體系的新偶像提供者〔註204〕。隨著中國傳統架構的整體解體，佛教的這個
小結構也同樣地崩塌了。廟產興學對佛教的打擊主要凸顯了政府（包括清朝、
民國、1949年後的大陸）與宗教（包括佛教）之間過去彼此和睦平衡關係的
根本變化，並導致了佛教在政治和經濟上的窘境〔註205〕。政治上，皇家的禮

〔註201〕 黃近興：《梁啟超的終極關懷》，楊肅獻譯，《史學評論》第二期，1980年7
月。載王俊中：《救國、宗教抑哲學？——梁啟超早年的佛學觀及其轉折》，
《華嚴蓮社趙氏慈孝大專學生佛學論文集》（十），第18頁。

〔註202〕 王俊中：《救國、宗教抑哲學？——梁啟超早年的佛學觀及其轉折》，《華嚴
蓮社趙氏慈孝大專學生佛學論文集》（十），第19頁。

〔註203〕 劉成有：《略論廟產興學及其對道教的影響——從1928年的一段地方志資
料統計說起》，《中國道教》，2004年第1期，第51頁。

〔註204〕 所謂由於佛教的傳入，中印兩種文化在中原地區充分融合的觀點應該受到重
新審視。越來越多的研究表明，中國文化的核心地位並沒有受到動搖，這表
現在哲學、宗教、美術等各個方面。僅舉一例：「漢族藝術家並未奴隸於模
仿，而印度犍陀羅刻像雕紋的影響，只作了漢族藝術家發揮天才的引火線」。
參見梁思成：《佛像的歷史》，中國青年出版社，2010年6月，第39頁。

〔註205〕 葛兆光：《孔教、佛教抑或耶教——1900年前後中國人的心理危機與宗教興
趣》，第105頁。陳榮捷教授將這種關係描述為，「在整個中國歷史上，政府

遇與扶持沒有了；經濟上隨著土地改革的最後完成，封建莊園式的寺院經濟壽終正寢〔註206〕。同時，從新式教育制度下培養出來的知識分子們，憑藉了近代西方科學的理念，放棄了過去對宗教「不語怪力亂神、敬鬼神而遠之」的消極無為立場，而將其放置在追求富國強兵的現代性的對立面，視其為迷信，將僧人視為不事生產的蠹蟲〔註207〕。而普通百姓呢？時局的動盪，也壓抑了他們的宗教需求。再加上僧戒的鬆弛，一些名山也以「佛靈僧不靈」名揚於外；僧人的生活無法保障，也導致無人願意出家〔註208〕。所以說，隨著中國整體傳統結構的解體，佛教小結構也發生了巨大的變化，在這樣的背景下，才能理解當時的僧伽、居士們或無所適從、或抗拒、或改革背後所反映出的不同動機。法舫法師在《一九三〇年代中國佛教的現狀——民國元年至二十三年》一文中就表示出了這一點，他指出，要考察當時中國佛教的現狀，可從以下五個方面作為視點，即禪宗的衰頹、淨土宗的流行、方興未艾的密宗、適應現代思潮的唯識學派、以及改建佛教的新運動學派，而在第五裡面，法舫法師主要闡述的就是太虛大師的建僧大綱〔註209〕。由此可見，太虛大師領導的佛教改革運動只是當時佛教小環境（A¹）中的一個部分，當時的狀況也是如圖1-3所顯示的，傳統佛教結構業已解體，而新的結構尚在醞釀，不同的僧人正是在這樣的格局下，提出他們不同的主張。因此，筆者並不傾向於把太虛大師領導的佛教改革運動叫做佛教的復興，而是認同陳榮捷教授的觀點，將其稱作佛教的現代運動〔註210〕。這樣，佛教是否復興這個問題，就可以

都不評斷宗教信仰、不干涉宗教行為、不規定宗教信條。」陳榮捷：《現代中國的宗教趨勢》，廖世德譯，臺北，文殊出版社，1987年11月，第178頁。

〔註206〕陳兵、鄧子美：《二十世紀中國佛教》，民族出版社，2000年11月，第9～11頁。

〔註207〕葛兆光：《孔教、佛教抑或耶教——1900年前後中國人的心理危機與宗教興趣》，第109頁。

〔註208〕王德明：《普陀山六十年變遷親歷記》，浙江省政協文史資料委員會、浙江省人們政府民族宗教事務委員會、浙江省佛教協會編：《東南佛地盛世重光——浙江近現代佛教史料》（浙江文史資料第59輯），浙江人民出版社，1996年12月，第31～37頁。作者自1939年到普陀山出家，文章敘述在抗戰以前來普陀山進香的香客還是人山人海，抗戰期間就很少有香客上山。抗戰後，一度興旺，內戰爆發後，又沒有香火收入了。改革以後，1980年香客增至16萬，1981年30萬，1993年突破120萬。

〔註209〕張曼濤主編：《民國佛教篇——中國佛教史專集之七》（現代佛教學術叢刊86），臺北，大乘文化出版社，1978年12月，第130～145頁。

〔註210〕陳榮捷：《當代中國的宗教趨勢》，廖世德譯，第71頁。

推到將來，視新的佛教結構的建立與否，以及它在中國整體新結構中的地位而定。同時，這樣也不會把淨土、藏傳等佛教人士的努力，簡單歸於落後的範疇。

在這樣的視閾下理解太虛大師的思想就比較清晰了。

首先，太虛大師的主張是「契機」的，它反映的是部分佛教人士應對現代化趨勢所採取的主動出擊行動。

> 在民國十六、七年間，全國都充滿了國民革命的朝氣，我們僧眾也有起來作佛教革命行動的。當時我對之有篇訓辭，內中有幾句話，可作我改進佛教《略史》的提綱：「中國向來代表佛教的僧寺，應革除以前在帝制環境中所養成流傳下來的染習，建設原本釋迦遺教，且適合現時中國環境的新佛教」！〔註211〕

太虛大師的思想來源同樣具有時代特點，

> 余在民國紀元前四年起，受康有為《大同書》，譚嗣同《仁學》，嚴復《天演論》、《群學肆言》，孫中山、章太炎《民報》，及章之《告佛子書》、《告白衣書》，梁啟超《新民叢報》《佛教與群治關係》，又吳稚暉、張繼等在巴黎所出《新世紀》上托爾斯泰、克魯泡特金之學說等各種影響，及本其得於禪與般若、天台之佛學，嘗有一期作激昂之佛教革新運動。〔註212〕

在這樣的社會背景、思想指導下，太虛大師的種種行為便具有了明顯的現代性特徵。劉延剛教授就將太虛大師的現代性特點具體歸納為四個方面：1. 佛學救世救國思想的現代性，富有愛國主義情感；2. 生活化之世俗傾向的現代性，對治出世的和鬼神的佛教傳統；3. 與科學調適的現代性，尋求佛學與科學的融攝；以及 4. 與時俱進的佛教改革論的現代性，主張適應時代需求的佛教改革等等〔註213〕。

其次，雖然太虛大師的思想和改革事業具有上述的現代性特徵，但是太虛大師的出發點卻是「契理」的，也就是說是站在維護佛教道統立場上的「現代性」，這一點在《新與融貫》一文中講述得非常明確。

> 所以本人三十年來宏揚佛法，旁及東西古今文化思想，是抱定

〔註211〕太虛：《我的佛教改進運動略史》，黃夏年主編：《太虛集》，中國社會科學出版社，1995 年 12 月，第 406 頁。
〔註212〕太虛：前引書，第 407 頁。
〔註213〕劉延剛：《太虛「人間佛教」思想與中國佛教的現代化》，《網絡財富》，2009 年 3 月，第 179～180 頁。

以佛教為中心的觀念，去觀察現代的一切新的經濟、政治、教育、
文藝及科學、哲學諸文化，無一不可為佛法所批評的對象或發揚的
工具，這就是應用佛法的新。然而，（中略，筆者注）又若不能以佛
教為中心，但樹起契機的標幟而奔趨時代文化潮流或浪漫文藝的
新，則他們的新已經失去了佛教中心的思想信仰，而必然的會流到
返俗叛教中去！這都不是我所提倡的新。〔註214〕

在這樣的理念指導下，太虛大師的佛教改革目標就與新學家們明顯不同了，
這突出表現在他提出的三佛主義的主張上〔註215〕。在《對於中國佛教革命僧
的訓詞》一文中，太虛大師首先指出，二十年來跟隨他的學生中分成了三種
人，有的走入現代佛教的正軌，有的退回陳腐的習性中，剩下的則唯知努力
「俗化」，而發生許多幼稚病。三佛主義就是針對第三種人說的。在這裡，太
虛大師描繪了他的心中藍圖：

甲、中國從前儒化的地位，今三民主義者若能提取中國民族
五千年文化及現世界科學文化的精華建立三民主義的文化，則將
取而代之；故佛教亦當依此，而連接以大乘十信位的菩薩行，而
建設由人而菩薩而佛的人生佛教。乙、以大乘的人生佛教精神，
整理原來的僧寺，而建設適應現時中國環境的佛教僧伽制。丙、
宣傳大乘的人生佛教以吸收新的信佛民眾，及開化舊的信佛民眾，
團結組織起來，而建設適應現時中國環境的佛教信眾制。丁、昌
明大乘的人生佛教於中國的全民眾，使農工商學軍政教藝各群眾
皆融洽於佛教的十善風化，養成中華國族為十善文化的國俗；擴
充至全人世成為十善文化的人世。〔註216〕

其中，甲是總綱，乙是針對僧伽的「佛僧主義」，丙是針對居士的「佛化主義」，

〔註214〕　太虛：《新與融貫》，黃夏年主編：《太虛集》，第74頁。

〔註215〕　太虛：《對於中國佛教革命僧的訓詞》，該文排在臺灣印順文教基金會《太虛
大師全書》（電子版）第九編《救治》專題下的第三篇。宗教文化出版社2005
年1月版《太虛大師全書》將此文刪去。「編輯說明」中說，「本書各篇，除
明顯違背現行政策之外，一般不予改動。個別不妥之處，則略加刪改」。該文
在大陸可見於黃夏年主編：《民國佛教期刊文獻集成》（原刊影印），全國圖書
館文獻微縮複製中心，2006年10月，第170卷，第119～124頁。互聯網：
「南普陀在線·太虛圖書館」可以搜到該文。http://www.nanputuo.com/nptlib/。

〔註216〕　太虛：《對於中國佛教革命僧的訓詞》，黃夏年主編：《民國佛教期刊文獻集
成》（原刊影印），第170卷，第120頁。

丁是建設中國以及世界的「佛國主義」。太虛大師說，三者是缺一不可的，而在當時，最突出的工作就是「佛僧主義」的宣傳和實施，如果空言佛教的社會化，只會導致佛教的滅亡。

這樣，我們就可以清楚地看出新學思想家與太虛大師之間的區別和聯繫。相同點是，如圖 1-3 的中國傳統體系需要重新解構，新學思想家和太虛大師所做的全部努力，目標都在於此。不同點是，新學派思想家的路徑是 $B^1 \rightarrow M^1$，為此他們可以借用各種思想資源，傳統的、現代的、東方的、西方的，其中也包括佛教的，只要能救中國於水火就都值得嘗試；而太虛大師的路徑是 $A^1 \rightarrow M^2$，其資源僅限於佛教本身，雖然也需要選取其中適應時代者，但是這種選取不能脫離佛教自身固有的體系，否則就不是佛教了。舉個明顯的例子：孫中山先生主張「建立民國以進大同」，太虛大師則把它倒過來：「以進大同，以建民國」，即應用佛學的原理和中國固有的道德文化來改善人類的思想，轉善國際形勢，這樣大同世界可立，也就安立了「中華民國」〔註217〕，所以，太虛大師是以大同為主，而孫中山先生是以民國為先。讀者想必都知道「屢戰屢敗」和「屢敗屢戰」的典故，順序的顛倒必定反映出背後存在著不同的考量。只不過，雖然太虛大師提出的三佛主義似乎有著某種更宏偉的願景，但是，鑒於當時中華民族的存亡問題更緊迫一些，太虛大師的主張似乎也就只能給三民主義讓路了。

> 但須確知信佛與眾生法性平等，但應信仰已成佛者為標準，以佛已能證明全宇宙人生之真性，我現在要達到此目的，即要發心學佛，行菩薩行；攝同志同行者，造成比我現在所住更好的世界。故佛學的無量智慧，皆要忠於所信，換句話說，即是要皈依三寶。而革命軍亦然，既要精練軍事的智識技能，尤要忠實於主義的信仰。今中國所信的，就是三民主義，忠於三民主義，更須忠於能實行三民主義的領袖，及同志的團體。若智慧充足，而又忠於所信，就有非常的能力，能實現非常的成功。〔註218〕

對於這一段的解讀需要特別地留心，雖然其中對佛法和三民主義的宣揚似乎各占一半，但其背後流露出的政治傾向性還是相當明顯的。陳衛華副教

〔註217〕太虛：《建設現代中國佛教談》，黃夏年主編：《太虛集》，第 322 頁。
〔註218〕太虛：《怎樣去做軍官》，《太虛大師全書》（第 26 卷），宗教文化出版社，第 251～252 頁。

授的論文《出世與入世：人間佛教的分際——以太虛和蔣介石關係的個案研究為例》〔註219〕相當詳細地說明了太虛大師通過與孫中山、章太炎、蔣介石等政府、社會人士的交往，成功維護佛教僧團利益的大量史實。所以筆者的結論是，太虛大師的佛教現代運動雖然追求以佛法重構新中國的意識形態理念，但是並不以打破中國的傳統結構為目的，他所希望的乃是重新搭建起過去政府、知識分子、以及宗教之間的和平共處關係，只不過，和過去那種「皇權支配教權；知識分子對其敬而遠之；普通百姓將其作為補充固有祭祀體系的新偶像提供者」不同的是，三者的新關係是圓融的三佛主義 M²。

不僅追求的社會關係是圓融的，在佛教內部各個派別之間也是如此。以此為切入點，我們就可以明顯地看出印順法師和太虛大師的不同。印順法師雖然對於太虛大師的入世精神大加讚賞，但是卻堅決反對太虛大師的這種融貫思想，因為他認為，融貫就要互相遷就，而在中國傳統的思想中有太多不契合佛法的地方，所以他對太虛大師有如下的評價：

> 那麼，過去的一切，一切平等；到底是暫時的、妥協的，還不能說真正的學理革命。這一融古的大思想，在大師的佛學中，雖占去全書的大部分篇幅，其實還只是維持協調的局面。〔註220〕

> 大師的學理革命，在適應環境中，不是條理嚴密，立破精嚴，以除舊更新。是融攝一切固有，平等尊重，而從這中間透出自己所要極力提倡的，方便引導，以希望潛移默化的。但融舊的成分太多，掩蓋了創新——大師所說的「真正佛學」，反而變得模糊了。多數人不見他的佛學根源，以為適應潮流而已，世俗化而已。我覺得，大師過於融貫了，以致「真正佛學」的真意義，不能明確地呈現於學者之前。〔註221〕

印順法師並曾形象地比喻太虛大師的理論是「峰巒萬狀」，而他自己是「孤峰獨拔」〔註222〕。通過這個比喻可以知道，印順法師自己認為他的佛教思想是純粹

〔註219〕陳衛華：《出世與入世：人間佛教的分際——以太虛和蔣介石關係的個案研究為例》，《河南師範大學學報》（哲學社會科學版），2009 年 7 月，第 4 期。

〔註220〕印順：《談入世與佛學》，《無諍之辯》，第 146 頁。

〔註221〕印順：前引書，第 149 頁。

〔註222〕印順：《冰雪大地撒種的癡漢——〈臺灣當代淨土思想的新動向〉讀後》，載江燦騰：《當代臺灣人間佛教思想家——以印順導師為中心的薪火相傳研究論文集》，第 251 頁。

的，而太虛大師的佛教思想雖然融攝了很多面相，但卻遠離了「真正佛學」，這就是二者根本的分歧之處，只可惜，許多研究者並沒有體會到這一點。如果還用圖 1-3 表示的話，印順法師和太虛大師一樣，都是為了解決近代中國發生的危機而提出了自己的解決之道。但是，他們心中希望構建的新 M 與康梁是不同的，粗略地概括，康梁是儒家的、是經世致用的、是入世的，思想來源是古今中外多元的；而太虛大師和印順法師的方案是要讓佛法遍及全球、統攝全人類，它是佛教的。二者不同的是，太虛大師的理論是融貫的，雖然還堅持佛教的立場，但其佛學思想來源也是多元的，這一點倒是和康梁類似；而在印順法師眼裡，太虛大師雖有創新，但卻被舊有的東西淹沒了，是對傳統的妥協，因為這個傳統是遠離「真正佛學」的。印順法師自己則是以他的體悟，抉擇出一種真正的佛法，在他的理想國裡，只有法王和菩薩，而不再有執著有見的救世主、內聖外王和苦痛的眾生。如果粗略總結的話就是，太虛大師主張圓融、是「人生佛教」，而印順法師堅持三法印、是「人間佛教」，這是在批判傳統結構基礎上另立的新思想體系，僅從政教關係而言，印順法師就比太虛大師具有更鮮明的現代性特徵。不過，正如上面提到的羅榮渠教授的觀點那樣，中國人經歷的現代性過程是與西方迥然不同的，我們可以在現代性的視閾下審視，但不能不加分析地隨意冠以「現代性」的標籤。就拿政教分離來講，西方的政教分離對治的是基督教的獨尊，它帶來的結果是「社會中各階層的結構分殊」，並建立起人權、三權分立等新的指導原則；而印順法師的政教分離對治的是皇帝的一統天下，它的結果雖然也打破了社會各階層舊有的依存關係，但在新的關係中，是共推純正佛法為獨尊，而政治將化為無形。在這個結構中「真正佛學」的理念，與西方現代性結構中科學信仰、工具理性、個人主義、平等觀念等等是不能簡單類比的。劉成有教授亦將「人間佛教」的現代性視閾擴展到軸心時代而不拘泥於一般人堅持的近代啟蒙視角，以挖掘出佛教「理智的方法」與「道德的方式」之於當今社會的現代價值〔註 223〕。這樣的分析，其實就是衝破舊有的西方現代性模式，而去直面佛教元問題的理路。

四、小結

葛兆光教授針對學界對近代佛教的研究總結說，「最大的也是最難免的問

〔註 223〕劉成有：《現代性視野中的人間佛教》，《中國宗教》，2009 年第 11 期，第 30～31 頁。

題，這就是沒有『問題』」〔註224〕。我解讀他的意思應該是說，研究人員應該深入到近代史的真實情境中去，並切身體會被研究者的心路歷程，感知被研究者之所以如此的背後動機——他們當初遭遇到什麼困境？如何應對？其應對是否有效？等等——只有深入到這些實際的問題中去，才能給出更具體的解釋。否則，所做的研究就會有一種隔靴搔癢的感覺。

　　以上筆者借鑒了有關專家的思路，分析了近代佛學復興現象背後所反映的不同旨趣，指出了梁啟超與太虛、印順思想的異同，這樣也就結束了這一章的論述。在這裡，我們反思了幾個宗教學上的命題：宗教的界定、中國宗教的真實面貌、以及中國近代佛學復興背後的真實原因。命題雖有不同，但指導核心始終是一個，那就是不要讓現成的理論束縛了我們的思維。理論是重要的，但理論都有它的適用性，不管是大陸過去的「決定論」「鴉片論」，還是西方的「退化論」「西方中心論」，只要超出了它的範圍，它就有可能成為我們瞭解真相的障礙。當然更關鍵的一點是，我們應該時刻關注問題的核心，不斷地追問下去，直到元問題本身。

　　下面，筆者將以同樣的思路去具體分析印順法師佛學思想的特點。和太虛大師不同的是，印順法師是經過了對各種宗教的評判以後改投佛門的，而其佛學思想的獨特性也是建立在自身對佛教經論的深刻研究上，他的心思縝密，能夠追溯佛教的根本精神，而後提出他的主張〔註225〕。這就是印順法師追尋元問題，並從中得到答案的思路。依據筆者的分析，印順法師的一生可以看到兩次成功的跨域，而第三次的跨越尚未完成，之所以如此劃分全是依據印順法師自己面對著個人、佛教和國家的各種問題，是否提出了對治的方案。他的藥方具體為何？是否對症？我們將在以下章節中詳細解析。

〔註224〕葛兆光：《關於近十年中國近代佛教研究著作的一個評論》，《思與言》37 卷2 期，臺北，1999，載葛兆光：《西潮又東風：晚清民初思想、宗教與學術十論》，上海世紀出版股份有限公司、上海古籍出版社，2006 年 5 月，第 245頁。

〔註225〕江燦騰：《當代臺灣人間佛教思想家——以印順導師為中心的薪火相傳研究論文集》，第 48 頁。

第二章　問題的出發點

　　　　回憶我的一生，覺得我的一切，在佛法中的一切，都由難思的業
　　緣所決定，幾乎是幼年就決定了的。當然，適逢這一時代，這一環
　　境，會多一些特殊的境遇。我應從出家以前的理解出家以後的一切。

　　　　　　　　　　　　　　　　　　　　　　　——印順，《平凡的一生》

　　根據《印順法師略譜》，印順法師出生於 1906 年，「從小身病體弱」。6 至
13 歲上私塾、初小、高小，畢業後開始在一位中醫師家裡讀書。其間，興趣
趨向學仙。後因父親不希望他繼續這樣下去，於是在 16 歲時轉到讀初小時的
母校去教書。但是其閱讀範圍雖離開丹經、術數，卻仍然在宗教圈裡打轉——
——《老子》《莊子》《舊約》《新約》——最終在 20 歲時轉到對佛法的研究〔註
1〕。印順法師把這一過程形容為「眼高手低的，所以不自覺地舍短用長」〔註
2〕。也就是說，印順法師心中一直有個宏大的信念想要達成，這個信念只有
到他接觸到佛法以後才得以實現，而在此之前，走的都是彎路。

　　那麼這個信念是什麼？帶著同樣的疑問，劉成有教授於 2002 年 10 月到
臺灣親自拜訪了印順法師，得到的答案是：「醫能通仙嘛！」劉成有教授把這
解讀為對生命超越的追求〔註3〕。生於那個動盪、變革的時代，印順法師之所

〔註 1〕《印順法師略譜》，《附錄》，《印順法師佛學著作全集》（第二十三卷），第 13
　　　～14 頁。
〔註 2〕印順：《平凡的一生》（重訂本），第 2 頁。
〔註 3〕劉成有：《佛教現代化的探索——印順法師傳》，第 20 頁。

以會產生這樣的信念追求，可能是與其「從小身病體弱」有關，這可與陳攖寧先生〔註4〕做一個粗略的比較。陳攖寧先生早年也是因患有癆疾，為求自救而學習醫術，並尋求神仙術方，對醫、道兩家均有很高造詣。但和陳攖寧先生從儒門轉到老莊，從老莊再轉到釋氏，最後入於仙道完全不同，印順法師是捨離儒家、老莊、仙道、耶教，最後投入空門的。其最原始的動機我們可以有不同的猜測，但這個轉變過程和它的結果卻是實實在在的東西，其中必有內在的邏輯等待我們去發掘。可是，目前有關印順法師早期信仰轉變的研究成果並不是很多〔註5〕。

但是，筆者在深入閱讀印順法師著作的時候卻發現了一個有趣的現象，即那些有關神教、外道等的話題不僅特別豐富，而且有關論述都有一個顯著的特點，那就是，它們總與佛法的辯異聯繫在一起。

> 現見世間一般宗教，他們依所經驗到而建立的神、本體等，各不相同，如耶教的上帝、印度教的梵我，所見不同，將何以定是非？依佛法，這是可判別的，一方面要能洗盡一切情見，不混入日常的計執；一方面要能貫徹現象而無所礙，真俗二諦無礙的中道，即保證了佛法的究竟無上。佛法是貫徹現象與本體，也是貫通宗教與哲學，甚至通得過科學的，所以有人說佛法是科學而哲學的宗教。〔註6〕

耶教、印度教、哲學、科學……從與這些世間宗教、哲學的辨異中掌握佛法的不同，他的這種方法類似馮友蘭先生所謂的「負的方法」：

> 在《老子》和《莊子》兩書中，始終沒有說「道」到底是什麼，只說了「道」不是什麼。而一個人如果懂得了「道」不是什麼，也就對「道」有所領悟了。

> 道家的這種負的方法，如我們先前所述，在佛教思想中又加強了。道教與佛教思想的結合，形成了禪學；我更傾向於把它稱作「潛

〔註4〕陳攖寧（1880～1969），1949 年前大力提倡仙學，創辦仙學雜誌；1957 年任中國道教協會副會長兼秘書長；1961 年，任中國道教協會會長。參見李養正：《陳攖寧「仙學」的特徵、理論與方法》，《中國道教》，1989 年第 3 期。

〔註5〕筆者僅見劉成有：《印順早期的信仰轉向及其意義》，《全球化下的佛教與民族——第三屆兩岸四地佛教學術研討會論文集》，2009 年。

〔註6〕印順：《般若波羅蜜多心經講記》，《般若經講記》，第 127 頁。

默的哲學」。如果一個人領悟到潛默的含義和它的意味深長，他便對
形而上學的對象有所領悟了。〔註7〕

馮友蘭先生的這段話完全可以用到印順法師身上，因為正如他的自傳中所說，
印順法師就是在對基督教、道教、儒教等等的否定中最終抉擇佛法的——神
教、外道的「非」，正是印順法師心中佛教的「是」。這一點其實也與釋迦牟尼
一脈相承，釋氏也是在與婆羅門教思想以及六派哲學思想的辯異中創立了佛
教〔註8〕，而印順法師則具有了新的時代和地域的特點。所以在這裡筆者嘗試
以此為突破口，將其視為印順法師佛學思想的起點，看一看神教、外道中都
有哪些地方不能契合他心中的信念。釐清了這個問題，印順法師最終抉擇佛
教的邏輯也就清楚了。需要說明的是，為了論述的方便筆者先從基督教談起，
因為印順法師評價基督教的結構比較清晰。然後，我們再依照這個框架結構
分析印順法師對醫道通仙、道家、儒家的是非判定。

第一節　基督教之非

　　印順法師對基督教教義的分析與批評集中體現在《理想中的偶像——耶
穌》（1932）〔註9〕，以及編入《妙雲集》第19卷《我之宗教觀》中的《上帝
愛世人》《上帝與耶和華之間》以及《「上帝愛世人」的再討論》（1963）〔註10〕
等四篇文章中。我們就先從這幾篇文章的分析開始。

〔註7〕馮友蘭：《中國哲學簡史》（英漢對照），趙復三譯，天津社會科學院出版社，
　　　　2008年5月，第563頁。
〔註8〕參見高楊、荊三隆：《印度哲學與佛學》，太白文藝出版社，2004年11月。印
　　　　順法師也持有此觀點，並在多處提到，釋氏的立教基本是接受當時的輪迴說
　　　　與解脫說，破除婆羅門教的神我說，參見：《中道之佛教》，《佛法是救世之光》，
　　　　第98頁；《佛教的知識觀》，《佛在人間》，第183～184頁；《印度之佛教》，
　　　　「自序」，第4頁，等等。
〔註9〕載《現代佛教》，第5卷第5期，1932年5月10日出版，黃夏年主編：《民
　　　　國佛教期刊文獻集成》，第68卷，第103～109頁。印順法師未將此篇文章收
　　　　入全集。
〔註10〕中華書局2009年版《印順法師佛學著作全集》將這三篇文章刪去。筆者參考
　　　　的是臺灣印順文教基金會網站（http://www.yinshun.org.tw/firstpage.htm）上列
　　　　載的「導師全集光碟‧網路版‧我之宗教觀」，網站文章標示的頁碼以正聞出
　　　　版社2000年10月新版一刷為準。涉及這三篇文章的引述，以「正聞出版社，
　　　　第*頁」表示。

一、上帝與人之間的關係

筆者為感受印順法師當年的心路歷程，曾到北京的基督教堂和天主教堂觀禮那裡舉行的彌撒。不管到哪裡，神職人員都會讓你嘗試這麼一個思維過程：

1. 神愛世人；
2. 世人都犯了罪；
3. 耶穌基督降世，為要拯救罪人；
4. 認罪悔改，重生得救；
5. 加入教會。〔註11〕

在這一過程中，上帝的愛、耶穌基督的愛被置於突出的位置。尤其到了現代，創世神話的事實雖然弱化了，但上帝與基督的愛被從深處更突出地強調了出來。

> 今天很少人會再以創世紀第一章的經文，說天主在六天的時間
> 內將一切創造出來，儘管我們對天主是天地萬物的創作者堅信不
> 移。（中略，筆者注）
>
> 聖經除了字面的記載外，往往還有更深刻的意義：舊約的記載
> 要以新約來成全；新約是舊約的必然結論。這點卻常為人所疏忽，
> 因此，我們還要瞭解新約的啟示。換句話說：要想明白舊約中創造
> 者天主奧跡的啟示，就必須期待新約中基督的來臨。〔註12〕

在這一過程中神的愛永遠是偉大的，更何況，在接受這愛的過程中你並不會失去什麼。因此，印順法師也承認，

> 從四福音中，看到耶穌的心與行，實在值得我們欽崇。他那慈
> 悲的心胸，巨大的犧牲，偉大的願力，高潔的人格，律於佛法，確
> 然是一大菩薩。〔註13〕

對於有意成為基督徒的人，不論是基督教、還是天主教，教會都會為其組織慕道班，在為期三個月左右的慕道班中，會有《聖經》研讀、聖事學習、

〔註11〕資料來源：北京基督教會缸瓦市堂福音宣教單。缸瓦市堂就是第一章中介紹的倫敦會於 1863 年創建的，是現存北京最早的基督教會。

〔註12〕《牧靈聖經》，中國南京愛德印刷有限公司，蘇出准印 JSE-0001512 號，2007年印製，第 3 頁。

〔註13〕印順：《理想中的偶像——耶穌》，黃夏年主編：《民國佛教期刊文獻集成》，第 68 卷，第 105 頁。

經驗分享等等。如果你接受了這樣的義理，並找一位教友作為你的宗教代父、代母的話，就可以通過領洗儀式正式成為耶穌基督羊群中的一員。在領洗儀式上神父也會特別強調，你的眉心已經有了耶穌基督的印記，叛教是不被允許的。所以印順法師說，「記得我在學佛以前，也曾聽過牧師們講道；也曾作禮拜，按時禱告；而且也曾像熱心的基督徒那樣，每天讀《經》」〔註14〕；以及「我當時是『慕道』而已，上帝與耶穌先生，還不能說是我的『故主』」〔註15〕，是完全有可能的，也就是說，印順法師只是慕道，但並未領洗。這是從程序的層面上理解。而在義理上則更是如此，因為可以斷定的是，經過一段時間的慕道以後，印順法師已經對上帝的愛產生了懷疑。

首先，上帝的愛是不完美的。印順法師舉了這麼幾個例子：男女之間的無邊糾紛、罪惡、痛苦；花草果木蔬菜，不僅多刺雜亂，更能讓人有服毒致命的危險；鳥獸魚蟲雖然提供給人類食物，但人類受他們的損害，如虎狼、寄生蟲等，這些都讓人懷疑上帝對人的愛〔註16〕。

其次，印順法師梳理了中國人傳統的神明觀，指出一切民族都有「神的仁慈恩德」這種意識，他們傾向於把自然、社會、自己身心中美好的事情寄託給神的仁慈。同時，將那些讓人感到苦難的東西歸於惡魔。不過即使這樣，神明是否愛世人也是值得懷疑的，可以說愛也可以說恨。印順法師並舉出了屈原的例子，他由於愛國忠君反遭橫禍，因此在《天問》中不客氣地向上天責難一番。在這一段的最後印順法師總結說，希伯來的宗教家為了貫徹上帝的絕對性而宣說上帝是絕對完善的愛，這一觀點對於具有人道與理性精神的東方文化來說，是不免讓人起疑的〔註17〕。

但是，東方人若要拋棄疑惑，信奉上帝，到底應該怎樣入手呢？印順法師從另一個角度給基督徒一個答案，那就是：

> 你是人，就要站穩你做人的立場，認清你與耶和華上帝的關係。
> 要知道，不能徹底的信仰上帝愛世人，毛病在「立場不穩。認識不清」。〔註18〕

也就是說，如果你（東方人）對上帝絕對的愛容或還有些許的疑惑，那就不

〔註14〕印順：《上帝愛世人》，《我之宗教觀》，正聞出版社，第179頁。
〔註15〕印順：《「上帝愛世人」的再討論》，《我之宗教觀》，正聞出版社，第257頁。
〔註16〕印順：《上帝愛世人》，《我之宗教觀》，正聞出版社，第184頁。
〔註17〕印順：前引書，正聞出版社，第185～186頁。
〔註18〕印順：前引書，正聞出版社，第187頁。

要死鑽牛角尖了，你應該換一個角度，從你的自身去體會這個問題，並站穩你作為人的立場。

這樣，印順法師就把信仰問題領進了第二個議題，那就是「人是什麼」？印順法師指出，根據《聖經》人是被創造的，雖然蒙耶和華上帝的恩賜負責管理世界萬物，但對於創造主來說，人沒有絲毫的自由。就像主人與奴僕那樣，主人讓做什麼就做什麼，一定要無條件地服從。而上帝的意思是不會錯的，人永遠不要對此懷有怨望〔註19〕。

印順法師認為，這種主奴關係是源於奴隸社會那樣的時代，而在當代，時代變了，這種主奴關係也一天天沖淡了。另外印順法師也指出，這種絕對的主奴關係是西方式的，而中國、印度的主奴關係，在義務上不是這樣絕對片面的。他並搬出了馬克思的亞細亞生產方式以證明東西方主奴關係的不同。

這樣印順法師總結說，對於他而言，因一向不願做誰的主人，更不願做誰的奴隸，所以他因此而離開了耶穌先生〔註20〕。但是他並不反對其他人信仰上帝，他因此而告訴這些人：

> 要信你們的主，必須站穩奴隸的立場，認清耶和華與自己的主奴關係。惟有這樣，才能無條件的，由衷的深信上帝愛世人。（中略，筆者注）切勿接受那些虛偽傳道者的謊言，把耶和華上帝與耶穌先生，描寫為民主，自由，平等的性格。這樣的混淆了耶和華與耶穌先生的真面目，使你立場不穩，認識不清，那將永遠成為半信不信，似信非信的可憐者！〔註21〕

經過這樣的梳理，我們可以摸清印順法師的一個思想脈絡。在這裡，他抓住了基督教裡的兩個關鍵範疇：上帝和人。一般的宗教家以及中世紀的哲學家都會從上帝的角度出發，論證上帝的愛，上帝的偉大。但是，世人往往基於人生的種種苦難，以及好人受苦、壞人享福的諸多現象，懷疑上帝絕對的、權威的善性。要解決這個矛盾，除了從上帝方面繼續論證以外，印順法師開闢了一個新的角度，那就是從人的方面論證人的卑微，從而反向論證上帝的絕對。這個思路可以將其表示為公式 2-1：

〔註19〕印順：前引書，正聞出版社，第 187～188 頁。
〔註20〕印順：前引書，正聞出版社，第 191 頁。
〔註21〕印順：前引書，正聞出版社，第 191～192 頁。

$$上帝（+1）人（-1）\qquad\qquad（公式 2-1）$$

其中（+1）表示擁有絕對權力處於支配地位的一方，（-1）表示處於服從地位只能被動接受的一方。筆者認為，這個公式是印順法師全部思想的關鍵核心。

二、上帝所喜悅的人

為了加強其主奴關係的命題論述，印順法師接著以《聖經》為素材進一步論證人的（-1）性。他把它歸納為以下兩點：盲目無知識，與分散無組織。

關於盲目無知識，印順法師是從伊甸園的故事中論證的。他認為，上帝之所以不讓亞當夏娃吃智慧樹上的果子，是怕人類的自覺、自由的思考，這樣的話，就會遠離盲目的信從，從而威脅到上帝的權威。因此，希伯來宗教家們對此進行了美化處理，他們把偷吃禁果解讀為人類的不聽吩咐，因而成為人類的罪惡之根[註22]。或者，一味強調人類知識的不充分[註23]。用公式 2-1 來解釋，就是要將智慧解讀為（-1）性的東西，這樣才能不背離創造之主。印順法師揶揄道，如果從人的立場理解智慧那就壞了，「這只能使人成為半信不信，似信非信，或者不信」[註24]。而且，對於自己不瞭解的知識，你也不能反過來向耶和華問說「你知道嗎？」因為，你說不出來是你的無知，上帝不說那是他的秘密[註25]。

關於分散無組織，印順法師引用了巴別塔的故事。《聖經》上說，上帝為了阻止人類造通天塔，就變亂了人類的語言，使他們彼此不通。關於這一舉措的目的，印順法師是這樣分析的：

> 人與人間，為了語言不通，而形成種族的不同。這不但造成了種族的，區域的不同生活文化，而相互對立；由於語言的隔礙，更不斷引起了矛盾、衝突、鬥爭，而對消了人類團結進步的力量。所以耶和華變亂人的語言，目的在要人類分散。只要彼此間多分散，多鬥爭，耶和華的大能，就會到處顯揚出來。因此，「耶和華使他們分散在全地上，他們就停止不造那城（與塔）了」。由於人類不能團

〔註22〕印順：前引書，正聞出版社，第 195 頁。
〔註23〕印順：前引書，正聞出版社，第 200 頁。
〔註24〕印順：前引書，正聞出版社，第 196 頁。
〔註25〕印順：前引書，正聞出版社，第 201 頁。

結，分散了力量，就無法完成這偉大的工程。人類做不到，耶和華就得到了輝煌的勝利。人類分散了力量，就不免消弱了人類的智慧與力量（其實還在進步之中），鬥爭多，苦難多，耶和華就可以振振有辭的，責備那些傲慢的人類，應受打擊與毀滅的懲處。人類也會痛悔自己的罪惡，承認自己的渺小，而回歸於主耶和華的名下，接受耶和華上帝的領導。耶和華叫人類分散對立，就是達成上帝愛世人的辦法。〔註26〕

印順法師認為，人類既有了分別善惡的智力，下一步自然會發展到組織國家以達成人類的團結，而上帝唯有使人類分散、對立、鬥爭，才能接受耶和華的領導〔註27〕。用公式 2-1 解釋，就是上帝要確保人的（−1）性，以保證上帝的（＋1）性。

基於這樣的分析印順法師總結說，「要通達『上帝愛世人』的『經意』，必須確認上帝與人的主奴關係，這才能得出『為了愛人，必須治人』的結論」〔註28〕。

印順法師的《上帝愛世人》發表以後，受到了香港吳恩溥、臺灣龔天民牧師的注意，引發了辯論。所以，印順法師又寫了《「上帝愛世人」的再討論》予以回應，並增加了更多的《聖經》經文以支持自己的觀點。不過統觀全文，筆者發現了一個有意思的現象，那就是雙方的筆戰往往是「文不對題」〔註29〕的。

比如吳恩溥牧師舉例說，在教會初期，一些奴隸因為信了上帝而與上帝的其他兒女成為平等的了；又說在羅馬以及英、美等國，因為基督徒的反對而不准奴隸制度的存在。印順法師反駁說，這是人與人之間的關係，與人與上帝之間的關係是不相干的〔註30〕。除此之外，關於奴隸並不是為了買賣的〔註31〕，關於信徒做上帝的僕人乃是出於自願的〔註32〕，基督徒對知識是十分注重的〔註33〕，以及《聖經》多次講到建立幸福家庭〔註34〕等等，都是在

〔註26〕印順：前引書，正聞出版社，第 206～207 頁。
〔註27〕印順：前引書，正聞出版社，第 210～211 頁。
〔註28〕印順：前引書，正聞出版社，第 213 頁。
〔註29〕印順：《「上帝愛世人」的再討論》，《我之宗教觀》，正聞出版社，第 219 頁。
〔註30〕印順：前引書，正聞出版社，第 219～220 頁。
〔註31〕印順：前引書，正聞出版社，第 225 頁。
〔註32〕印順：前引書，正聞出版社，第 227 頁。
〔註33〕印順：前引書，正聞出版社，第 244 頁。
〔註34〕印順：前引書，正聞出版社，第 250 頁。

打文字官司，並沒有觸及人與上帝關係的實質。所以最後印順法師道歉說，因為「奴隸」這個詞在現代實在是不好聽，為免遭誤解，因此他以後將只說「奴僕」，並加上「甘心」等語〔註35〕。就筆者所理解的，印順法師其實並沒有真正在「道歉」。

> 我是老實人說老實話，試想：奴隸就是奴隸；說奴隸是奴隸，
> 能說是惡毒刻薄，嬉笑怒罵嗎？〔註36〕

應該指出，和吳牧師「以過半數的篇幅，用於閒話、痛罵」〔註37〕相比，印順法師的《上帝愛世人》並沒有罵，只是「謔而不虐」地幽默了一把而已〔註38〕，他真正想要傳遞出來的只是全能上帝與渺小人類之間的正負關係，「奴隸」也好，「奴僕」也罷，都只是這一關係的文字描述。它只是文字並不是核心，揪住文字的表達，其實對印順法師的思想並沒有實質意義。既然印順法師也「道歉」了，既然他也認為「道並行而不相悖」比「摧毀對方」要好，以及印順法師在其他的一些文章中，已把這種主僕關係從另一個角度詮釋為：信上帝才能得恩惠，反之則永無解脫〔註39〕，也就是說，「主僕關係」也可以用「信仰上帝」來正面表示，它們在意義上是等價的。這樣，筆者就將公式2-1改寫為公式2-2，以突出兩大範疇——上帝、人——之間的性質和關係，而弱化掉文字對我們的糾纏。

$$B（+1）A（-1）\qquad\qquad（公式2-2）$$

這裡，筆者簡單地對 AB 結構的含義做一個說明。筆者浸淫哲學領域多年，一直嘗試著摸清哲學家們的心路歷程和論述邏輯，但是讀著讀著，往往先被各種各樣的名相弄糊塗了，直到有一天想出了用字母 AB 來突破語言的束縛，直接感受思想家們論述的核心這種方法以後，思路才逐漸清晰起來。如圖2-1所示，其中的 A 約為形而下現象界的事物，它是世俗的、不完美的、被造的，而 B 約為形而上學的理念，它是創造者，神聖的、超絕的、當然也是 A 不宜搞懂的，只有具有超凡能力的思想家、宗教家們通過體悟才能認識它。AB 之間的關係不是靜止不動的，而是動態的，這可以用箭頭↑↓來表示，B↓A 表示形而上對形而下的創造關係、統治關係、護祐關係等，而 A↑B 則

〔註35〕印順：前引書，正聞出版社，第233頁。
〔註36〕印順：前引書，正聞出版社，第218頁。
〔註37〕印順：前引書，正聞出版社，第273頁。
〔註38〕印順：前引書，正聞出版社，第269頁。
〔註39〕印順：《佛為救護我們而來》，《佛法是救世之光》，第8〜9頁。

表示形而下對形而上的憧憬、思念與回歸。筆者淺見，古今中外所有宗教和哲學思想體系當中都存在著這樣的 AB 立體結構。

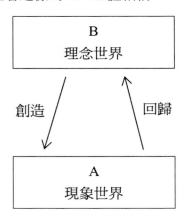

圖 2-1　宗教、哲學之範疇、命題架構

這種分析問題的思路對印順法師來說也是有效的。比如在下面這一段文字中，印順法師不僅繼續批評了 B（＋1）A（－1）的基督教真理觀，還進一步指出了這個真理觀錯誤的原因：

> 吳牧師提到「為真理奮鬥，為真理犧牲」，也曾知道什麼是真理嗎？讓我來說一點，作吳牧師的參考。人——並不完善，煩惱重重的人，都以自己那一套為真理。宗教也好，政治也好，自己就好像是真理的代表。你以為是真理，我也自以為是真理，矛盾、衝突，在這並不完善的人間，原是不能完全避免的事。所以人生智慧高深些，知道宗教、哲學與政治等，即使非常完善，而流行於人間的，只能是相對而非絕對。這樣，會主張「道並行而不相悖」，「方便有多門，歸元無二路」。最高的理想，「惟不嗜殺人者能一之」，而不說從刀兵中得之。如果說奮鬥，那就如甘地先生的「非暴力抵抗」；孫中山先生的「和平奮鬥救中國」。這就是東方的精神，反極權、反暴力的和平文化。可是西方，特別是希伯來宗教傳來的一貫之道，確信自己為真理，而視異己為邪魔。那種極端想法，敵視態度，在自覺為真理而鬥爭時，為了摧毀對方，殘殺尚且不惜，何況滲透、分化、顛覆呢？（中略，筆者注）所以，我不想說什麼是真理，但可以告訴神教徒，為真理而不惜分爭，不惜動刀兵，這裡面充滿罪惡，

而真理並不太多。〔註40〕

印順法師在這裡實際上對東西方的真理觀 B 做了對比，認為，西方真理觀的錯誤之處在於獨一、排他、爭鬥，而他推崇的東方智慧則是共生、共處、和平，他並舉了甘地、孫中山、以及佛教的例子，顯示出在他的心目中這些文字背後的意義是等階的，是可比的。當然，對比的結果是「方便有多門，歸元無二路」，如果我們能破除文字障礙直搗黃龍的話，我們就能夠體會得到他的邏輯：佛教的真理 B 與基督教以及儒家、道家等的真理是不同的，基督教等的真理只是方便，而佛教的真理才是究竟。下面筆者就按照這個架構繼續解析他所讚賞的真理觀具體為何？因此在行文中會時常用到 AB 來解析字面背後的含義。筆者覺得這種方法比較方便，也更直接、更明確一些。當然，讀者也不妨繼續使用其他的模式。

三、上帝是摩西的神學創造，耶穌被基督徒神化

從理論的角度講，印順法師對基督教兩大範疇之間關係的認識和理解是完全正確的，到這裡其分析已經完整自洽了。不過在他的文章裡還進一步對上帝被創造的歷史，以及耶穌被神化的生平進行了闡釋，以期解決上帝、耶穌 B（＋1）的真實性問題，印順法師說：「想信解這個宗教，對耶和華上帝，有認識一番的必要，否則便是迷信了」〔註41〕。這樣的思路是無懈可擊的，你既然要相信上帝，首要的前提是他必須是真實的，也因此，基督教神學把這一問題的解決作為其最重要的任務之一，並在歷史上出現過本體論論證、設計論論證、偶然性論證等等方法〔註42〕。不過，印順法師卻另闢蹊徑，他對《聖經》的詮釋帶有現代學術的特徵——對文本的、基於人的理性的解讀——而不是純從信仰。經過一番推理，印順法師得出了他的結論，即上帝是以色列人舊有的信仰，耶和華是摩西向以色列人新傳揚的救主。最後，耶和華與上帝合二為一，譯為「神」，從此開始了摩西時代新的宗教〔註43〕。

印順法師從《聖經》中找到了許多證據，歸納起來有這麼幾個關鍵點：

〔註40〕印順：《「上帝愛世人」的再討論》，《我之宗教觀》，正聞出版社，第 251～253 頁。

〔註41〕印順：《上帝與耶和華之間》，《我之宗教觀》，正聞出版社，第 275 頁。

〔註42〕參見胡景鍾、張慶熊主編：《西方宗教哲學文選》，上海人民出版社，2002 年 9 月。

〔註43〕印順：《上帝與耶和華之間》，《我之宗教觀》，正聞出版社，第 275～276 頁。

1. 根據《出埃及記》3：13～15 的記載，因為摩西的提問，神才告訴摩西說他的名字是耶和華，並說，他也是亞伯拉罕的神，以撒的神，雅各的神。所以印順法師認為，耶和華是摩西為達成民族獨立的目的而傳揚的新的神〔註44〕。

2. 根據《聖經》裡多處提到的，上帝並未被任何人親眼見到過，而凡是感覺到上帝降臨時，都伴隨著反常的天氣條件——如暴風、疾雷、閃電、密雲、火焰衝天等，因此印順法師說，基督徒們是從大自然的災變中，想像出了宇宙的大威力者——耶和華〔註45〕。

3. 根據《聖經》記載，摩西生活當時的以色列民族在宗教儀式上只有割禮的遺傳，沒有其他熱烈的宗教活動。而摩西少壯時，為躲避埃及法老逃到了米甸，住在了祭司家裡並娶了祭司的女兒。當摩西帶領以色列人重返迦南時，是在他 80 歲以後的事了，因此，摩西是長久地受到了宗教環境的薰陶，他在西奈山野完成的約法、約櫃、祭禮、祭司等的制度，很可能受到了其岳父的影響。印順法師說：「這些，雖似乎推論，但相信與事實不遠」〔註46〕。

綜合以上推理印順法師認為，耶和華是摩西為統一以色列民族而新傳的一位新神，它有大自然威懾的成分，也來源於摩西本人的宗教生活經驗。

那麼在摩西之前以色列民族的信仰又是什麼呢？印順法師說，鑒於《舊約》關於摩西以前的記載都是從摩西的時代回溯上去的，所以之前的真實情況已經被摩西以後的特性所蒙蔽了。因此僅能從少數幾段記載中推測出，以色列人之前信仰的上帝名字叫做「以利」，形狀是一頭金牛犢〔註47〕。在這裡，印順法師引用了一個比較研究的證據，那就是古印度雅利安人的傳統信仰。近代公認的民族學研究成果是，古雅利安人、古波斯人曾經共同生活在中亞細亞〔註48〕，其文化有相似之處，受他們影響的新區域也同樣受到了這一共同文化基因的影響。而在印度，具有原始意義的最高神也被稱為牡牛〔註49〕。因此，印順法師的結論是，古希伯來人的上帝就是牡牛，它是游牧民族的幸

〔註44〕印順：前引書，正聞出版社，第 276～278 頁。

〔註45〕印順：前引書，正聞出版社，第 281～282 頁。

〔註46〕印順：前引書，正聞出版社，第 284～286 頁。

〔註47〕印順：前引書，正聞出版社，第 286～288 頁。

〔註48〕參見高楠順次郎、木村泰賢：《印度哲學宗教史》，高觀盧譯，上海，商務印書館，1935 年 9 月，第 6～7 頁。

〔註49〕印順：《上帝與耶和華之間》，《我之宗教觀》，正聞出版社，第 292 頁。

福象徵，它不僅和善、健壯，而且有給人以引導的蘊意〔註50〕。這個結論也反向支持了前面的推論，那就是摩西宣揚的新宗教是不能製造偶像的，這是一個新的教條，與以色列的舊傳統不合〔註51〕。

那麼，這個新神是否就穩如泰山了呢？也不是。在摩西以後，為了捍衛耶和華的信仰曾出現了多次紛爭。到了猶太與以色列分立，金牛犢信仰與耶和華信仰又再度對立起來。印順法師說，壯健的金牛犢、神聖的耶和華都沒能拯救自己的選民，這惟有寄希望於羔羊——耶穌先生了〔註52〕。

說到耶穌，未編入《印順法師佛學著作全集》中的一篇早期文章《理想中的偶像——耶穌》有較詳細的論述〔註53〕。前面說過，印順法師對耶穌是存有好感的，但是他反對一般基督徒對他所做的神化處理。

> 但是一般基督徒，把他神化了，把他真相蒙蔽了，滿面的烏煙
> 瘴氣，戴上了上帝的假面具，這是多麼胡鬧！〔註54〕

他把這種神化分為九個方面，它們是：1. 大衛後裔的耶穌；2. 非情慾生的耶穌；3. 死而復活的耶穌；4. 人而神的耶穌；5. 獨生子的耶穌；6. 預言底當來者的耶穌；7. 代人贖罪的耶穌；8. 審判者的耶穌；以及 9. 殘酷慘殺的耶穌等等〔註55〕，他對上述幾個方面的不合理性一一做了說明。其最關鍵的證據就是，在 66 卷的《新舊約》全書也就是沒有爭議的《正典》之外，還有所謂的《後典》和《典外文獻》，這是些歷史上存有爭議的經卷〔註56〕。印順法師反問到：

〔註50〕印順：前引書，正聞出版社，第 293 頁。

〔註51〕印順：前引書，正聞出版社，第 291 頁。

〔註52〕印順：前引書，正聞出版社，第 297～300 頁。

〔註53〕在《理想中的偶像——耶穌》中，前面有一段論述耶和華是由摩西新創立的，所引《聖經》經文與《上帝與耶和華之間》完全一致，計有《出埃及記》3：13～15，《出埃及記》5：2 等，說明印順法師關於基督教的認識，從一開始就固定下來了。因此，印順法師雖曾表示過，未編入《妙雲集》《華雨集》中的作品，不論觀點的對、錯都是他不要保留的，但筆者認為，它仍具有研究的價值。

〔註54〕印順：《理想中的偶像——耶穌》，黃夏年主編：《民國佛教期刊文獻集成》，第 68 卷，第 105 頁。

〔註55〕印順：前引書，第 105～108 頁。

〔註56〕參見《聖經後典》，張久宣譯，商務印書館，1987 年 8 月，第 494 頁；趙沛林、張鈞、殷耀的譯本，翻譯為《聖經次經》；典外文獻參見黃根春：《基督教典外文獻——新約篇》。不過《後典》多出的章節共 15 卷，並不是印順法師說的 16 卷，且內容均為舊約時代，沒有印順法師所說的曾有一位印度人向耶穌宣說阿字微妙法門的記錄。記錄耶穌神跡的《基督教典外文獻——新約篇》中，

> 試思其餘的十六卷，是否上帝所默示？是的，就不應排斥在《新舊約》以外。不是，以何而知呢？原來上帝所默示的話，等於基督徒的私見。〔註57〕

在這裡，印順法師基於《聖經》文本的差異指出了其中的矛盾，認為《聖經》只是基督徒個人對神聖事物的表達，而不是來自上帝的啟示。印順法師還揶揄到，遇到一些無法自圓其說的問題時，基督徒往往拿出「這是上帝說的」「這是耶穌說的」來搪塞，想把矛盾推給上帝〔註58〕。不過耶穌早就看出了這一點，印順法師借用耶穌的話對神化他的基督徒說：「我從來不認識你們；你們這些作惡的人，離開我去吧！」〔註59〕

這樣，印順法師就通過上述解析破除了上帝、耶穌的神聖存在性 B（＋1）〔註60〕。前面說過，印順法師的研究進路帶有現代學術的特徵，從上面的具體介紹中可以看出，他採用了現代學術人本邏輯、證據推理的方法，並借鑒了民族學、對比分析、社會分析的結論，當然，其中運用得最多的還是對《聖經》文本的解析。

這裡面就會出現一個問題，那就是採用哪個版本來詮釋《聖經》？或者更直接地問，是通過希伯來語文本？英語文本？還是漢語文本？猶太學者彼得・奧克斯就堅持認為希伯來語《聖經》是最正確的，因此在研究中需要引用《聖經》文本時他都是自己逐句從希伯來語翻譯，而不是在現成的、眾多的英文《聖經》文本中簡單複製〔註61〕。這種情況在中國也曾出現過，治佛學的學者都知道，中國人在接受佛教教義時曾經歷過「格義」的階段，但是佛教的「道」終究不是老莊的「道」，佛教的「涅槃」更不是道家的「無為」〔註62〕，因此，譯

卷數更多，且也未查到阿字法門的記載。印順法師在該文中透露，他是參考的《聖經百科全書》中的資料。有關耶穌曾到過印度的研究，可參見霍爾跟・凱斯頓：《耶穌在印度》，趙振權、王寬相譯，國際文化出版公司，1987 年 5 月。

〔註57〕印順：《理想中的偶像——耶穌》，黃夏年主編：《民國佛教期刊文獻集成》，第 68 卷，第 105 頁。

〔註58〕印順：前引書，第 105 頁。

〔註59〕印順：前引書，第 109 頁，引文出自《馬太福音》7：23。

〔註60〕印順法師在《論三世因果的特勝》一文中，對上帝的愛（即上帝的屬性）的矛盾性，也進行了討論，《佛法是救世之光》，第 148～149 頁。

〔註61〕參見彼得・奧克斯：《亞伯拉罕宗教的神學政治學：一個猶太教的視角》，蔣立群譯，《民族論壇》，2012 年 3 月（下）。

〔註62〕方立天：《試論中國佛教之特點》，《方立天文集（第一卷）——魏晉南北朝佛教》，中國人民大學出版社，2006 年 10 月，第 441～442 頁。

經師們後來更多地採用直譯的方法以規避中國傳統思想對佛經理解的干擾。印順法師在分析《聖經》文本時同樣也面臨到相同的語言問題，就以《出埃及記》3：15 為例，我們來看一看幾個不同的中、英文版本對「耶和華」一詞所做的翻譯處理。

〔和合本〕神又對摩西說：「你要對以色列人這樣說，『**耶和華**你們祖宗的　神，就是亞伯拉罕的　神，以撒的　神，雅各的　神，打發我到你們這裡來。**耶和華**是我的名，直到永遠；這也是我的紀念，直到萬代。』」

[kjv] And God said moreover unto Moses, "Thus shalt thou say unto the children of Israel, the <u>LORD</u> God of your fathers, the God of Abraham, the God of Isaac, and the God of Jacob, hath sent me unto you: this [is] my name for ever, and this [is] my memorial unto all generations."

[ylt] And God saith again unto Moses, "Thus dost thou say unto the sons of Israel, <u>Jehovah</u>, God of your fathers, God of Abraham, God of Isaac, and God of Jacob, hath sent me unto you; this [is] My name—to the age, and this My memorial, to generation—generation."

[web] God said moreover to Moses, "You shall tell the children of Israel this, 'Yahweh, the God of your fathers, the God of Abraham, the God of Isaac, and the God of Jacob, has sent me to you.' This is my name forever, and this is my memorial to all generations." 〔註63〕

從中可以看出，God（神），Lord（上帝），Jehovah（耶和華），Yahweh（雅威）等，其實都是一位神，只是翻譯的不同而已。根據現代學者的研究，上帝之名其實是由四個希伯來字母 YHWH 拼寫而成的，其意義就是《出埃及記》3：14 所說的，「我是自有永有的」，「I Am Who I Am」，用希伯來文寫就是：Eyeh asher eyeh。如果把 Eyeh（我）換成第三人稱單數，這樣就成了猶太人對上帝的稱呼，也就是 Yahweh，「祂是，祂在此」，它成為猶太人稱呼最高主宰的記號，也包括他們以前所崇拜的 EL，這應該就是印順法師所謂的「以利」。在

〔註63〕參見《聖經》中文和合本，*King James Version, Young Literal Translation, World English Bible*。黑體、下劃線為筆者所加。

猶太人心中他們都是同一個神。因為猶太人避諱直呼上帝的名字，因此去掉了元音字母，只寫為 YHWH，但念起來是用 Adonai（上主）代替。後人誤將 Adonai 的元音植入 YHWH 中，就成了 Yahowah、Yehowah、或 Jehowah〔註64〕。所以，這些名詞所指稱的對象只有一個，不可以僅僅以中文的「上帝」「耶和華」「雅威」「神」之翻譯差異，來判定他們是不同的對象。

同樣，也不能因此判定「耶和華」是摩西創造的新神。多數研究都指出，摩西只不過是在異教徒的文化氛圍中更突出了猶太人祖先亞伯拉罕的傳統信仰，它是由一元論的上帝觀所決定的，這種信仰是使猶太人後裔緊密團結在一起的重要精神力量。耶和華的某些神性，如「我是自有永有的」確實是新的抽象，但是，它是被賦予在傳統的信仰之上而不是之外。摩西的後裔與其他部族的鬥爭固然有政治角逐的成分，但正是這個摩西奠定了以色列民族和宗教的獨立地位。這種宗教傳遞給這個上帝選中的、負有特殊精神使命的民族一個崇高的、超越一切的理想，這種理想是與其他民族的多神世界完全不同的，它體現著一種關於人類的新看法，它是一種新的世界觀。即使過去了三千年，受耶和華啟示而成行的遷出埃及的壯麗場景，仍然在美國獨立戰爭和法國大革命當中發揮著積極的作用，鼓舞人們「奴役將轉化為自由，黑暗將變為光明」〔註65〕。

至於說到金牛犢和耶和華的形象是獸是人？挪威的希伯來文化專家託利弗‧伯曼研究指出，在希臘人的思維裡面，要麼就是人獸同形，要麼就是人神同形，兩者是不會混淆的。而在希伯來人的思想裡兩者並不衝突，不論是金牛犢還是有威力的超人，都不是在表達上帝的外表，只是表達上帝的存在和他的屬性〔註66〕。也就是說，印順法師堅持的金牛犢與耶和華之間存在著鴻溝——獸神 vs 人神，其實也是不能確證的。

這樣就得出了筆者如下的結論，即印順法師關於上帝、耶穌 B（＋1）與事實不符的現代學術式的研究結論是可以經由同樣的學術研究方法進行辯駁的，結論是不唯一的。如果是一位純粹的現代宗教學學者，他會對這種狀況

〔註64〕輔仁神學著作編譯會：《神學辭典》，天主教上海教區光啟社，內部資料准印證（98）第 234 號，1999 年 6 月，第 697～698 頁，「505 雅威」詞條。

〔註65〕阿巴‧埃班：《猶太史》，閻瑞松譯，中國社會科學出版社，1986 年 6 月，第 6～15 頁。

〔註66〕託利弗‧伯曼：《希伯來與希臘思想比較》，吳勇立譯，上海世紀出版股份有限公司、上海書店出版社，2007 年 4 月，第 128 頁。

十分坦然，並享受這種不斷挖掘新材料，不斷進行新詮釋，其結論從肯定→否定→否定之否定不斷螺旋上升的研究過程。但是，印順法師不是這種狀況，假設他能看到筆者的上述推論，他對他的論斷仍將是確信不疑的。為什麼會是這樣？因為他的研究理路是以他心中的理念 B 為中心的。

對比一下基督教神學對這項命題的研究，我們可以看到類似的情形。前面提到過，在傳統神學家那裡曾嘗試過本體論論證、設計論論證、偶然性論證等等，它們思考問題的中心都在上帝 B（＋1）那裡，而人 A（－1）在那時不是重點，可以忽視，因為人是被造物，無法理解上帝的奧義是再正常不過的事情，這就會導致印順法師前面提到的，基督徒往往將無法解釋的問題歸結為「這是上帝說的」情形。這種傳統的、神啟的研究思路，經過休謨、康德、羅素等人的批判以後已經不占主流了，近代出現的宗教學（the Science of Religion 馬克斯‧繆勒）研究更是採取了對這種神聖性 B（＋1）予以解魅的立場，認為宗教觀念不是來自一個上帝或是其他的神靈，因為神是不存在的，相反，從人 A 的角度——思想的、心理的、社會的、階級的——等等，可以更直觀地理解宗教產生、發展、變化的根源，於是有了弗雷澤的巫術→宗教→科學乃人類思維的不同發展階段說；有了弗洛伊德的強迫性神經症說；有了涂爾幹的社會共同體說，有了馬克思的宗教異化說等等〔註67〕。在這樣的大背景下，傳統神學也不得不做出了相應的調整，他們也會借鑒語言學、邏輯學、解釋學、以及比較研究等等現代學術方法，但是，就像神學（Theology）的詞根所反映的那樣，它終歸是要談論上帝（God Talk）的，儘管神學家們在文字上用了不同的提法：

> 我們強烈地感覺到意義問題比真假問題更重要，我們在討論一個陳述的真假之前，至少必須知道這個陳述的一些意義。（中略，筆者注）早期維特根斯坦實際上堅持認為，「凡可言說的皆可說清楚」。但這裡存在一個清晰度的問題，也許有這種情況，某些事物只能模糊或間接地言說，但並不能由此推斷出它們無意義。〔註68〕

我們還是用 AB 來解構的話，「真實」在這裡約為 A，它是現代學術研究的領

〔註67〕 參見包爾丹：《宗教的七種理論》，陶飛亞、劉義、鈕聖妮譯，世紀出版集團、上海古籍出版社，2005 年 2 月。

〔註68〕 約翰‧麥奎利：《談論上帝——神學的語言與邏輯之考察》，安慶國譯，高師寧校，四川人民出版社，1997 年 11 月，第 7 頁。

域，結論可以模糊，可以不為真；而「意義」在這裡約為 B，雖然換了名字，但它的（＋1）性未變，因此，它是不能用 A 的真假來斷定的，B 的意義恒常永遠。這就是宗教學與神學在研究旨趣上的根本區別——雖然雙方都用到了現代的文本、語言、比較、解釋學等等方法，但其結論偏向形下 A 的才是現代學術宗教學，結論偏向形上 B 的仍然是神學，其神啟的蘊含仍在，這種對自己心中最高理念 B 的堅持不會因為時代、以及研究方法的改變而動搖。瞭解了這層含義以後您就會知道，印順法師和基督教牧師們的爭辯其實是不會經由事實的判斷而有任何結果的。

相反的證據也可以證明這一點。在《我之宗教觀》中印順法師深入討論了宗教問題，在第一章中已經提到過，他是從 A 人的意欲或曰人的心理角度去界定什麼是宗教的，並否定了傳統的神人關係說這種宗教概念。在這樣的理念下，宗教作為人類一種特殊的神秘體驗，不論是體驗到神鬼，體驗到上帝，還是釋尊在菩提樹下的證悟，都不是在打妄語，它們都是真實的，而反宗教者卻認為這些

> 只是胡說亂道，捏造欺人；或者是神經失常，幻覺錯覺。不知道，宗教決不是捏造的、假設的。心靈活動的超過常人，起著進步的變化，又有何妨？（中略，筆者注）各教的教主，以及著名的宗教師，對於自己所體驗所宣揚的，都毫無疑惑，有著絕對的自信。在宗教領域中，雖形形色色不同，但所信所說的，都應看作宗教界的真實。〔註69〕

可見在印順法師的眼裡，作為人 A 的意欲，宗教是真實的，它將與人類相伴始終，他用這種學術性的論證方式對反宗教者提出了批評。（類似牟鍾鑒教授在改革開放後的反思）。但是請注意，印順法師並沒有因此而全面地肯定所有的宗教，那是因為和佛教相比，原始宗教、基督教等的真理觀是錯誤的，最終會被佛教取代。用字母表示的話就是，雖然 A 是真實的，但是其 B 不如佛教的 B 究竟。

聖嚴法師在研究阿拉伯世界時，也用到同樣的方法來分析這種神秘體驗，而他的看法卻是：

> 這樣異像的出現，從宗教的立場看，有兩種因素所促成：一是精神分裂的自我催眠，一是外在的某種鬼神趁其病態的發作之際附

〔註69〕印順：《我之宗教觀》，第 3 頁。

　　　　上人身。一般的巫師大抵皆是如此的。〔註70〕

聖嚴法師的邏輯是，因為 A 是不真實的，所以 B 也是虛妄的。可見，印順法師與聖嚴法師對人 A 的神秘體驗的看法是有矛盾的，如果這是兩位現代宗教學學者的話，他們一定會為此激辯一番。但結果卻是，兩人的結論在 B 那裡達成了一致，這就是以 B 統攝 A 的研究模式本然的顯著特徵。

　　有關學術研究不同的進路、旨趣問題，這裡暫時告一段落，在第三章中我們還將對這一問題做進一步的說明。

　　總結以上分析我們可以得出下面的結論，印順法師對基督教思想的否定是有一個 AB 結構的，具體講就是對高高在上的神 B（＋1）不認可，對唯唯諾諾的人 A（－1）有牴觸，所以他要繼續摸索。而在後面的分析中我們還會看到，他的論述處處都有 AB 的影子。

第二節　道教之是、非

　　在《我怎樣選擇了佛教》一文中，印順法師對其接觸道教的過程和觀感有過一個整體的說明。因而我們知道，1. 印順法師因學習中醫而對仙道產生了興趣，讀過《神農本草》《雷公炮製》《抱朴子》《呂祖全書》《黃庭經》《性命圭旨》《慧命經》《仙術秘庫》等仙經，並旁及神奇秘術，如奇門、符咒之類，也參加過同善社，具體實踐過靈子書、催眠術等道教術數；2. 因父親反對，回到小學教書，後經師友的啟發，又開始研讀老莊及當時的近代書刊，從而使其宗教觀發生了一些改變。

　　　　老、莊與道教的修煉，不能說沒有關係的。老、莊的哲理非常
　　　深徹，然而反造作的回復自然，返歸於樸的理想，始終是不可能
　　　的。熟練人情的處世哲學，說來入情入理，而不免缺乏強毅直往的
　　　精神。獨善的隱遁生活，對社會不能給予積極的利益。雖然老、莊
　　　的思想為我進入佛法的助緣；而道家的哲理，道教修身的方法，也
　　　獲得我部分的同情，然我不再做道教的信徒，從仙道的美夢中蘇醒
　　　過來。〔註71〕

　　這一段話其實是印順法師道教思想的準確總結，但是其篇幅太短了，除

〔註70〕釋聖嚴：《比較宗教學》，臺灣中華書局，1985 年 4 月，第 268 頁。
〔註71〕印順：《我怎樣選擇了佛教》，《我之宗教觀》，第 120 頁。

此之外，印順法師也沒有專門講述道教的文章。因此多數學者往往將上述引文一擺，作為印順法師生平或思想的介紹，然後就一帶而過了，沒有對其進行深入地分析。這一段，筆者就嘗試走進去，發掘其未發之音，而不是僅僅說老莊思想是「助緣」而已。

一、道教辨異

要想真正理解印順法師的上述表態，首先需要對道教進行分析。作為中國土生土長的宗教，道教吸收了許多中國傳統的、民間的東西，也得到過佛教的啟發，受到過知識分子的理論改造，因而要想理解它必須對其內容進行細緻的辨異。牟鍾鑒教授在談到他的學術創新和收穫時，就將釐清了道家和道教的關係作為一項重要的學術成績〔註72〕。

在《探索宗教——一個研究者的心跡》一文中，牟鍾鑒教授將道家與道教的區別與聯繫做了如下的概括。二者的共同點是：均以老子為宗師，《道德經》為首經，以道為最高理念。但是道教走上了宗教化的道路，與道家的自然無為的精神產生偏離，因而在鬼神觀（無鬼神 vs 多神崇拜）、生死觀（順其自然 vs 打破天命、追求長生）、以及存在方式（思想學派 vs 社會團體與制度）等幾個方面產生了分歧。牟鍾鑒教授說，這其實從一個側面代表了中國哲學與宗教之間若即若離的微妙關係〔註73〕。

在第一章中，我們用一個甲骨文的「山」字（圖1-5）來形容儒釋道三者間的相互關係，如果把視閾縮小到道家、道教，這一方法同樣適用。

先說二者在地基層面的共通性，這可以從其名稱的演變上反映出來。與儒家、墨家、法家等不同的是，道家、道教都是後來人們的稱呼。最早在司馬談的《論六家要旨》中只有陰陽家和道德家〔註74〕，在漢代，人們還是多稱道家為黃老之學，到了魏晉以後，道家的稱呼才蓋過了黃老。道教的名稱也是一樣，其稱謂最早見於漢末《老子想爾注》，不過那時的人們還是習慣稱民間道教為黃老道，或具體稱為五斗米道、太平道。另外，對道教的上層神仙方術，則稱為神仙家。後來的道教，由於它託於老子的《道德經》，便把道家、神仙家、以及符籙科教等均歸於道家的名下，如葛洪〔註75〕就自稱「道家」

〔註72〕牟鍾鑒：《探索宗教——一個研究者的心跡》，《探索宗教》，第68～69頁。
〔註73〕牟鍾鑒：前引書，第70頁。
〔註74〕其他四家為儒、墨、名、法。
〔註75〕葛洪（283～363），是將道教思想哲理化、系統化的思想家，道教神學的奠基

「仙家」。自唐以後直至明清，教內外人士既稱「道教」，又稱「道家」「老學」，並不將其作認真的區分。牟鍾鑒教授指出，道家概念的模糊性與寬泛性一向如此，就是近現代學者也未能完全擺脫它〔註76〕。

牟鍾鑒教授指出，造成這一局面的原因有這樣幾個方面。

首先，道教在走向成熟的過程中借鑒了道家的思想、道家的經典，並尊老子為教主。道家為道教提供了重要的理論基石，使得中國的民間巫術與神仙方術擺脫了低層次的世俗信仰的水平，最終成為與儒、佛並立的大型宗教〔註77〕。

其次，道教也是道家的一個重要分支。老、莊崇尚自然、無為的思想，自然地會有向出世宗教發展的趨勢。另外，老子、莊子不僅是哲學家，也是造詣高深的養生專家，這一點被道教發揮並傳承了下來〔註78〕。

總之，道教和道家是一種互相借鑒、互為包涵、共同推進的關係，這就決定了它們之間存在著諸多的共同性。但是，它的諸多組成要素畢竟又是各具特色的，在其各自的發展過程中雖有交融，但也有遺存；雖然借鑒，但也在分化、轉變，從而形成了幾個鮮明的特色，需要人們對它進行細緻的區分。

這種區分的工作早在南北朝時就已經開始了，那時的佛教人士覺得完全駁倒道教有難度，因而從中剝離出道家的部分，並形成了一種三分法的分類方法，認為老莊為上品，神仙為中品，符籙為下品，並把其中的長生與符咒作為批判的對象。這一認識也影響到學術界，《新唐書‧藝文志》《宋史‧藝文志》《元史》等，都將道家與神仙家分列記載〔註79〕。這種分法也大體體現了現實道教的三個不同的峰頂。

其中，道家的根本旨趣 B^1 乃是自然的、宇宙大道，凡夫們修煉的目的是要提高精神境界的層次，讓「小我」與「大我」同體。所以，道家看重的是心靈的自由價值。

而神仙家的根本旨趣 B^2 則是一個長生不死的「仙我」，仙家們通過內丹、外丹、以及種種道術，目的是要擺脫那個將會死亡的「俗我」。所以，神仙家看重的是個體生命的延續價值。

人。參見牟鍾鑒：《中國道教》，廣東人民出版社，1996年7月，第51～61頁。

〔註76〕牟鍾鑒：《道家與道教同異比較》，《探索宗教》，第352～353頁。

〔註77〕牟鍾鑒：前引書，第357～358頁。

〔註78〕牟鍾鑒：前引書，第358～360頁。

〔註79〕牟鍾鑒：前引書，第353頁。

所以，道家淡泊生死，老子所謂的長生 B¹是「死而不亡者壽」，指不被人遺忘。而神仙家的長生 B²純粹就是生理上的脫胎換骨、超凡入仙。因此，對根本旨趣的分歧就外化地突出體現在了生死觀上〔註80〕。

另外，道教與道家在對待鬼神的態度上也大相徑庭。道家否認主宰人間的神靈存在，保持著無神論的傳統。而道教以自己獨特的方式回到了宗教，崇拜仙人和神靈。神仙的世界美妙無比，與現實人間的痛苦紛擾形成鮮明的反差，體現了世界其他宗教普遍擁有的特性。所以，從這個角度分析，把老子、莊子看做古人的，便是道家；看做仙人的，就是道教。把《老子》《莊子》作為古代哲學著作研讀的，是道家；作為神諭丹書去領悟和信仰的，是道教〔註81〕。

綜合以上分析我們可以得出如下結論，道家、道教是一個複雜的綜合體，單從外表看可以分出三個主要的派別：道家、神仙家、以及偏重鬼神信仰的一支。這裡我們就可以理解印順法師的這一句話，「老、莊與道教的修煉，不能說沒有關係的」，他也認識到了道家與道教在基本層面有相同的東西。

二、印順法師的有關論述

下面，我們再從上述三個方面入手，去分析印順法師對道家、道教的不同評價以及整體的解讀。

1. 對道教神鬼的批評

正如我們在上一節中總結的那樣，印順法師對 B（＋1），也就是那些擁有巨大威力，能夠控制人類命運的神、鬼等觀念是持批評立場的，這種觀點同樣適用於道教的鬼神。

對於道教的宗主老子歷來有一種說法，即老子在母胎中孕育了 80 年，出生時頭髮是白的，故而稱其為老子。印順法師則根據《付法藏因緣傳》的說法，指出，

> 元魏吉迦夜所出《付法藏因緣傳》（卷五）云：「脅比丘由昔業故，在母胎中六十餘年，既生之後，鬢髮皓白。」老子生而發白，實取諸佛教之傳說。〔註82〕

〔註80〕牟鍾鑒：前引書，第 355～356 頁。
〔註81〕牟鍾鑒：前引書，第 356 頁。
〔註82〕印順：《華雨集・老子生而白發》，《華雨香雲》，第 136 頁。

不僅如此，這則事蹟在比《付法藏因緣傳》前面更早的《婆沙論》中也有相同的記載，只不過主人公是上座。因此印順法師的結論是，生而白髮的傳說最早的主人公是上座，然後轉為脅比丘，最後轉而為老子。

除此以外，道教中的許多神明也多假託菩薩。

> 有些外道利用人類的希望，假說彌勒菩薩下生了，說王某或張某即是彌勒菩薩，像過去白蓮教等，都有此話。這些外道，想藉此作號召而造反，爭權利，其實他們所行是完全不合佛法的。他們假借彌勒降世的名目，而來殺人放火打天下，不是增加人人的快樂幸福，而是增加社會的苦難，與彌勒菩薩的願行是絕對相反的。〔註83〕

由此可知，老子、神仙等一點也不神，他們多是中國人的「仿則剽竊」〔註84〕。因是剽竊，所以道教的 B（＋1）無疑也是不實的、錯誤的。

這裡我們再次看到，印順法師運用了和批評基督教的上帝（＋1）時同樣的論理方法，即文本的辨異、與理性的詮釋。這裡雖然沒有了外文的困擾，但同樣有那個根本的問題是無法超越的，即各自的終極價值要高於其文本的學術價值。因此，我們在這裡可以看到老子抄襲佛經的例子，在那裡，我們也能找到老子化胡的記載，判斷哪一條證據為真的標準其實不是在文本 A，而是在理念 B。這種現象在各個宗教間其實是普遍存在的：比如佛教將印度教的梵天收為自己的護法神，印度教將釋尊納為毗濕奴的化身，伊斯蘭教將耶穌視為先知之一等等，所以，印順法師的這個論證對道教徒是無效的。另外，印順法師也忽視了一個關鍵問題，這在第一章中講到了，即中國宗教──道教──不同於西方的一神教，老子不是至上神、也不是唯一神，白蓮教的假託也不是道教神祇譜系的全部，因此，人們總會找到反例來證明這樣、那樣的神仙不是從佛教中假借出來的。所以，批評基督教有效的方法未必適用於道教──「上帝死了」對於西方有震撼意義，「老子死了」就不如「打到孔家店」的意義大，這就是東西方現代性存在重大差異的地方。但是筆者仍然認為，印順法師的文本證明是必要的，因為──從現代學術的角度看──我們起碼知道了老子的部分傳說與佛教典籍之間存在著某種聯繫，所以對道教之真有其事的立場 B 就能保持一種超然的態度。

〔註83〕印順：《南無當來下生彌勒佛》，《佛法是救世之光》，第 24～25 頁。
〔註84〕印順：《華雨集·道教反佛之伎倆》，《華雨香雲》，第 127 頁。

2. 對道家思想的批評

在上一節中，我們看到了印順法師對於基督教貶低人類知識的立場是持強烈批評態度的，這一點同樣適用於道家。在前面介紹的《上帝愛世人》一文中，在介紹了上帝禁止亞當、夏娃吃智慧樹上的果子，「你喫的日子必定死」後，印順法師緊接著與《莊子》中的一則寓言進行了對比。

> 天帝為混沌日鑿一竅，七日通七竅，而混沌可死了。混沌，形容那渾樸無知。七竅通，即知識開；知識一開，天真的生命也就完了。這與《創世記》的神話，不是有著共同性嗎？〔註85〕

同樣的例子，同樣的觀點，印順法師在《佛教的知識觀》一文中又再次提及〔註86〕。不過雖然如此，印順法師對道家知識觀點的批評卻溫和得多，其原因在於基督教與道家的根本旨趣是不同的。因為老莊的出發點是，人類的知識是片面的，不能與大道相契應，以求解絕對的永恆，因而

> 莊子慨歎於「吾生也有涯，而知也無涯」，而宣說「玄珠」（喻道體）不是聰明人，有力人所能得，而惟有「罔象」才能得到他。〔註87〕

因此，老子才提出「棄智」「大智若愚」的知識觀〔註88〕。相較而言，在基督教相似的知識觀背後，卻反映了不同的人生目標。

> 道家的生活，是內與無名相的道體相契應，而外則過著不用機巧，不事功利，還歸於初民的古樸生活（比伊甸園的生活，還是文明得多）。而希伯來的宗教家，一直在宣說知識的空虛，不能充實內心，不離憂苦，所以勸人無條件的信從主耶和華，過那盲目的信心生活，從信心去接近上帝，而進入永生的領域。〔註89〕

在這裡，我們似乎看到一絲端倪，那就是基督教的 A（－1）如果是 B（＋1）壓迫來的 B↓A，印順法師是絕對不能贊同的。而道家的 A（－1）是為了「返樸歸真，崇尚自然的原始社會的生活」〔註90〕，其原因是知識會讓人遠離那個大道，這樣的觀點，印順法師認為是說得過去的。「都市中的人民知識高，他們就是住洋房、坐汽車……還是感到不滿足，這就難怪老莊要討厭

〔註85〕印順：《上帝愛世人》，《我之宗教觀》，正聞出版社，第 198 頁。
〔註86〕印順：《佛教的知識觀》，《佛在人間》，第 180 頁。
〔註87〕印順：《上帝愛世人》，《我之宗教觀》，正聞出版社，第 199 頁。
〔註88〕印順：前引書，正聞出版社，第 199 頁。
〔註89〕印順：前引書，正聞出版社，第 199 頁。
〔註90〕印順：《佛教的知識觀》，《佛在人間》，第 181 頁。

知識了」〔註91〕。也就是說，A（－1）不是壓迫來的，是因為道家之道太不可思議了，人們無法正確掌握它以至現實的生活有種種的不如意，這樣的話乾脆主張A（－1）以與大道B更好地相契合，這樣的主張便是情有可原的。

但是，這並不意味著印順法師因此而肯定老莊對A（－1）的態度，更不意味著他完全贊同道家對「道」B（）〔註92〕的解讀。用印順法師的話說，道家的哲理「也獲得我部分的同情」，也就是說，他對於道家AB的闡述，既有贊同，也有批評。

有關這方面的論述集中體現在《人心與道心別說》一文中。這裡需要指出的是，印順法師在該文中認為，中國文化（儒、道）是「本於人、向於道的文化，是本著不偏不蔽的中道去實現的」〔註93〕。其中，「道就有了形而上的色彩了」〔註94〕，而「在佛法中，（道，筆者注）與『法』——梵語達磨的意義相近」〔註95〕，通篇文章就以這兩個範疇及其關係予以展開和說明。由此可見，公式（2-2）對於印順法師有關儒、道、佛的論述仍然適用，其中B代表形而上的範疇，具體在道家就是「道」，在朱子就是「天理」，在佛教就是「法」；A則代表人或佛教有情的範疇。在《人心與道心別說》這篇文章中，上述範疇就轉化為「道心」與「人心」，以及在二者中如何權衡的命題。印順法師說：

> 《大禹謨》說：「人心惟危，道心惟微，惟精惟一，允執厥中。」這四句十六字，在中國固有文化中，是被稱譽為道統、心傳的。（中略，筆者注）人心、道心、執中，扼要地表達了中國文化的特質。這一特質，不僅是儒家的，也是道家的，說是儒、道、諸子所共同的，也沒有什麼不對。只是春秋以來，學術思想趨於自由，百家各有所重所偏而已。〔註96〕

〔註91〕印順：前引書，第190頁。
〔註92〕筆者長期以來試圖找到標記道家邏輯的一種形式上的方法，並曾一度使用過（±1）。但在看到金順福研究員的《概念邏輯》以後，認為金氏使用太極陰陽圖以區別邏輯運算∧（合取符號）的方法，更為可行，更能與西方邏輯銜接。因而採用此法，用以說明既「＋」又「－」，並在「＋、－」之間互為變化的動態屬性。參見金順福：《概念邏輯》，社會科學文獻出版社，2010年5月，第27～29頁。
〔註93〕印順：《人心與道心別說》，《我之宗教觀》，第98頁。
〔註94〕印順：前引書，第107頁。
〔註95〕印順：前引書，第107頁。
〔註96〕印順：前引書，第98頁。

不管您是否同意這個論斷，但印順法師就是如此解構中國百家思想、并構建其佛學思想體系的，這一點應該是確定無疑的。

關於「道心」B（☯），道家用到了「微」「精」「一」等三個字來形容。「微」表示道是超越於感官經驗的；「精」是對粗說的，粗表示「形」「象」之類的表相，「精」就是超越「形」「象」的內在實質；「一」則與多相對，它是超越於數量，且是天地萬物從之而生的「太一」〔註97〕。對於這樣的描述，印順法師認為「是相當深刻的！」〔註98〕

但是，具體到道家的「執中」，印順法師認為《老子》是以虛無為道，虛無就是中。道家從陰陽相對變化的兩端，深一層地悟解虛無，也就是中了。《莊子》則更進一步，以無用為大用〔註99〕。印順法師認為這「顯然的大有問題」〔註100〕，因為在實際的結果上，它是偏於無、靜的，並不是中。之後，再將B與A綜合考慮：

> 《老子》的無為化世，以虛無為中，是偏於無，偏於靜的。《老子》以無為用，以柔弱勝剛強，以靜制動，以屈為中，充分流露了反人為的自然精神。理想的治世，近於原始蒙昧的社會。《老子》的處世，以樸救文，以退為進，缺乏光明磊落的剛健。所以末流而重於用世的，成為權謀的一流；重於自修的，成為葆真全我的一流。末流而託於《老子》的，每不免「索隱行怪」，在中國文化中，是不能不成為旁流了。《莊子》以任性為逍遙，以不齊為齊，以無用為用。分別為「人之徒」、「天之徒」；以道者為「畸人」──「畸於人而侔於天」，也就是不合人道而符合天道。不能執中於人心與道心，這是最為明顯的立場。《莊子》曾說到，不願用橰灌水，而寧用甕提水。因為，「有機械者，必有機事；有機事者，必有機心。機心存於胸中，則純白不備。……吾非不知，羞而不為也」。反對人心的機智，可說到了極點。而不知道，如沒有機心、機事，又哪裡會有甕呢！《莊子》又說：「泉涸，魚相處於陸，相呴以濕，相濡於沫，不如相忘於江湖。」這表示仁義的教化不如反樸，忘仁義而契於大道。而不知

〔註97〕印順：前引書，第106～111頁。
〔註98〕印順：前引書，第113頁。
〔註99〕印順：前引書，第112頁。
〔註100〕印順：前引書，第113頁。

道，正由於人心惟危，人事凌奪，而不能沒有仁義。正如魚處陸地，自然會相呴相濡一樣。處於這一現實，而高推畸於人的大道（如魚在陸地，命在不久，而高談江湖一樣），對人心、道心來說，這不是執中，而是迷真背俗。「蔽於天而不知人」，《荀子》的評語，最為精當！〔註101〕

這一大段其實就是說，道家把「道心」與「人心」關係理解為 B（ ⊙ ）A（－1），雖然在 B（ ⊙ ）上論述深刻，但因其「蔽於天而不知人」，玄妙的哲理對於大德來說固然深刻，但對於末流，就不免會落入權謀、偏於自修、以致棄智、違背仁義 A（－1）等惡俗中去。

前面是通過與基督教的對比得出道教貶低人類智慧；這裡是從中國傳統文化的道統角度來說明，道教失去了光明磊落的剛健人格。同時，道教的這種 AB 觀也不符合印順法師心中的執中標準。後面我們將會看到，他推崇的佛教中道與此不同。

3. 對神仙方術的辯證

印順法師說，「道教修身的方法，也獲得我部分的同情」，這句話所指的是神仙家的一些修煉方法。

在《美麗而險惡的歧途》一文中，印順法師引述一些居士的話說，曾見有人在修習的過程中發生了身體自動的現象，因而問他這到底是佛法還是外道〔註102〕？

對於這個問題，印順法師以他年輕時的親身經歷——民國十年靈子學會傳授的靈子術，以及其他人介紹的密宗的修法、日本藤田靜坐法、佛教的跏趺坐調息法等等指出，身體上不由自主的運動，在宗教或非宗教間都是一件確實存在的事實。但是關鍵的問題是怎麼來解讀這種現象。有的認為，這是由虔誠的信神力量所引發的，如耶和華、孫行者、某某大帝什麼的，總之照著自己的宗教信仰去解釋。但是，他們都有一個共同的缺陷，那就是時間一長身體會感到非常疲乏。反之，另一種的意見是，身體的自動是由於呼吸——佛法所謂風——對身體的影響而引起的。心躁動，息也就躁動；息平靜，心也就容易平靜。由於呼吸平靜而能到處流通，由於氣息集中而能強力推動。在這樣的情形下，身體不由自主地震動就開始了。這種震動，大都是近於自

〔註101〕印順：前引書，第 113～114 頁。
〔註102〕印順：《美麗而險惡的歧途》，《佛法是救世之光》，第 205 頁。

然的活動，所以能對身體引起良好的影響。「達摩十二手」「達摩易筋經」等拳法，就是在這樣的情形下被創造出來的。並不像一些人所說的那樣，是為了抵禦山林虎豹對修行者的侵襲〔註103〕。

由此，印順法師總結說：

> 身體不由自主的震動，到底是佛法，還是外道？應該這樣說：這是基於生理的可能性，得因緣和合而引發。在震動現象本身，既不是佛法，也不是外道，只是世間的常法。不過，如把它看作神力，就流為低級宗教所憑藉的神秘現象了。如作為健身運動，在限度內，與太極拳等一樣，當然沒有什麼不可以。不過，如由此而誇大，幻想薰煉血肉之軀為永劫不變，修精練氣，那麼長生成仙的邪見，就由此引出——這就成為外道法了。〔註104〕

也就是說，修煉本身並沒有佛法、外道之分，關鍵是要看練習者通過修煉要達到的目的B是什麼？指向神、仙的，他就反對，順乎自然的——有現代學術的旨趣、但同時也契合佛法——他就同情。這一點，和牟鍾鑒教授區分道家和道教的方法——把老子、莊子視為古人的是道家，看做仙人的是道教——倒是有異曲同工之妙。那麼，如何把握區分外道與佛法的分寸呢？印順法師進一步指導說：

> 佛法的修習禪定，不論是小乘、大乘，不論是重在依定發通，或依定發慧，都是要超過這些身心的幻境。因為非超過這些，不能進入身心更安寧、更平和的定境，不能得到體悟真理，解脫生死，神通自在。而外道呢？卻是死心塌地地，迷醉這身心的幻境，戀著這必朽的身體。不是因此而迷信神權，便是夢想在這呼吸、血脈，甚至男女和合中去成仙得道。這種身心幻境，可說是看來美妙無比，其實是險惡無比的途程。這裡風景幽美，使人迷戀。當你經過這裡時，如不迅速通過，前進到安樂之鄉，迷戀逗留，那可險惡極了。因為這裡有定時的瘴氣來侵，你如走向兩旁去觀賞，毒蛇猛獸正在等著你呢！〔註105〕

通過這一段我們可以得出這樣的結論，外道如神仙家的一些修煉手法乃

〔註103〕印順：前引書，第205～213頁。
〔註104〕印順：前引書，第213頁。
〔註105〕印順：前引書，第215頁。

是世間共法，佛教完全可以在禪定中使用。但是，他反對利用修煉，來崇拜、或執著於至高的、永生的、美妙的神、仙、境，也就是 B（＋1），佛教的最終目的 B 與此不同。

最後，我們就可以對印順法師關於道教的整體看法總結如下：

「老、莊的哲理非常深徹」，指的是道家對「惟微、惟精、惟一」的「道」所進行的深入而精細的描述，即 B（☯）；

「道教修身的方法，也獲得我部分的同情」，指的是其對修學禪定的助益，但要拋棄其對幻境的執著，即 A↑B 的指向不應是 B（☯）或 B（＋1）；

但是「反造作的回復自然，返歸於樸的理想，始終是不可能的」，指的是 B（☯）導致了 A（－1）的關係，存在不少流弊，因為它「缺乏剛毅直往的精神」「對社會不能給予積極的利益」。

B（☯）A（－1）各有長短，所以，「我不再做道教的信徒，從仙道的美夢中蘇醒過來」。

第三節　儒家之是、非

在《平凡的一生》（重訂本）一書中印順法師講到，他接觸、學習的儒家思想並不算很多。在私塾時，讀的只是一些普通的識字書，像《百家姓》《千字文》與《花夜記》〔註106〕。在父親發現他對仙道的興趣，命他到小學教書以後，他也曾涉獵過孔、孟「四書」，以及《書》《詩》《易》等等，但興趣仍然在《老子》《莊子》，尤其是後者〔註107〕。所以在《遊心法海六十年》以及其他一些文章中，印順法師對中國傳統的儒家思想表示了自謙的態度：

> 我出身於農村，家庭並不富裕。一九一八年，我十三歲，在高
> 等小學畢業，為經濟所限，就從此失學了。所以，論中國的固有文
> 化，漢學、宋學、程、朱、陸、王；西方的新學，哲學、科學、社
> 會……我都沒有修學過。最多與現在初中相等的程度，要研究高深
> 而廣大的佛法，埳短汲深，未免太勉強了！〔註108〕

但是，如果因此而得出結論說，印順法師因為對儒家思想的理解不深，因而

〔註106〕印順：《平凡的一生》（重訂本），第 166 頁。《花夜記》是一本識字圖畫書，
　　　　參見劉成有：《佛教現代化的探索——印順法師傳》，第 9～10 頁。
〔註107〕印順：前引書，第 168 頁。
〔註108〕印順：《遊心法海六十年》，《華雨集》（五），第 1 頁。

不能得出建設性的意見，這就不符合實際情形了。如果仔細揣摩上面的話就會發現，印順法師的實際意思是說，佛法很高深，而他的中國固有思想和西方新學的功力不足以幫助他深解佛法，換句話說，「學力不足，這該是我探究有心而成就有限的原因之一」〔註109〕，而實際上，哪一個人又能說自己有天生的能力體悟佛法義理呢？《遊心法海六十年》寫於1984年，是在他得到博士學位11年以後，因此可以斷定，所謂「成就有限」「學力不足」等語，在外人看來未免過謙了。當然，我們也深信印順法師本身具有謙遜的品格，單從這一點來講，印順法師還是深得儒家文化薰陶的。

關於這個問題，余英時教授的觀點值得參考。他說，「在二十世紀上半葉，無論是反對或同情儒家的知識分子都曾是儒家文化的參與者，因為他們的生活經驗中都滲透了不同程度的儒家價值。因此他們之間的爭議決不僅僅是純理論層面的問題」。他並舉了吳虞和蕭公權的例子來說明：吳虞與父親之間存在激烈的衝突，因此他稱父親為「老魔」，並寫有《非儒》《吃人與禮教》等文章；而蕭公權父母早逝，在大家族制度下由伯父母養育成人，故而反對「打倒孔家店」的偏激言論〔註110〕。

身為中國人，印順法師對儒家思想的認識也有相同的背景支持，劉成有教授也看到了這一點。在《平凡的一生》（重訂本）中，印順法師講到他曾在讀高小時寫過一篇《說虎》，被他的國文老師張仲梧先生給了滿分加二分的成績〔註111〕。劉成有教授即根據這個線索，找到了印順法師的同班同學吳其昌先生的回憶文章，以還原國文老師的教學風格；並找來印順法師的學兄徐志摩當時的作文《論哥舒翰潼關之戰》，以還原印順法師《說虎》的神韻。因為徐志摩的這篇作文，同樣受到張仲梧先生的好評。

> ……夫祿山甫叛，而河北二十四郡，望風瓦解，其勢不可謂不盛，其鋒不可謂不銳，乘勝渡河，鼓行而西，豈有以壯健勇猛之師，驟變而為羸弱頑疲之卒哉？其匿精銳以示弱，是冒頓餌漢高之奸謀也。若以為可敗而輕之，適足以中其計耳，其不喪師辱國者鮮矣！欲挫其銳，非深溝高壘，堅壁不出也不可，且賊之千里進攻，利在

〔註109〕印順：前引書，第2頁。

〔註110〕余英時：《現代儒學論》，世紀出版集團、上海人民出版社，2010年9月，「序」，第3頁。

〔註111〕印順：《平凡的一生》（重訂本），第171～172頁。

速戰，苟與之堅壁相持，則賊計易窮。幸而潼關天險，西連京師，糧運既易，形勢又得，據此以待援軍之集，賊糧之匱，斯不待戰而可困敵也。哥舒之計，誠以逸待勞而有勝無敗之上策也，奈何玄宗昏懦，信任國忠，惑邪說而沮良策，以至於敗。故曰：潼關之失實國忠而非舒也……〔註112〕

從中我們不難推測，印順法師的《說虎》所反映的「善於仿古，又長於議論」〔註113〕的風格，以及從中所反映出的印順法師本人「自命不凡的一面」〔註114〕，而這就是印順法師骨子裡的那種儒家精神。這種精神不僅在他的文章中受到極大的肯定，更是他一生所追求的動力來源。印順法師說，學佛不一定出家〔註115〕，然而當他發現了佛法與現實佛教界間的巨大差距以後，他放棄了平淡安定的生活，用他的一生去宣揚純正的佛法〔註116〕。從中我們似乎看到了一隻治「國」平「天下」的「虎」。

一、對儒家人本思想的肯定

印順法師對人的強調是隨處可見的。他有時是從中西文化的對比角度闡述，有時是從當今現實世界的新風氣來論證。後一個角度，是印順法師之契理契機的「人間佛教」思想中契機部分的重要內容。這裡，我們只討論他對中國傳統思想的認識。

1. 強調人本的重要

在《華雨集·人之自覺》一文中，印順法師首先對西方的一神教進行了描述：

今日西方，受希伯來宗教意識影響者，以神為能造者，萬物為被造者，人為由於神之意志而存在，缺乏自主性。故在宗教中，不由人類自己之行為價值，而唯信神乃可以得救。人在仰天俯地之間，不過神之奴僕，遵循神之意思，此外更無意義。原始人類之自卑，有如此。〔註117〕

〔註112〕劉成有：《佛教現代化的探索——印順法師傳》，第14～16頁。

〔註113〕印順：《平凡的一生》（重訂本），第171～172頁。

〔註114〕印順：前引書，第172頁。

〔註115〕印順：前引書，第2頁。

〔註116〕印順：《遊心法海六十年》，《華雨集》（五），第4頁。

〔註117〕印順：《華雨集·人之自覺》，《華雨香雲》，第123～124頁。

這一部分可以說是本章第一節中上帝Ｂ（＋1）與人類Ａ（－1）的簡略說明，不過在這裡，印順法師特別針對的是Ａ（－1）的情形，因為緊接著，他馬上就以中國文化思想作為反例，證明人的地位是完全可以以不同的面貌來展現的，無須一味地聽命於神鬼、天地的指令。

> 在中國，則人類之地位漸高，自尊心日強。天（神・理・心）與地（祇・事・物）並立，而人為孕育於天地而生者。人於萬物中，得天地之全，故人能參天地之造化，贊天地之化育，與天地並列為三才。不特此也，「天地無心而成化」，「聖人與萬物同憂」，且進而能盡人之才性以補天地之缺。〔註118〕

也就是說在中國思想中人類得天地之精華，可與天地並列為三才，且能對天地之不足予以糾正。這一點是區別西方一神教最顯著的特徵，而且這種區別，彌漫在東西文化中的各個層面。現從印順法師的文章中選擇幾例說明如下：

（1）關於老師和學生的關係

> 耶穌先生說：「學生不能高過先生，僕人不能高過主人」（大十・24）。僕人不能高過主人，以西方的奴隸社會來說，是對的。學生不能高過先生，或者也是西方文化吧！但在東方，「青出於藍而勝於藍」，受到人的稱讚。正因為學生高過先生，人類的文化才有進步！〔註119〕

（2）關於政治理念

> 歷史告訴我們：祭師時代是神權，依神意而決定一切。有了國王、國家，那是人類自己的政權。雖還可以保留一點神權，如國王登基，由祭師加冕等，但人類的實際政治，已不容神意任意過問。歐洲中古時代，教權橫越，引起教皇與國家的權力鬥爭，但教皇終於失敗，而不得不承認政教分離。所以有了國家政權，為謀求人類自己的光榮而組合，「從人本的文化來說，這是可喜的進步。但從耶和華的神權統治，神人間的主奴關係來說，那等於叛逆，不要耶和華做他們的王了」。〔註120〕

〔註118〕印順：前引書，第124頁。

〔註119〕印順：《上帝愛世人》，《我之宗教觀》，正聞出版社，第214頁。

〔註120〕印順：《「上帝愛世人」的再討論》，《我之宗教觀》，正聞出版社，第248～249頁。

（3）關於文化理念

> 這說明了伊甸園的生活，還過著畜生一樣的生活，連隱蔽前後
> 的那片葉子都沒有。此後要進入男性中心，女人從屬於男人的時代；
> 人要勞苦工作，進入農耕的時代。這個神話，就是那一時代的產物。
> 從人類史的觀點，這是人類的進步；是人類意識到自己是人，覺得
> 人性的尊嚴，要披荊斬棘，開闢出人類自己的天地——這是怎樣值
> 得歌頌！依中國的儒學來說，「是非之心」，「羞惡之心」，是人的良
> 知良能，是人類成賢成聖的性德。〔註121〕

這些例子都表明，與西方神教相比中國文化中有濃厚的人文色彩。不僅看重人事，而且在中國文化中還有一種鼓舞人上求大道的思想。「說到中國文化，從黃帝、堯、舜以來，經三代而凝定。這是重人事的，從人事而傾向於道（『志於道』）的」〔註122〕。如果以字母表示就是主張 A（＋1）↑B（＋）〔註123〕，而且其 A（＋1）性更是在對道 B（＋）的追求中得到完美地實現。這樣就引出了第二個話題，那就是，和神比較起來，這個人本也許並不完美，但是卻可以通過一定的方法使之得到完善。

2. 強調修身的重要

在《人心與道心》一文中，印順法師講到了人心、道心、執中三個命題。上一節我們介紹了道心，這一節我們再介紹人心。

人心，印順法師說，是一般人的心理現象、心理活動，它融和了人的感情、知識與意志。正是由於這三者，人心顯示出了善與不善。為物慾所纏、為私見所縛自然是不消說的，即使是仁德，在人類歷史上多少也有負作用，故而老子說：「大道廢，有仁義」。因此，和「道心」比較起來，「人心惟危」〔註124〕。

但是，中國的傳統文化並沒有因此而發展出以神為本的傳統，也就是通過求神憐憫、求神救贖來解決人心的問題。它仍是以人文為本，尊重人性的，因而演化出一種對形而上的「道」「理」的求索意識，希望通過這種追求以實

〔註121〕印順：《上帝愛世人》，《我之宗教觀》，正聞出版社，第 196 頁。
〔註122〕印順：《人心與道心》，《我之宗教觀》，第 98 頁。
〔註123〕以此標記表示在形上 B 是有位階的，但它的品性只是（＋）與上帝 B（＋1）性有區別。
〔註124〕印順：《人心與道心》，《我之宗教觀》，第 100～101 頁。印順法師認為，對人心的解讀，儒、道不如佛法。在第 3 章中，將會對佛法的人心解讀（唯識）做詳細的介紹。

現人的價值。在《修身之道》一文中，印順法師對此有詳細的說明，從中我們可以分析出他的兩個觀察點。

首先，印順法師認為，儒家思想與佛法一樣都把修身作為根本，把它看成進德成業、解決人生重大問題的關鍵。他引用《大學》「自天子以至於庶人，壹是皆以修身為本」；《論語》「君子求諸己」；《孟子》「君子之守，修其身而天下平」等文字指出，普天之下無論何人，想不失去做人的本分，或者更進一步地想成為君子、聖賢、完成齊家治國平天下的偉業，都要從修身這個起點做起。關於什麼是修身，印順法師的解讀是，它不是指人的身體或性命，那是方士、道士的作為，而是身心的綜合體，它是人類正心、誠意、致知的本源。只有堅守住了這個本源，家庭和樂、國家富強、社會安定、世界和平才能真正達成。印順法師認為，這是儒家思想（以及佛法）最突出的特色，與西方神教把上述問題的解決託付給神的救贖不同，也與唯物論者將其寄託於物質經濟的解決方式迥異，它是不求助於渺茫的神靈和空虛的物質的，而是直從當下的人心去解決。因此印順法師總結說，所謂以人為本的文化就是修身為本的文化，從這一點出發，「才是尊重人性的真現實者！」〔註 125〕

其次，印順法師認為，儒家思想與佛法一樣都講究修學的次第。從平凡的人身向上修學，達到高明究竟的境界之間，需要經過一些循序漸進的過程。這在儒家就是三綱領和八條目。他把它分成了兩個階段，初階要從致知、誠意、正心中去完成，然後才能齊家、治國、平天下，也就是明明德於天下。這就好比浮水，自己還墮在水中，怎能救得了別人？要救人必須先自己學會游泳的本領不可〔註 126〕。印順法師尤其強調這第一階段的重要，他並再次舉出學生的例子指出，

> 如人到六七歲時，就進學校去讀書，從小學、中學而大學。在這專心修學階段，豈可批評學生為自私，為無益於社會！難道要驅迫學生去勞動生產，才算不自私嗎？利他必以修身為本；真的要徹底地修身克己一番，應有這自利的階段。〔註 127〕

從中我們可以看出，儒家思想中以人為本 A（+1），肯定人對真理的追求 A（+1）↑B（+），以及在這一進取過程中講求次第等，都是印順法師所肯定

〔註 125〕印順：《修身之道》，《我之宗教觀》，第 37～39 頁。
〔註 126〕印順：前引書，第 42 頁。
〔註 127〕印順：前引書，第 44 頁。

的。這些內涵，在其構建的佛學思想體系中都有突出的強調。

二、對儒家思想的批評

　　雖然印順法師肯定儒家思想的人本特色，以及它主張的修身和次第，但是他認為，儒家思想在以下兩個方面也有不盡如人意的地方。

　　首先是「人本」似乎只關乎「大人」。印順法師說，以修身為本的大學到了朱子的口中卻成了「大人之學」。而大人就是君、臣、士大夫，小人就是普通的老百姓。這樣，無形中就把下層人士排除在了修身的工夫之外，而只侷限於上層的執政者。其實，這並不是朱子的誤讀，因為千百年來，大學一直就被認為是執政者的政治學，是「堯、舜、禹、湯、文、武、周公之道」，而古代原有的小學——學習文字；學習灑掃應對，即對父兄賓客的禮節、與日常家庭生活的學習——由於學者的偏頗，漸從重禮儀而發展到重法制，成就了荀子、韓非子和李斯的學風，他們逐漸背離了儒家的大學之本。另一方面，與小學漸行漸遠的大學，到了朱子的理學階段也歸於空洞的說教，未必就是君子儒學（大學）的真面目〔註128〕。

　　其次，印順法師指出了造成這種現象的原因乃是由於儒家思想的另一個根本的缺陷，即對於宗教的排斥。在《中國的宗教興衰與儒家》一文中，印順法師對儒家與中國宗教的關係進行了縱向、橫向地解讀。他講到了中國古代宗教對宗法制的適應，最高神只是帝王的特權，其他神祇被組織化、層級化以適應政治的封建世界〔註129〕；講到道教在發展中，以自然哲學為基礎的道家發展為神仙家，成為上層者的宗教，而民間的信仰，始終被鬼教和巫術所統治，宗教的精神也始終沒有擺脫世俗的功利性〔註130〕；講到孔子雖有宗教情緒，但是因傾向於現實的政治與教育，故帶有濃厚的非宗教色彩，凡是有關宇宙的來源、死後的命運、鬼神的情況、神秘的現象等等議題，都被孔子置而不論。同時呢，儒家雖然充分表現了不知宗教為何物的態度，但卻知道利用宗教作為愚民的工具〔註131〕。在這種文化、思想背景下，宋代理學家排斥佛老，視一般民眾的宗教信仰為愚民之迷信，將孔子的這種非宗教精神發

〔註128〕印順：前引書，第39～41頁。
〔註129〕印順：《中國宗教的興衰與儒家》，《我之宗教觀》，第21頁。
〔註130〕印順：前引書，第22頁。
〔註131〕印順：前引書，第22～23頁。

揮到了極致，「造成了一般的非宗教、無信仰的社會」〔註132〕。這之後更有明太祖、清乾隆等君主，出於政權的、經濟的考慮，在政策上對佛教作出種種限制，迫使其走向山林，放棄了社會的文化與慈濟活動。而理學也在政府扶持下，在中國成為一家獨大的主流意識〔註133〕。印順法師認為，儒家思想對宗教的排斥給中國造成了巨大的損害。從微觀層面講，它阻礙了佛教義理在中國的澄清與實踐，使得現實中的中國佛教（禪宗）逐步走向偏重於心證，急於了生死的小乘之路〔註134〕；同時，代表較低知識民眾的民間秘密宗教融合了佛教的彌勒出世思想而繼續發展，但是因無法引入正道，也逐漸流變為不佛不道，又儒又佛的信仰，越來越迷妄〔註135〕。而從宏觀的層面說，自從唐武宗滅佛以來，由於沒有高尚宗教（佛教）的教化，中國民族逐漸地成為拘泥、怯弱、妄自尊大，囿於狹小的現實，而中國也不再回復那雄渾、闊大、強毅、虛心的漢唐盛世了〔註136〕。

從以上分析可以看出，印順法師對中國傳統社會結構、以及各階層思想特點的論述與牟鍾鑒教授的看法是高度吻合的，他講到了統治者的立場、儒家的態度、普通百姓的抉擇，這與圖1-3的架構是基本一致的，所不同的是，牟鍾鑒教授僅僅從學術的角度力求真實地還原傳統中國宗教的完整樣貌，得到這個結論就可以了，而印順法師則是以佛教為中心的，因此他不僅僅滿足於還原現實，而是更進一步，他要提出解決方案，他要成為一隻「虎」，以期扭轉近代中國落後挨打的局面，回復漢唐盛世。印順法師認為，這問題的關鍵就在於儒家的A（＋1）↑B（＋）不普及。

> 理學的新儒者，也有「靜坐」、「尋孔顏樂處」，有著類似禪者的
> 宗教經驗，也能喚起為聖為賢的景仰嚮往，鼓舞起為道衛道的熱誠。
> 然這僅是少數者，在一般民間，無法完成這樣的信願。〔註137〕

在這裡，印順法師首先肯定了少數的儒家，原因是在他們心中有著對B的追求，也有為真理獻身的熱誠，但是，這種人A（＋1）↑B（＋）只是少數，而放眼整個社會，廣大群眾卻是無信仰B（0）的A（－1）。

〔註132〕印順：前引書，第27～29頁。
〔註133〕印順：前引書，第30～34頁。
〔註134〕印順：前引書，第27頁。
〔註135〕印順：前引書，第29～30頁。
〔註136〕印順：前引書，第30頁。
〔註137〕印順：前引書，第28頁。

> 在下的局促於倫常家庭，為當前的功利所奴役；在上的僅是
> 形而上的玄學。這都不能從崇高意境的景慕中，喚起光明與熱情，
> 養成強毅堅決的信念。孔子說：「民無信不立」，我們現在當受無
> 信仰的惡果了。〔註138〕

也就是說，底層普通的老百姓只關注自己的日常瑣事，稍微有些思想的，也僅僅是賣弄玄學，兩者都沒有崇高的願景 B，也便無法喚起人們 A（−1）產生趨向光明的行動 A↑B，總之一句話，在儒家思想影響下，整個中國社會都是無信仰的 B（0）。既然原因找到了，那麼解決之道就是重建信仰體系 B。這裡，我們暫且介紹一下印順法師對梵我教的認識。

> 從大梵天向上，經二禪，三禪，到達四禪的色究竟天。這與初
> 禪可總名為梵天（但初禪有政治形態，故別說）。這類天國，是西方
> 所不大明瞭的。它不是一神，也不是多神，是無神的（有時也神格
> 化。那是梵天的本地）。在宗教方面，可名為梵我教，因為這是自我
> 的宗教，以恢復自我的自由、常住與妙樂之本性的。要完成這種自
> 我解脫的目的，須修習禪定，發明「神我」的真智。這是沒有政治
> 形態的，純為個己解脫的宗教，所以在人類的宗教信仰中，並不普
> 遍，而是少數玄學者、本體論者的宗教。從禪定——瑜伽的實修中
> 去解脫自我，依佛法說，這是一類專著自我（小我、大我）見的宗
> 教。〔註139〕

按照公式 2-2 分析的話，印順法師構想的這種梵我教，其四禪的境界是無神的，可見它是對基督教 B（＋1）的超越，但它不是 B（0），有時也神格化，且具有自我自由與常住妙樂之本性 B（＋）。而在 A 上，人們對 B（＋）是有追求的，追求的過程 A↑B 是有次第的，通過禪定契悟神我，從而達成個人的解脫，因此它是 A（＋1）↑B（＋）的。雖然這種少數人的宗教並不是印順法師理想的解決方案，但他對 A（＋1）↑B（＋）的推崇可以說是溢於言表，把這個宗教擴大到所有人，某種程度上說就是他的理想。

這樣，我們就可以對印順法師是如何評價儒家思想的做一個細緻的總結。

> 與道家的充滿隱遁色彩，個人主義的宗教，大大相反，儒家有
> 一番身心的修養工夫，更有一番政治的大理想。平常、切實、重人

〔註138〕印順：前引書，第 35 頁。
〔註139〕印順：《我之宗教觀》，第 11 頁。

事、尊理性，確為我國文化的主流。〔註140〕

這是從少數人的角度來說，他們的理念與道教的 B（☯）遁世截然不同，因而是 A（＋1）↑B（＋）的，這一點是印順法師所贊同的。但就整個社會的情形呢？

> 然而我儘管同情它，讚美它，卻不能充實我空虛與徬徨的內心。別人覺得我更實際，而我卻自覺得更空虛了！到現在想來，這不外別的，儒家雖不是沒有宗教的因素，而並不重視宗教。平常的，現實的，就此一生而止於立德立功立言的，這對於一般人，不能織成一幅莊嚴燦爛的光明圖案，缺乏鼓舞攝引力，不易使一般人心安理得（得失不變，苦樂不變，死生不變），而邁向光明的前途。〔註141〕

因此，雖然少數人有精神的追求以及救世的情懷，儒家思想中也有宗教的成分，但就整個社會來講，人民缺乏美好願景，也沒有追求光明的衝動，沉溺於現實生活當中又心安理得，因此沒有由 A 向 B 進取的追求。

最後印順法師說，「我是神教迷信的反對者，然而我堅決地相信，迷信比沒有信仰好得多！」〔註142〕

> 中國文化的運動者，不能忽略文化中的宗教因素，哪怕是迷信的。假如中國的知識界，永遠把宗教看作迷信、落伍；有宗教信仰的，也不敢拿念珠、掛十字架，怕人譏笑，那麼，中國的文化，將真是永遠的落伍了！〔註143〕

這些都是印順法師對儒家 B（0）的整體批評，從中我們可以領略到，他對當時中國病因的分析與梁啟超先生有相似的地方，只不過，梁啟超先生的解決方案是重建孔教，印順法師的方案是什麼？這一點我們將在下面的章節中繼續分析。

不過，通過上面的推理我們可以知道的是，基督教 B（＋1）、道教 B（☯）、儒家 B（0）以及 A（－1）等，都是他反對的，A（＋1）對真理 B（＋）的次第追求得到他些許的同情，但是在那個時候，這只「虎」A（＋1）還沒有找到他理想中的最高理念 B，因此還無法平復他空虛而茫無著落的內心，他

〔註140〕印順：《我怎樣選擇了佛教》，《我之宗教觀》，第 120 頁。
〔註141〕印順：前引書，第 120 頁。
〔註142〕印順：《中國的宗教興衰與儒家》，《我之宗教觀》，第 35 頁。
〔註143〕印順：前引書，第 36 頁。

將繼續探索下去。不過，通過對耶、道、儒的認識，印順法師心中的標準其實已經呼之欲出了，因為在釐清了什麼不是他的追求以後，他要追求的邏輯就在其中。

　　這樣，印順法師就實現了他人生當中的第一次跨越，雖然我們不一定能說耶教少了一位牧師、道教少了一位道長、儒家少了一位儒生，因為歷史不可以假設，但是佛教卻因此而多了一位僧人，他的努力將在近現代中國佛教史上留下重重的一筆。下一章我們就重點分析他所抉擇、構建的佛學體系的特徵——它是宗教的，但也是無神的（B），對人的自力給予了強調，同時也需破除我見（A）。更關鍵的是，它不同於上述幾種宗教、哲學的二元本體論思維模式。

第三章　問題的核心

　　對佛法的真義來說，我不是順應的，是自發地去尋求，去瞭解，
去發見，去貫通，化為自己不可分的部分。我在這方面的主動性，
也許比那些權力煊赫者的努力並不遜色。但我這裡，沒有權力的爭
奪，沒有貪染，也沒有慎恨，而有的只是法喜無量。隨自己夙緣所
可能的，盡著所能盡的努力。

——印順，《平凡的一生》

　　上一章我們討論了印順法師接觸佛法之前的思想歷程，這屬於辨異的階
段。為了明確主題，筆者在引述的時候往往迴避了印順法師關於佛法的觀點。
比如在上面提到的《我之宗教觀》一文中，印順法師曾提出一個完整的宗教
發展譜系：多神→一神→梵我→唯心→正覺〔註1〕，而在第二章中，筆者單單
挑出來中間的「梵我教」進行了解讀，而沒有提到印順法師心目中地位最高，
也是他孜孜追求的「正覺的宗教」──純正佛法，而且，用「正覺的宗教」做
對比，其結論也更加明顯些。這只是筆者為使問題討論簡單化而採取的解構
手段，以便單獨從負的一面搞清楚印順法師的佛學思想中否定了哪些的東西。
當然這不是問題的全部，如果還是借用馮友蘭先生的話來說，那就是負的方
法需要與正的方法互相補充。

　　　　一個完整的形而上學體系應當從正的方法開始，而以負的方法
　　告終。它若不以負的方法告終，便不能登上哲學的高峰。但如果它

〔註 1〕印順：《我之宗教觀》，第 9～12 頁。

不以正的方法開始，便缺少對哲學來說最重要的明晰思考。〔註2〕

在《新知言》一書中，馮友蘭先生系統闡釋了兩種方法的蘊含。他認為正的方法就是邏輯分析的方法，是理智的方法；負的方法就是表顯的方法，是體悟的方法〔註3〕。

借著馮友蘭先生的分析，筆者下面再引入另外一個 AB 結構，以便清晰地看清楚印順法師分析問題的思路。與第二章的圖 2-1「宗教、哲學之範疇、命題架構」稍有不同，（兩個結構有共通性，都是對真理的探索，可以視為一個，故筆者未在字母上特意區分），圖 3-1 的 AB 結構適用於對哲學家、學者研究進路、旨趣的分析，這個模型已在上一章分析印順法師對基督教文本的解讀特點時用過，只不過當時只涉及了兩個方面——形上 B 與形下 A，這裡再細化一下。

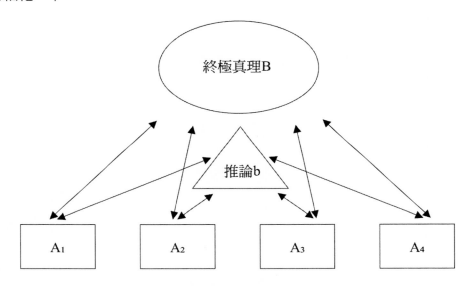

圖 3-1　傳統、現代之學術研究架構

粗略地講，思維與學術研究也涉及了 AB 兩個範疇。在中世紀西方宗教哲學那裡，是以終極、絕對真理 B 為中心的，亦即上面提到的本體論論證、設計論論證的上帝觀，在那時，A 約為各種現象，宗教家、哲學家通過體悟去感受上帝、理念 B，再反過來，以上帝來解釋一切，「這是上帝說的」，並對

〔註2〕馮友蘭：《中國哲學簡史》（英漢對照），第 565 頁。
〔註3〕高秀昌：《馮友蘭中國哲學史方法論研究》，北京大學出版社，2010 年 6 月，第 124 頁。

現象世界 A 進行抉擇——適應上帝 B 的就保留、就讚美（如 A_1A_2），忤逆上帝 B 的就無視、甚至消滅（如 A_3A_4）。進入近代以後，隨著啟蒙運動和哲學、科學的發展，現代學術研究發生了哥白尼式的革命，實踐成為檢驗真理的唯一標準。這時的學術重點從終極真理 B 轉向了 b，它尊重現實，把現象世界當成各種資料、證據，經過細緻地分析、鑑別以後，經由實驗的方法，邏輯地、可驗證地推出結論 b 來。這個結論 b 不是終極真理，它往往只是近似地，或只是與一部分現實（如 A_1A_2）相一致，但隨著科學技術的發展，理論的創新，結論 b 會不斷地得到修正，以便更真實、更全面地契合現實世界（如 $A_1A_2A_3$）的本來面貌。所以，現代學術研究的旨趣就是從形而上的 B 轉到了形而下，但是，由於這種學術研究的結論畢竟是對現實世界 A 的某種抽象，因此這裡加入 b 這麼一個範疇，以代表那個與現實世界 A 緊密相關、高於它、但又區別於傳統形而上 B 的現代學術宗旨。其實在古希臘那裡，柏拉圖、亞里士多德哲學風格的差異，就可用 B 與 b 近似地去理解，只不過到了近代，這種研究旨趣的不同才更加突出地顯現出來，有時甚至勢如水火。但是需要注意的是，由於各種各樣的原因，這兩種不同的研究方法在當今的某些領域裡（如宗教學、國學）仍然並存著，並混合出了三種不同的形態：1. 傳統的 $B \downarrow A$ 體悟型；2. 現代的 $A \uparrow b$ 學術型；以及 3. $A \uparrow b = B$ 混合型，它雖然借鑑了現代學術的方法和語言，但其結論卻具有終極真理性，在這裡，科學理性與哲學思辯實現了某種程度的結合。這就需要我們提起精神，把個中細微的差別鑑別出來，才能更準確地把握思想家的理論核心。就比如上面馮友蘭先生提到的一個完整的形而上學體系需要正反兩種方法，負的方法就是表顯的方法，體悟的方法，這約為傳統的 $B \downarrow A$，正的方法就是邏輯推理的方法，理智的方法，鑑於這是一種形而上學體系，它的情況更像是混合型的 $A \uparrow b = B$。下面我們將會看到，印順法師的佛學思想研究更像是這種混合型，它有現代學術的特點，但其結論卻是恒常永遠的真理，正如標題下引文所看到的，他為真理 B 而奮鬥的精神與那些權力爭奪者相比毫不遜色，這跟現代學術那種「我不同意你說的話 b，但我誓死捍衛你說話的權利 $A \uparrow$」的旨趣是不同的。

> 佛法為什麼能真俗無礙、世出世間無礙？能處中說法而不落
> 於兩邊呢？這是真正值得重視、值得研究的大問題。如從佛的證覺
> 說，這是從「菩薩不共（世間）中道妙觀」而來。從佛的說法說，
> 這是依緣起為最高準則（緣起通於一切，為一切法的普遍法則），

處於中道而說的緣故。〔註4〕

佛教的真理性可以從兩個方面來體會：「從佛的證覺說」約與 B↓A 同，「從佛的說法說」約與 A↑b＝B 合，「證覺」B 由「妙觀」得來，「說法」A 見之於「緣起」「中道」說，二者的特性與馮友蘭先生負的方法、正的方法異曲同工。在《我之宗教觀》中，印順法師也是從這兩個層面給宗教下定義的：

> 宗，指一種非常識的特殊經驗；由於這種經驗是非一般的，所以有的稱之為神秘經驗。教，是把自己所有的特殊經驗，用語言文字表達出來，使他人瞭解、信受、奉行。如釋迦牟尼佛在菩提樹下的證悟，名為宗；佛因教化眾生而說法，名為教。我們如依佛所說的教去實行，也能達到佛那樣的證入（宗）。所以，宗是直覺的特殊經驗，教是用文字表達。〔註5〕

宗即是 B，教即是 A，印順法師所做的全部努力都在通過正確地解讀文字經典 A↑b，以感知釋尊的證悟 B，這個 b＝B 就是「中道」，就是「緣起」。所以，筆者在「緒論」中提出要「以印順研究印順」，前「印順」是印順法師抉擇後的結論 B，後「印順」是他的全部文字 A，研究印順法師的 A，得出的結論不可以脫離他的 B。但是遺憾的是，許多學者往往將其割裂，一頭紮進印順法師對佛教史的研究、對「人間佛教」的研究、對禪宗的研究、對如來藏的研究、對淨土的研究等等，以為這樣就可以抓住印順法師論述的脈搏（找到的只是他的 b）。他們的做法不能說錯，但筆者的體會是，這樣的文章其實並沒有抓住印順法師真正的思路。印順法師在開始接觸佛法時，確實接觸的是三論與唯識，後來通過研讀《大藏經》以及受到現代研究方法的啟發轉而論述真常、禪、淨土等等，但這些都是思考後的結果，而不是思考本身，不瞭解這一點，我們就不能真正理解印順法師的思想。就拿唯識來講，印順法師認為，對於人心的辨析唯識是遠高於儒、道的〔註6〕，但在佛法中，唯識仍是不了義的〔註7〕。這一正一反的相反陳述，不能像郭朋研究員那樣以「印公雖對唯識學頗有微詞，而終歸還是有所肯定的」〔註8〕來總結，因為據筆者理解，這並不符合印順法師心中對佛法 B 的認識。

〔註4〕印順：《人心與道心別說》，《我之宗教觀》，第117～118頁。

〔註5〕印順：《我之宗教觀》，第2～3頁。

〔註6〕印順：《人心與道心別說》，《我之宗教觀》，第101頁。

〔註7〕印順：《平凡的一生》（重訂本），第52頁。

〔註8〕郭朋：《印順佛學思想研究》，第108頁。

說到印順法師心中的研究方法其實是有跡可循的，印順法師自己就不止一次地撰文闡釋過。在《遊心法海六十年》一文中，他自己總結出如下幾點，1. 從理智出發而不是從信仰出發；2. 注重佛法的整體性，找到佛法的核心；3. 對各家各派的歧義不是一味圓融，而是力圖理解差異的原因；4. 重於思維，敢於否定自己的錯誤〔註9〕。從中我們可以看出他的研究具有現代學術與哲學思辯的雙重特徵，印順法師對佛法的探索不是人云亦云的，他有他自己的思考，自己的抉擇，這是 A↑b 的一面，但當他的結論確定以後，哪怕是對太虛大師，他也敢於說出自己不同的見解，這一點又明顯具有了宗教家 B 的精神。不瞭解這一點，印順法師的宏大著述就等於失去了耀眼的光環。通過上述四點我們還可以看到的是，印順法師經過思考以後對佛法的判斷具有如下幾條思想痕跡，1. 前後有差異，後期思想是對早期思想的改變或修訂、補充；2. 思考後的結果是一個完備的體系，而不是偏重於某個宗派；3. 該體系對全部佛教經論中的各種異說有一個合理的解釋，形成一個判教體系。

順著這個思路，筆者就將分成三個方面，對印順法師的有關著述進行分析和匯總：第一節，探討一下印順法師前期的佛學思想；第二、三、四節，論述印順法師思想確定以後的佛學體系；第五節，總結一下印順法師的「人間佛教」觀，看看它的 AB 範疇到底都有什麼特性？這種論述模式是與一般學者稍有不同的，是直驅印順法師思想核心的理路。另外需要說明的是，筆者在論述時往往只是依照印順法師早期的一兩部著作進行的，並沒有面面俱到。但是，如果您深入瞭解印順法師的話就會發現，他的思想「專一而單純」〔註10〕，通過深度解讀一兩部作品，其實是可以摸到其整體思想脈搏的〔註11〕。這也就是筆者想要發掘的印順法師的思想核心。

第一節　對佛法的初期思索

根據印順法師的自述，他對道教仙術、老莊、儒家、基督教的接觸和瞭解並沒有平復其空虛而茫無著落的內心。當時的他情緒低落，時時煩躁不安，

〔註 9〕印順：《遊心法海六十年》，《華雨集》（五），第 27～29 頁。
〔註10〕印順：《般若經講記》，「《妙雲集》序目」，第 1 頁。
〔註11〕江燦騰教授亦有同感，他即根據印順法師《談入世與佛教》（載《無諍之辯》）一文，來闡釋印順法師龐大著作中的那點微意。江燦騰：《當代臺灣人間佛教思想家——以印順導師為中心的薪火相傳研究論文集》，第 49～53 頁。

以亂讀書作為消遣。一次偶然的機會讀到馮夢禎的《莊子序》，這才開始了對佛法的探討。起初他在寺院搜到一些《金剛經》《法華經》《中論》等的經論，但是並沒有看懂。後來讀到太虛大師的《居家士女學佛程序》，以及一些三論、唯識的經論，才逐步增長對佛學的信心。由於他具有對其他宗教的認識，所以在出家以前，印順法師就已經對佛法有了一個初步的瞭解。如認為三世因果說是最入情入理的，由此能夠使人離惡向善，轉凡成聖；也認識到佛教有種種的法門。更重要的是，他認為佛教是重視人的覺悟的，是重視利益眾生的，是信願、智慧、慈悲的總和。佛教有一切宗教的長處，有究竟，也有方便，因而適合一切根機的眾生〔註12〕。

所以，當因緣成熟出家（1930 年秋）以後不到一年，印順法師即在雜誌上發表文章《「不徹底之意義」中的「佛法與不徹底之意義」》（1931）〔註13〕，針對當時商務印書館出版的盧信的著作《不徹底之意義》提出批評，認為盧信所謂的佛法「不能徹底」「不可徹底」「不必徹底」「於不徹底中，自求其精神上之安慰」的論調曲解了釋氏的空有之說，是以偏概全的謬論，以妄謂真的邪見。並逐一反駁說，佛陀在菩提樹下證得諸法中道之理，為滯有論空者樹立起非有非空的至極理念，這怎麼能說是「起源於不徹底」？佛陀之所以是佛陀在於菩提樹下之親證，佛法之所以成其大用，在於導大地眾生悉皆成佛，這怎麼能說是「作用於不徹底」？佛教之歸結在於大菩提果與大涅槃果，這又怎麼能說「歸宿於不徹底」？接著，印順法師從三個方面具體指出盧信錯誤的原因：1. 盧信自以為已經覺悟，那他是否如佛陀那樣成為一偉大宗教之教主？其結論是否；2. 盧信所覺悟到的「不徹底」原理可稱其為宗，那他這個宗是徹底還是不徹底？不論如何回答其結論都是矛盾的；3. 盧信的不徹底原理乃是對佛法的謬解，如他從「離名離相」中導出不徹底的結論，與見繩為蛇無異。印順法師最後總結道，當今學人自恃聰明，對高深的學說往往

〔註12〕印順：《我怎樣選擇了佛教》，《我之宗教觀》，第 121～122 頁。

〔註13〕參見表 3-1，有關內容與《印順法師著作年表》，《附錄》，《印順法師佛學著作全集》（第二十三卷）略有出入。表 3-1 是以出版時間先後排序的，這些文章寫作的時間當在出版日期以前。就以排在第五位的《三論宗二諦與中道之研究》來說，發表時的落款是：「20 年 1 月 30 日，述於閩院寢室」，但發表已是第二年的事了，這很有可能是印順法師為佛法寫作的第一篇文章。表 3-1 資料來源：黃夏年主編：《民國佛教期刊文獻集成》，全國圖書館文獻縮微複製中心，2006 年 10 月；黃夏年主編：《民國佛教期刊文獻集成》（補編），中國書店，2008 年 1 月。

一知半解，實則與真相相差十萬八千里，招致有識之士不齒。他希望作者應放棄不徹底之思想，死心塌地、徹徹底底地研究一下佛法，以窮其徹底〔註14〕！從這篇短文中我們可以清清楚楚地看到 AB 兩者的影子：B 是佛陀的親證，佛法言說 A 的核心是中道，它是確定的，盧信推導出的「不徹底」是對佛法的誤讀。批評盧信也是從 AB 兩個方面進行，從 B 說他不是教主，從其文字推理 A 上看它有矛盾。從這篇短文可以看出，當時的印順法師已經對佛法有了足夠的信心和認知，對其理論構建也掌握了成型的方法。1931 年農曆二月起，印順法師到廈門南普陀寺閩南佛學院學習，繼續自己對佛法的探索。有一天，代理院長大醒法師發現他正在抄錄古代論師的著述作為研究資料，大醒法師認為這是不同於過去的背誦古德著疏，講經了事的新的研究方法，因而對其大為讚賞〔註15〕。故而在學習了四個月以後，這個學生就給同班同學當起了老師〔註16〕。但是，由於心中對佛法的疑問沒有得到圓滿的解決，於是印順法師找理由離開了廈門，回到普陀山閱讀《大藏經》，時間從 1932 年夏直到 1936 年冬。1937 年，他在武昌佛學院又讀到日本佛教學者的一些現代研究成果，於是對書本裡的佛法與現實佛教界間的距離這個問題——這個某種程度上促成其出家的關鍵問題〔註17〕——有了一個徹底的解決〔註18〕。

　　印順法師把出家前他對於佛教的學習階段稱為「暗中摸索」（1930 年以前的四五年時間），把出家後在閩南佛學院、武昌佛學院學習、以及普陀山閱藏的階段稱為「求法閱藏」（1930 年至 1937 年），之後從 1938 年開始，他的思想確定了〔註19〕。但是，如果我們搜尋印順法師生前編集的《妙雲集》《華雨集》等著作就會發現，1937 年以前的作品一片空白。對此，印順法師的解釋是：

> 　　我的寫作，到此為止。過去講說而沒有記錄的（留有錄音帶）；早年不成熟的作品而沒有編入的；也有沒有找到的，總之，《華雨集》所沒有編集的，就是我所不要保留的，無論說得對與不對，都不再是我的了，如舊物而已被丟棄了一樣。〔註20〕

〔註14〕印順：《「不徹底之意義」中的「佛法與不徹底之意義」》，黃夏年主編：《民國佛教期刊文獻集成》，第 67 卷，第 88～89 頁。
〔註15〕印順：《平凡的一生》（重訂本），第 37 頁。
〔註16〕印順：前引書，第 8 頁。
〔註17〕印順：《遊心法海六十年》，《華雨集》（五），第 4 頁。
〔註18〕印順：前引書，第 6～7 頁。
〔註19〕印順：前引書，第 3～7 頁。
〔註20〕印順：《華雨集》（一），「自序」，第 2 頁。「自序」的落款日期是 1989 年 1 月。

印順法師把他早期的作品分成兩類，一是找不到的，一是不成熟的，因此便沒有將其收錄在作品集中。但是筆者認為，對這些作品進行分析是有意義的，因為我們可以從中瞭解到其重要的思想轉變軌跡，當做舊物丟棄對於研究來講是不明智的。因此在這一節中我們將分三個部分，來說明印順法師前後文章中所反映出的一些特點。

表 3-1　未編入《印順法師佛學著作全集》之作品匯總表（截止 1949 年〔含〕）

發表時間	文章名稱	發表刊物、刊期	備　註
1931 年	「不徹底之意義」中的「佛法與不徹底之意義」	現代僧伽，第 4 卷第 2 期	
	論不立文字	現代僧伽，第 4 卷第 4 期	
1932 年	抉擇三時教	現代佛教，第 5 卷第 1 期	從第 5 卷第 1 期起，《現代僧伽》改名為《現代佛教》
	共不共四句的研究	現代佛教，第 5 卷第 2 期	
	三論宗二諦與中道之研究	現代佛教，第 5 卷第 3 期	
	理想中的偶像——耶穌	現代佛教，第 5 卷第 5 期	
	評破守培師之《讀唯識新舊二譯不同後的一點意見》	海潮音，第 13 卷第 4 期	
	佛法之危機及其救濟	海潮音，第 13 卷第 9 期	
1933 年	真實論	現代佛教，第 5 卷第 8、9、10 合刊	
	吉藏大師的法華觀	現代佛教，第 5 卷第 8、9、10 合刊	
	答守培師駁評破讀唯識新舊二譯不同論後的意見	海潮音，第 14 卷第 2 期	
	普陀讀經隨筆	海潮音，第 14 卷第 11 期	
1934 年	從空說到無常	正信，第 3 卷第 21 期	署名啞言
	震旦三論宗之傳承	海潮音，第 15 卷第 6 期	署名啞言
	清辯與護法	海潮音，第 15 卷第 7 期	
	中論史之研究	海潮音，第 15 卷第 9 期	
1935 年	三論宗大旨	海潮音，第 16 卷第 4 期	署名啞言
1937 年	佛教初來考	海潮音，第 18 卷第 6 期	
	三論宗史略	海潮音，第 18 卷第 7 期	

1939 年	吾國吾民與佛教	海潮音，第 20 卷第 9 期、第 10、11 期合刊、第 12 期	三期連載
1940 年	分別論者在小乘佛教中的地位	海潮音，第 21 卷第 3 期	
1941 年	佛教是反神教的宗教	海潮音，第 22 卷第 3 期 正信，第 12 卷第 4 期（1946.6）轉載	署名力嚴
	我怎樣信解佛法	海潮音，第 22 卷第 4 期	署名力嚴
1943 年	印度佛教流變之概觀	海潮音，第 24 卷第 2 期	
	為性空者辯	海潮音，第 24 卷第 3 期	
1946 年	戰的根源——愛見	覺群週報，第 1 卷第 6 期	
	大乘佛教與青年	正信，第 12 卷第 9 期	
1947 年	佛教的特色	人間佛教，第 1 期 正信，第 13 卷第 11 期轉載	
1948 年	建立太虛大師舍利塔募捐緣起	海潮音，第 29 卷第 3 期	
	答悲華法師問（潮音信箱）	海潮音，第 29 卷第 4 期	
	西湖佛教圖書館緣起	海潮音，第 29 卷第 9 期	
	關於中觀今論的通訊	海潮音，第 29 卷第 11 期	

一、對佛法核心標準的探尋

在其早期文章中可以看出印順法師寫作上的一個突出特點，即每篇文章都提出了一個需要解答的問題，而這些問題能否得到解決，則有賴於一個正確的判定標準。否則，如果還是像過去那樣以各自的師承為宗，就會難免出現各種諍論，以致文章開頭提出的問題得不到最終的解決。我們就以下面幾篇文章來說明。

1.《論不立文字》（1931）〔註21〕　該文首先提出的問題是，佛法傳到中國以後，有三論、唯識、賢首、天台等各個宗派的傳承，而各宗所傳「經論紛陳，性相殊說」，如何判定？必須「以聖教為依準，正理為標的」。接著，印順法師就以空、有為例，說明佛法的陳述語言和真如實相的關係，認為語言是

〔註21〕印順：《論不立文字》，黃夏年主編：《民國佛教期刊文獻集成》，第 67 卷，第 227～231 頁。

以詮理為目的的，說有說空只是為使眾生信解佛法的種種方便。「當知諸法，依言施設；文字性空，即解脫相。是以一切皆空，不墮斷滅；諸法如幻，不墮名言。基如是教，解如是理，修如是行，證如是果；如來出世，意在於茲，祖師西來，豈異於是？」至於說到佛教在中國的演化也是如此，「雖曰同中有異，須知異中有同。同其所同，因教顯理；異其所異，方便多門；契斯理者，得無諍行。」然後針對禪宗之徒誤將所證（不落言詮）為能證，妄執不立文字，默然終日，以為這就是禪宗正旨的現象提出批評，認為他們的根本問題就出在錯誤地將不立文字判定為真正的佛法，從而不深究三藏經論，強以坐香而誤之（學生），導致「青年失學，老大庸劣，僧格墮落，世人輕毀」，這其實是一種邪執，與正法漸行漸遠了。印順法師同時分析指出，《五燈會元》最早記載不立文字為佛口親宣，但是這個傳說的來源可疑；王安石說出自《大梵天王決疑經》，也只是憑空杜撰，並無佐證。因此將傳說當做史實是「不值一笑」的，他並引用《祖庭事苑》《釋門正統》來證明這一觀點。最後印順法師給不立文字的真正意義做了如下界定：「（1）他方淨土，不以音聲說法，故名不立文字。實則香，味，光，明，亦文字相。（2）真如實相，絕言絕詮；非文字之可表，心景之可行；為顯此真實性故，云文字相寂滅。（3）欲證諸法實相無相，徹了諸法緣起性空，端在起解趨修，徒執文字，復何所益。（4）解僅能知，實未證了，令捨解而去趨證，故言無著文字。」所以說從大乘教的角度講，不立文字乃是共許，不獨禪宗有此主張，而禪宗卻捨棄了同為文字相的六塵，卻是禪宗末流的邪執，「時至今日，佛法衰微，瞎修盲參，比比皆是；廢棄義學，罔知教理，治邪執故，我作於是言：——佛法妙玄，文字能通；解理起修，因行證果；闡佛法之光明，以文事而作佛事。」這篇文章把 B 和 A 的問題都講清楚了，雖說從空性實相 B 的角度講可以不立文字，但是萬萬不可把不立文字作為能證，實則偏離了 A↑B；《五燈會元》的記載並無佐證，作為表詮義理的文字 A 是不可以輕易拋棄的。印順法師更樹立了通過詮釋文字 A 以掘發佛法真義 B，以此光大衰微的中國佛教的堅定信心和遠大理性，這樣的信念貫穿了他的一生。

2.《抉擇三時教》（1932）〔註22〕　該文的問題是，戒賢、智光論師等都有三時判教的理論且意見不同，應該如何抉擇？印順法師認為，這是關於空

〔註22〕印順：《抉擇三時教》，黃夏年主編：前引書，第 345～352 頁。

有之諍的問題，其抉擇標準應是釋尊親證的諸法實相。它本無空有，既不是空也不是有，若執為空就是外道，若執為有就是邪見；同時，說實相亦有亦空，非有非空，也是戲論。釋尊為使有情同證正覺，開出性、相、空、有等無量法門，但是真如法性法爾如是，不因佛證而增加，不因情迷而減少。因此，印順法師的結論是，並沒有什麼三時——說有、說空、說中——三個截然分開的、互相諍辯的次第階段。戒賢、智光法師各依自宗建立三時，是有當時對治的背景的，但是「末法鈍根，聞言執取，乖諍空有，深為可憫！」在這裡，印順法師的思路是相同的，即三時判教 A 只是方便，隨言執義就會偏離佛教的唯一勝義 B，這種思想已經預示了其在《印度之佛教》中的立場。

3.《共不共四句的研究》（1932）〔註23〕　該文首先列舉了窺基法師《唯識述記》、太賢法師《唯識學記》、以及梅光義先生《相宗綱要》三本書中關於共不共四句的不同解讀，指出其中的分歧乃是由於對法相的定義不清造成的。在這裡，我們又看到了與上文同樣的論述思路，接下去，自然就是印順法師總結出的判定標準。他指出，依據唯識的說法，色法無非是自識體上所現的影像相分，一一有情各各變現，各各親緣，實無有共境的存在。但是一切有情的思業曾起「一切皆能有」的行解，加之三業有相似的關係，這樣從自種生起的色法就現有相似共同的色相，這樣才有了共不共四句的說法。具體細分，在「共中共」「共中不共」當中的「共」，乃是阿賴耶識持令相續所現，可理解為宇宙的而非個人的色法，「不共」則是阿賴耶識持令不壞所現，可理解成個人的而非宇宙的色法。而在「不共中不共」「不共中共」當中的「共」「不共」乃指共相種子所起的共法，以及不共種子所起的不共法，都有共受用與不共受用兩種區別，其中受用的定義乃是鬼、人、天等所見之不同，也就是緣。經過這樣的梳理以後，印順法師即以問答的形式對共不共四句所涉及的種種問題一一進行了解答以印證自己的分析。之後，他並對上述三部論著的觀點逐一進行了判別，認為只有《唯識學記》的表述比較圓滿，而窺基法師共中不共的用指的是使用，而不共中共的用指的是緣用，這是造成窺基法師之說游移不定——鬼等異見 vs 如己田宅、扶根塵——的根本原因。而《相宗綱要》雖依據窺基之說，但也有大膽的創新，如將鬼等異見判為不共中共，但是印順法師認為，「大概共不共的定義，他（梅光義，筆者注）沒有注意」，

〔註23〕印順：《共不共四句的研究》，黃夏年主編：《民國佛教期刊文獻集成》，第 67卷，第 457～463 頁。

因而也不能圓滿解釋。最後印順法師總結說，對於法相可以有自己的新解，但一定要依據聖教。依據這個 B，縱然遇到繁密瑣碎的法相，也可使其條然而不紊亂。

表 3-2 《共不共四句的研究》〔註24〕

四句 指法 諸家	《唯識述記》 窺基法師	《唯識學記》 太賢法師	《相宗綱要》 梅光義	《共不共四句的 研究》 印順法師
共中共	山河大地	山河大地	無主山河	自地同類同見的器世
共中不共	鬼等異見 如己田宅	鬼等異見	有主田宅	自地異類異見的器世
不共中不共	勝義根	勝義根	勝義根	勝義根
不共中共	扶根塵	扶根塵	扶根塵 鬼等異見	扶根塵

4.《真實論》（1933）〔註25〕 這篇文章首先開宗明義地指出，凡是人類總有一種探索宇宙真理的衝動，但是古往今來，對真理的判定要麼就是莫衷一是的，要麼就是否定有一真理存在。造成這樣的原因，印順法師認為，一是各自探索宇宙真理的動機不同，「將以利我個人，家庭，民族，國家也」；一是探索真理的方式不同，「以有涯之知識，應無量之事理也」。由於這種愚癡與我見交相作用，造成「探求真理者，無不墮於『迷』『謬』之深抗（應為坑，筆者注）矣！」對於迷印順法師認為，分為否認真理和執妄為真兩種情形；謬指執一概全。而救治的方法，「非我人鑽體皈依稱為佛陀之釋迦牟尼而誰？」

在這裡，我們再次看到了印順法師文章中的一個顯著特點。一是提出問題，不過這次的問題，不是佛法中的某一個諍論的意見，而是擴大到更廣的層面上，即對於向我們撲面而來的各種「真理」如何抉擇其真偽？第二，對於這個問題必須要有一個判定的標準，根據這個唯一的標準，什麼是真理什麼是謬誤就能迎刃而解了。而這個標準，印順法師認為就是佛法。

在下面，印順法師就需要對什麼是真理做出界定，他運用的方法與許多

〔註24〕印順：前引書，第 457 頁，筆者增列了第 4 列。

〔註25〕印順：《真實論》，黃夏年主編：《民國佛教期刊文獻集成》，第 68 卷，第 431 ～438 頁。

哲學家類似，即把這個概念分出不同的層次來，用筆者的方法來理解，就是有 AB 兩個層面，只不過他使用的術語是佛教的，即：「真理者，真實義也，真實相也。義即是境，境有真俗，相亦有二：體相，相狀。簡明之：真實之理（真，體相）事（俗，相狀）是也」。通過這樣的定義，印順法師實際上就將真實分為兩種，一為所知真實，印順法師稱其為俗、相狀，筆者稱之為 A；二為能知真實，印順法師稱其為真、體相，筆者稱之為 B，「然我人慾求於真實之義理，為能知真實而非所知」，而要獲得能知，非要去除人的我見、煩惱不可，否則對於真理將「視若無視」；而一旦障礙既除，在人與真理之間「了了無礙，則向之迷妄不可得，而宇宙人生之真相得矣」。通過這樣的區分和界定，印順法師實際上就確定了他論證上的一個邏輯，1. 有真理 B 存在，「如來出世，若不出世，諸法法性，安立法界法住」。2. 要體悟真理，需要去除人類認識真理的障礙——我見，因為它不僅僅是 A，且與佛法的 B 不合。

接著他以瓶子為例說明佛法對真理的看法。所謂瓶子，印順法師說，是作者、作用、作具、作料四者的和合，但瓶子之所以為瓶子，不在這四者，而在人的能知的心識。所以，人對瓶子之所見如何如何，只是虛妄之執見。在「離人妄執之瓶體瓶相外，尚有依緣而起之真實（離言依他）」。所以，對能知真實的體悟，在於能知心識的轉變。具體講到能知真實，又可分為遍計所執真實，依他起性真實和圓成實性真實。故「能知真實，在乎能知心識之轉變，而不在於言，其理明甚。」

當然，這並不意味著 A 對於我們認識真理就一無是處，印順法師認為名言雖不能詮表於真實，但卻可因指得月，只要我們安立它施設權巧的性質，就能發揮它導致真實的善巧方便之用。

然後，印順法師對佛教思想發展史上出現的種種分歧做了一番詳細的論證，總結說，欲知宇宙萬有之真實者，當多聞薰習（至教量，佛陀言教），如理作意（比量，以已知之理由推得未知，而獲得明確之知見。以上是方便），法隨法行（修得有漏現量），如實證得（無漏現量）。」從中可以看出由 A 起始，破除所執，契入能知真實 B 的完整程序。

最後，印順法師對世人的看法作出評斷，認為將佛法僅僅看成是一種神秘的法門是錯誤的。同樣，佛教徒不了知佛法之於世界的真實意義，「執教相者，時起諍論」，都是由於不知何為真實所致。應該「五明為所當學，即世法而成佛法」，了知真實所以為真實，「則一切至教無不融、何諍論之有？」

通過以上四篇文章的分析，我們可以得出這樣的結論：1. 印順法師之於佛法，是有一種問題意識的。即現實佛教與書本中的佛法為什麼有那麼大的差別（《論不立文字》）？為什麼佛法中有諸多不同的言說（《抉擇三時教》《共不共四句的研究》）？以及為什麼世界上關於真理的認知有種種的不同（《真實論》）？2. 印順法師並不是從某個宗派去理解這些問題的，他有他自己的融貫〔註26〕，筆者選取的文章即分別涉及了禪宗、三時判教、唯識、哲學，他的結論並沒有囿於上述各派的成見；3. 印順法師的方法是抉擇的，在每篇文章中他都會確立一個評判標準，這就是筆者認為的印順法師心中樹立起的佛法核心理念 B，根據這個標準，哪些是違背（如禪宗執著於不立文字），哪些是方便（如三時判教）〔註27〕，對印順法師心中的問題都能給予一個圓滿的解釋；4. 更重要的是，他的抉擇並不侷限於佛法本身，而是融攝了世間所有的真理（《真實論》）。

以上結論雖來自上述四篇文章，但可擴大到印順法師的全部思考與著作中去。通過下面的論述您將會看到，他的緣起性空思想、判教思想、以及知識論思想等等，都在早期的文章中基本定型了，而這種認識不僅解開了心裡的疑惑，也是他一生追求的目標。

> 理解到的佛法與現實佛教界差距太大，這是我學佛以來，引起嚴重關切的問題。這到底是佛法傳來中國，年代久遠，受中國文化的影響而變質？還是在印度就是這樣——高深的法義與通俗的迷妄行為相結合呢？我總是這樣想：鄉村佛法衰落，一定有佛法興盛的地方。為了佛法的信仰，真理的探求，我願意出家，到外地去修學。將來修學好了，宣揚純正的佛法。當時意解到的純正佛法，當然就是三論與唯識。〔註28〕

> 出家以來，多少感覺到，現實佛教界的問題，根本是思想問題。我不像虛大師那樣，提出「教理革命」；卻願意多多理解教理，對佛

〔註26〕印順法師講到，他創作《抉擇三時教》時即學習太虛大師的融貫手法，對各種異說進行抉擇而予以融貫，參見印順：《遊心法海六十年》，《華雨集》（五），第 5 頁。

〔註27〕印順法師在《普陀讀經隨筆》一文中說，「佛法有佛法之中心，方便有方便之定義」，參見印順：《普陀讀經隨筆》，黃夏年主編：《民國佛教期刊文獻集成》，第 185 卷，第 340 頁。

〔註28〕印順：《遊心法海六十年》，《華雨集》（五），第 4 頁。

教思想起一點澄清作用。〔註29〕

可見，經過最初幾年的佛教接觸以後，印順法師自信地認為已經找到了中國佛教衰微的原因，即對佛法的誤讀，因此，他要朝著掘發純正佛法的方向去努力。雖然他的方案與太虛大師不同，太虛大師提出革命，印順法師提出回歸，但其實雙方的目標是一致的，即都是要改變現實的中國佛教面貌，都是面對現代性所做的應對反應。只不過，印順法師還需要解決一個自己的私人問題，那就是，這個純正的佛法能否平復他空虛而茫然的內心？

二、有關三論宗的前後思想變化

印順法師關於三論宗的講述，前後期有較大的變化。在「暗中摸索」階段，他全憑因緣來決定讀什麼經論，當時三論、唯識較盛，因此一開始是以三論和唯識法門作為探究對象，當時意解的純正佛法也是三論與唯識〔註30〕。在「求法階段」，為了探閱三論宗的章疏，在其三年多的閱藏期間還專門去武昌佛學院專修了半年，並寫下了《三論宗傳承考》《清辨與護法》等文章。其中署名啞言的《三論宗傳承考》，雖未收在印順法師的有關專集當中，但法師認為該文是可以保留的〔註31〕。到了「思想確定」階段，印順法師有了表示自己意見的意欲，因此，以性空唯名論、虛妄唯識論、真常唯心論為判教標準，分別著述、講解了包含這三個方面的不少經論。這時的他表示，「我在師友間，是被看作三論宗的，而第一部寫作，是《唯識學探源》；第一部講錄成書的，是《攝大乘論講記》，這可以證明一般的誤解了！」〔註32〕從以三論宗為純正佛法，到以三論宗為性空唯名論的一支，這其中可以看出印順法師思想上的某些變化。

未收入作品總集的三論宗文章有：《三論宗二諦與中道之研究》《吉藏大師的法華觀》《震旦三論宗之傳承》《中論史之研究》《三論宗大旨》《三論宗史略》等。我們僅以《震旦三論宗之傳承》和《三論宗大旨》來說明。

1. 在《震旦三論宗之傳承》（1934）〔註33〕　一文中，和上一段介紹的幾

〔註29〕印順：前引書，第5頁。

〔註30〕印順：前引書，第3～4頁。

〔註31〕印順：《平凡的一生》（重訂本），第118～119頁。

〔註32〕印順：《遊心法海六十年》，《華雨集》（五），第10頁。

〔註33〕啞言：《震旦三論宗之傳承》，黃夏年主編：《民國佛教期刊文獻集成》，第187卷，第178～187頁。本文應是印順法師所說的《三論宗傳承考》。

篇文章一樣，首先也是「問題的提出」，即日本所傳〔註34〕的三論宗傳承譜系
——鳩摩羅什傳僧肇、道融、道生、以及僧睿等四人，其中道生一系的傳人
分別是曇濟、道朗、僧詮、法朗、吉藏，印順法師認為這是錯誤的。印順法師
的評判標準是，某論師是否傳承了三論宗，應看其思想主旨是否為三論法門，
而日本人的結論「大有以講三論為三論宗，不足依信。蓋成論師之講三論，
亦大有人在」。也就是說，只有那些以三論宗為宗旨 B 的僧伽才是三論宗的真
正傳人。而那些雖講過三論 A，但其旨趣在其他經論如《成實論》者，就不能
列在三論宗的譜系之下。從這裡可以看出，印順法師以 B（三論宗主旨）統攝
A（史實）的思想傾向。

以下筆者僅以道生和僧肇為例，介紹印順法師的論述大意。

關於道生，印順法師先以嘉祥法師為例指出，在他做注疏時對於道生的
著作《法華疏》《淨名經疏》《善不受報論》等，嘉祥法師或者「不正依之」，
或者引述很少，「只千一而已」，或者「曾有論及，亦不依用」。具體講到道生
法師的著作內容，如在《頓悟成佛論》中主張大頓悟義，《法身無色論》墮於
一邊，《佛性當有論》近於闡提有佛性之說等等，這些主張都「非三論師所用」。
因此印順法師的結論是，道生的思想與三論法門並不接近。再者，羅什死後
道生即返南土傳法，而三論宗的三祖高麗僧朗是從學於關內，可見也與道生
沒有關係。綜合以上幾項推論，印順法師認為道生不是三論宗的傳承人。

三論宗的二祖傳人應該是僧肇。印順法師共舉出以下五點理由，其中既
有從文獻的角度，也有從義理的角度。1. 高麗僧朗說是從關內習得三論宗旨，
而關內是僧肇的傳法之地；2. 引述僧肇的《不真空論》「以物非真物，故是假
物，假物故即是空」，以及其他一些語句證明，「此假名宛然而畢竟空之般若
境，為三論宗心髓，即出於肇公《不真空論》。高麗朗公之所得者，即此」；3.
嘉祥經常說「山門相承」，印順法師認為，山門就是指的羅什與僧肇；4. 僧肇
與羅什的師生關係最久；5. 嘉祥的《淨名經義疏》十分之三四直接引述僧肇
的語句，而決無否認批評的地方，所以說三論宗「導源於僧肇，實甚明顯」。

然後，印順法師更引述僧肇多篇論疏中的文句，證明從思想的角度分析
僧肇的主要論述也是與三論法門一致的。「三論師謂般若非權非實，唯一無得
正觀。為眾生故，說權說實。凡三論宗之重要思想，無一不可於肇公著述中

〔註34〕所指應是日僧凝然的《八宗綱要》，參見印順：《三論宗風簡說》，《佛法是救
世之光》，第 85 頁。

得之」。綜合以上分析，印順法師得出結論，「三論為傳承肇公之法門，實至當之論」。

　　通過同樣的論證方式，印順法師對歷史上的所有三論師一一進行了分析，最後總結說，三論宗在中國的傳承譜系應該是：初祖長安羅什，二祖長安僧睿、長安僧肇，三祖高麗僧朗，四祖止觀僧詮，五祖興皇法朗，六祖嘉祥吉藏等共六十餘位。

　　之所以比較詳細地介紹印順法師史論上的論述，主要是想說明其在《唯識學探源》《印度之佛教》《中國禪宗史》等著作中一貫的論述邏輯，即以某個主旨為宗來判定各種論疏中所出現的論述性質及其流變。但正如筆者在緒論中提到的羅伯特‧沙夫的見解那樣，我們之所以能夠長久地、抽象地談論某種純粹的佛法，僅僅是因為沒有具體的、鮮活的印度佛教史實來推翻我們而已。也許在這裡，印度佛教可以改為中國佛教，因為在會昌法難之後，三論宗就在中國的佛教界消失了，如果三論宗一直存在的話，其具體傳承譜系與印順法師的判定結論容或有相出入的地方。用筆者的話來說就是，印順法師是以 B 來統攝 A 的，這在理解佛教義理的時候無可厚非（在這裡，B 是核心理念，A 是文字表述），但在轉場到歷史研究時，更需要從 A（這裡是史料）的角度來判斷史實的真假。這裡我們可以拿作為中國佛學院教材使用的《三論宗綱要》來做個對比，就其整體論述而言，該著與印順法師的看法基本一致，有關傳承譜系也與印順法師的基本相同，唯在二祖的傳人上有出入。印順法師只承認僧肇和僧睿，而劉常淨副教授還認可曇影：

> 此外有曇影法師，什門八俊之一，亦是傳中觀之正義者。其人性虛靖，不甚交遊，而安貧志學，舉止詳審。曾講《正法華經》、《放光般若》。每法輪一轉，輒道俗千數。及羅什至長安，便往從之，姚興敕往逍遙園，助羅什譯經。弘贊法義，深為羅什所讚賞。羅什歎曰：傳吾業者寄在道融、僧睿、曇影乎。著有《法華義疏》、《中論疏》及《序》，為後世仰承。〔註35〕

但是，劉常淨副教授也有同樣的問題，他引述的羅什語中說，「傳吾業者寄在道融、僧睿、曇影乎」。而劉副教授只講僧睿、僧肇和曇影，不講道融，亦有不完美的地方。而對於此，印順法師的論述可茲參照，在講到道融時法師認為，在嘉祥的著述中沒有道融的隻言片語，也沒有確切記載說某人出於道融，

〔註35〕劉常淨：《三論宗綱要》，中國佛學院教務部，第 15～16 頁。

鑒於全不瞭解他的思想，因此對他「置之可也」。對於曇影，印順法師認可他是羅什的重要學生，也認為他的二諦觀頗受嘉祥法師贊許，但是也有部分理念受到嘉祥法師的批評，以此為準繩，印順法師沒有將其列為三論宗的傳人，只是有著密切的關係，「雖非三論宗之所自出，亦為三論之所兼依」〔註36〕。從以上分析可以看出，兩者的論述方法是有著根本差別的，所以我們不僅要知道他們各自的結論，更應該領會他們背後的邏輯。筆者認為，印順法師關於歷史方面的著述其實與他對佛教義理的分析是一樣的，都有一個主旨作為核心，這是他歷史著作的突出特點，所以，你把它們當成各家思想的辨異來讀，也許更有收穫。

關於這一點，麻天祥教授也持有同樣的觀點。在《胡適、鈴木大拙、印順禪宗研究方法之比較》一文中麻天祥教授指出，印順法師對史料的考證並非所長，儘管運用了大量的資料，但對其所引用的資料缺乏校勘釐正、辨識真偽、訓詁音義的工夫，顯然不能給其論點有力的支持。但是，印順法師非常講究邏輯，就中國禪宗的歷史考察，他始終圍繞著印度禪向中華禪的演化這個線索去分析，並循此線索標出了南北禪學的分野、變化、發展的軌跡。因此麻天祥教授認為，印順法師的思路是明確的、見解是獨到的、精闢的，儘管文字、邏輯上表述得有點問題〔註37〕。

對於這一點，印順法師自己的表述也可以作為佐證。他在《遊心法海六十年》中說，

> 對於歷史、地理、考證，我沒有下過工夫，卻有興趣閱讀。從現實世間的一定時空中，去理解佛法的本源與流變，漸成為我探求佛法的方針。覺得惟有這樣，才能使佛法與中國現實佛教界間的距離，正確地明白出來。〔註38〕

印順法師這段話其實是有所指的，即他對於史地的材料閱讀得多，而考證得少，因此他在抉擇史地材料時不是在考證以後，而是看其與純正佛法之間的變異和發展，符合這個思路的，他就認為對，否則，他就認為非，這就是印順

〔註36〕在《中觀論頌講記》中，印順法師也引用了同樣的羅什語句，但順序不同：「傳我業者，寄在道融、曇影、僧睿乎？」亦說曇影的思想「相當正確」，並與僧睿一起視作三論宗的重要傳人。印順：《中觀論頌講記》，第24頁。

〔註37〕麻天祥：《胡適、鈴木大拙、印順禪宗研究方法之比較》，《求索》，1997年第6期，第109～111頁。

〔註38〕印順：《遊心法海六十年》，《華雨集》（五），第7頁。

法師所謂的以「現實世間的一定時空中」，把「佛法與中國現實佛教界間的距離，正確地明白出來」的真正意涵。這一點對理解印順法師十分關鍵，不可因為其受日本學者的啟發，就認為他的研究是與日本學者的文獻學研究法類似的〔註39〕。他從日本學者的研究中得到的啟發是，對於純正佛法的抉擇不僅可以從橫向上來比較（各個宗教間的對比），更可從印度原始佛教的發展這個縱的軌跡上（歷史的）去挖掘，但是這種歷史研究的目的，仍不離純正的佛法核心，這就是印順法師的歷史觀。

　　2.《三論宗大旨》（1935）〔註40〕　共分為十節，從多個角度對三論宗進行了系統的介紹，簡略分析如下。

　　（1）釋名。印順法師認為，從不同的角度三論宗又有四論宗、中觀宗、般若宗、嘉祥宗、無得大乘論宗、一乘佛性宗等等多種名稱。所以，對它的瞭解不能僅僅拘泥於《中論》《百論》和《十二門論》這三本書的文字，而是要抓住其宗旨大義，「進攝一切大乘經論，使其融通無礙，而成一無得無礙之法門」。

　　（2）史略。判印度時期的師資相承如下：釋尊—馬鳴—龍樹—提婆—羅睺羅—青目—莎車王子—羅什。而中國的傳承與《震旦三論宗之傳承》的結論一致。同時，印順法師還將三論宗在中國的發展情況分為五個時期：羅什傳譯時期——羅什身後的衰微時期——高麗僧朗的復興時期——嘉祥的大成時期——會昌法難後的微滅時期。直到清末從日本傳回三論的章疏，中國才又有人研究起來。另外，從義理的演進上來看又可分為三個時期：「什肇睿影

〔註39〕昭慧法師也引述了印順法師的上述表述，但她的解讀卻是：「這樣的研究成果與研究路線（文獻學研究法，筆者注），並進而影響了中國的學者，如印順導師於武昌佛學院時（1937 年），就因為閱讀了幾位日本學者的著作後，體認到可以歷史的角度綜觀佛學，而不再從橫切面看待諸學派和他們的流脈」。這句話的詮釋其實是不清晰的，表面的感覺是，印順法師接受了日本學者的研究方法，實際的情形應是，印順法師只是因而改變了自己過去的方法而已。在該段文字的後面，昭慧法師將印順法師的研究方法單列一節來介紹，標題是「印順導師：以佛法研究佛法」，並認為該方法既具有傳統與現代文獻學研究之所長，又避其所短。這樣解讀是清晰的。參見釋昭慧：《初期唯識思想——瑜伽行派形成之脈絡》，宗教文化出版社，2008 年 12 月，第 34～35，61～79 頁。對印順法師自己的論述，也應該照此邏輯分析，否則也會不知所云。參見印順：《談入世與佛學》，《無諍之辯》。

〔註40〕啞言：《三論宗大旨》，黃夏年主編：《民國佛教期刊文獻集成》，第 190 卷，第 158～164 頁。

諸公〔註41〕，以假名空（二諦）為宗」——高麗僧朗以降，「對成論師二諦理義，以中假（三諦）為宗」——法朗嘉祥諸師，「彈中假師義，以圓中圓假為宗」。印順法師認為，「假名空、中假、圓中圓假雖有變遷，而就三論單復無差義觀之，對緣假說不同，顯理實無二致」。在這裡，顯示了印順法師此後一直堅持的一個理念，即正法不變，為了對治才出現了各種不同、各種變化的方便之說。

（3）立破。本節講一般人「常言三論為破顯妙宗」，這大致是不錯的，但深究起來卻是極難表達的。或「謂三論宗破而不立，實則三論何嘗有破？或謂三論不破不立，實則三論立破宛然。若立若破，三論不與有所得人同其所見」。印順法師認為，立破只是看到了三論宗的文字表象，而其核心立意沒有絲毫的乖離，即如《中論》所說，「以有空義故，一切法得成」。因此，三論宗依空說法，一切善巧，從而能「立破宛然，了無蹤跡！」這才是理解三論宗立破的根本。

（4）判教。印順法師認為，釋尊根據眾生根器機緣，說大說小，說空說有，巧說方便，後世學者也「約機約時約法」判教分宗。但是在釋尊那裡一音平等，在受眾這邊才分出大小二藏的差別。其他各宗的判教僅憑藉一經而判其他為劣，這在三論宗是不許的，它判「一音，二藏，三法輪，四悉檀：互攝無違」，主張「廢五四之妄說，立一極之玄宗」。這種思想與（2）史略是一致的，只不過在那裡的論述對象是三論宗，在這裡的論述對象是整個佛法。

（5）假名。印順法師認為真理是無需言說的，但為了悟入甚深境界，故而需要借助假名的幫助，「無名相中強名相說，令因名相悟無名相」。印順法師繼而將假名細分為三，因成假、相續假、相待假，「三乘入道，用假不同：聲聞用因成假，緣覺用相續假，菩薩用相待假」。所謂相待，是指「諸法但名，相待而有；相待有者，即無自性：因假入中，當體絕待」。因此三論師常說，「無有可有，無空可空。無有可有，由空故有；無空可空，由有可空。由空故有，有是空有；由有故空，空是有空；空有非有，有空非空」。所以，三論宗是通過相待假作為方便指引，「直觀相待，不立法體，達一切法本來不生，今亦不滅，便契中道」。如果執著假名文字，「而出三論他生之過，深不可也！」印順法師的思路是，假名文字只是 A，它是契入 B 的方便，不是佛法的核心。

（6）真空。這一段論述印順法師對空義的理解，他說：「空義，為佛法

〔註41〕印順法師在這裡提到了曇影。

大宗，應善了知」。他引述了歷來對空義的不同解讀，指出「空即法性」與「法性非空」之間的諍論，而三論宗對此二者均有破斥。它使用了兩種方法，一種如人得了妄有之病，用空藥予以救治，病好了，空藥也就廢了；另一種，如人未用藥而妄有之病自息，這種情況下空有並泯。前者是認識因緣的假有，即空性實之有，不空假有。「此是破性空，世諦空意也」。後者認識假有即空者，而假有宛然畢竟空，畢竟空而假有宛然。「此是本性空，真諦空意也」。印順法師並舉例說，「聲聞之人，但見於空，不見不空。菩薩見空，亦見不空」：這是以亦有亦空之大空，「而簡小道」。又「聲聞之人，但住於空；菩薩不但空有，空亦復空」：這是以非有非空之大空，「而簡小乘」。三論宗的「雙非二義，尤重後說」。這裡，印順法師對 B 做了詳細的劃分，指出其中的差別以及三論宗的側重。

（7）中道。印順法師說：「中以實為義，中以正為義，中以寂離二邊為義。道者，遊履義。聖人所行真實離邊究竟清淨，名為中道」。若以空有二邊為說，中道的解釋有兩種，一是不落一邊，雙方二義都具備，故名為中；或者二邊並冥，絕待離言而名中。「前是用中，（亦有亦無，名取中道）後是體中，（非有非無，名為中道。）」前義乃隨順眾生說即說離，後義「絕待絕待，唯智所知」，三論多用後義。這一段解釋的名相雖是中道，其實際還是對 B 的解讀。

（8）二諦。「二諦是佛法之根本，如來自行化他之妙道」，但在信解上卻分為二大宗：其一，以有所無為宗，有為俗諦，空為真諦；其二，以無所有為宗，空為俗諦，有為真諦。印順法師認為，這都是不解佛之真意，「空有興諍，流風未泯，不知二門並是言教假說，對治悉檀。真空以遣妄有，妙有以接斷空。諸佛或說有，亦復說於空，諸法實相中，非有亦非空」。這裡，印順法師使用了對治悉檀這個詞，用以說明如來針對不同根性眾生而說空說有，其實二者都是假名，目的只是「自假有假無之二諦，顯不有不無之理實」。三論宗對二諦的體認也是如此，視二諦為教，「理則必著，教不必著耳！」

（9）二慧。指般若與方便，般若也稱為實慧，方便也稱為方便慧。「二慧法身父母，無邊功德，依之而立」，說明了二慧在信解佛法上的重要性。對於般若、方便是一是異？以及菩薩何時乃得並觀？這兩個問題，印順法師從三個不同的角度予以說明。首先，無差別差別說：「般若方便，用有差別」。「直照實相，名為般若；巧涉萬有，名為方便」。其次，差別無差別說：「或執

般若方便，起有前後，五地以上，真俗不並」。對於這一點三論宗師持保留意見，認為「般若方便，實無前後」。「般若照空未始不有，方便照有未曾不空：方便般若，般若方便，二慧圓融，豈容限局？」因此，應「始自發心，終竟佛果，二慧並觀」，才是三論宗的真正意趣。最後，非差別非無差別說：二慧都是假說，聖心未曾有二，為眾生故而說般若、方便，欲令因二悟不二。因此，「般若非自般若，是方便般若；方便非自方便，是般若方便。方便般若非般若，般若方便非方便：唯一絕待不二無得中道正觀」。按照前面的分析，一般人會將方便視為 A，般若視為 B，但在這裡，印順法師表現出了破除這種二元對立的思想傾向。

（10）略結。印順法師說，上述所涉只是三論宗的九牛一毛，其他尚有佛性、八識、一乘、涅槃、佛身、佛士等等的「無邊勝義，別待廣說」。最後，印順法師根據五個方面來整體概括三論宗的宗旨，即：「教則二藏」「假則相待」「空則假名」「中則絕待」「觀則即物」。「識此五句，三論宗本，如指諸掌，不勞別求矣！」不過對於三論宗的未來發展印順法師卻並不看好，其原因在於它的言簡意深。言簡，則不易引起那些喜好多聞者的知識欲；意深，則不易為初發心初學者言說。「法運之是否能否極泰來，尚在不可知中！」

以上是對印順法師《三論宗大旨》的一個整體概述。這篇文章落款日期為 24，1，24。1934 年正月，印順法師到武昌佛學院查閱三論章疏半年。之後奉太虛大師函請，到閩南佛學院講授《三論玄義》。1935 年正月，重回普陀山繼續閱藏〔註42〕。這篇文章應是在閩南佛學院的學期末尾寫就的，或者更可能就是他的教案，因此可說是對其三論宗全部體會的一個總結，這在結尾的略結處可以清楚地看出來：「識此五句，三論宗本，如指諸掌，不勞別求矣！」同時也可看到，當時的印順法師對三論宗還是特別重視的，「進攝一切大乘經論，使其融通無礙，而成一無得無礙之法門」，也就是說，欲瞭解大乘經論，通過三論宗的章疏就能達到目的。印順法師在《論不立文字》中對禪宗的批評，也是來源於其對假名、真空、中道、二慧等三論宗旨的認識，這可以說是印順法師三論宗前期思想的一個基本概況。但是在其以後的文章中我們將會看到，印順法師對三論宗的看法有了一個整體的改觀。這種改觀不是說印順法師在對三論宗的微觀研究上有了什麼變化，而是說在佛法這個更高的層面上，三論宗——作為一個宗派——地位降低了。筆者分以下兩個方面來談。

〔註42〕劉成有：《佛教現代化的探索——印順法師傳》，第 441 頁。

1. 前期的微觀研究，在後期均有保留

雖然在《妙雲集》《華雨集》中很少有關於三論宗的專門文章，但是印順法師並不是在刻意地迴避三論宗，在相關的地方還是會引述到其前期的研究成果。像《佛學大要》〔註43〕中，講述到中國大乘以義學見長的四家宗派時即講到三論宗，講到它的義理，講到它的傳承。在《三論宗風簡說》〔註44〕中，更詳細地講述了三論宗的傳承，以及各家總要的發展，其內容均不出上述兩篇文章。在《中觀論頌講記》裡，介紹《中論》的作者、釋者、譯者的部分〔註45〕，與其前期的另一篇文章《中論史之研究》〔註46〕的內容或有繁略，但結構思路是一樣的：《中論史之研究》也是分本頌、釋論、傳譯、疏釋等四個部分，對《中論》這部著作進行介紹。而《中觀論頌講記》中講到《中論》的特色：有空無礙、大小並暢、立破善巧，以及《中論》在中國的傳承等內容，也都有上述兩篇文章的影子。

2. 後期修正的內容

後期有關三論宗思想的變化可以從兩個方面來看。一是對三論宗有了一些批評，這在前期作品中是看不到的。比如說到，三論宗的教義有一個一貫的方法，即「但破不立，即破為顯」。所以它的發展軌跡就是一破再破——從有是俗諦、空是真諦；到有、空是俗諦，非有非空為真諦；再到有、空、非有非空是俗諦，非有、非空、非非有非非空為真諦……「如不得意，還是無用的」，也就是說這種否定會一直持續下去。印順法師認為，如果專在言論上用力，三論宗就容易落入競辨是非的窠臼而受人誤解。他並舉了興皇朗的例子，說他著有《山門玄義》一書，展開了破邪顯正的工作，並最終促成當時曾風行一時的成論大乘的迅速衰落。因此，當時的大心暠法師著有《無諍論》，對興皇朗評破諸家的做法表示了不滿〔註47〕。印順法師編有《無諍之辯》一書就汲取了這個教訓，雖然二者都有破邪顯正的一面，但印順法師是在破中有立的。另外，對於三論宗的衰落，前期作品表示得比較籠統，

〔註43〕印順：《佛學大要》，《華雨集》（四），第196～197頁。

〔註44〕印順：《三論宗風簡說》，《佛法是救世之光》，第84～93頁。

〔註45〕印順：《中觀論頌講記》，第1～4頁。

〔註46〕印順：《中論史之研究》，黃夏年主編：《民國佛教期刊文獻集成》，第188卷，第195～199頁。

〔註47〕印順：《三論宗風簡說》，《佛法是救世之光》，第88～90頁。

「有相法盛，無相法衰」「言簡意深」〔註48〕，把責任更多地推給外緣，後期的文章《三論宗風簡說》則較具體，且是從三論宗師自身的角度去考察，認為其中重於止觀篤行的學者被禪宗吸收，而重於教學的學者又落入成論大乘師專重玄辨的覆轍。因此，在面對以嚴密見稱的唯心大乘前，以但破不立為特徵沒有嚴密論理組織的三論宗，顯然是不免貧乏而難以弘傳的〔註49〕。也就是說，光有純正的義理 B 是不夠的，還需要有樸實的文字表達 A，以及修行上的具體指導等等，印順法師也自我批評說，其前期的三論宗思想亦以玄談為滿足〔註 50〕，前面我們都看到了這種空來空去的陳述，這是三論等論書特有的一種品質，而所有這些都在印順法師後來的著作中得到改正與補足。

另外一個更關鍵的變化是在閱藏以後發生的。

> 空是遍於佛法的特質，大家都在說空，並不限於什麼三論宗或應成派的。各方面說的有所不同，我們應該抉擇而條貫之，攝取而闡發之，使它更接近空的真義，不要形成宗派與其他宗派對立起來。到底是佛法，即使空得不徹底，總還有點空的氣息，總還是佛法，不要以宗見來排拒一切！〔註51〕

印順法師初期接觸佛法時，意解的純正佛教乃是三論與唯識，從對上面兩篇文章的分析可以看出，他對空宗的理解是準確的。經過閱藏以後，印順法師的一個重大改變就是破除了宗派的成見，認為佛教各宗其實都是在闡說空義，因此，應該綜合各家所長，以掘發空的真義。這樣，他在後期論述這個佛法核心的時候，是以緣起性空代表之，而不再是三論宗，當然，與有些宗派空得不徹底相比，三論宗還是比較正確的一宗，「不讀大乘空相應經與《中論》，難於如實悟解性空的真義」〔註 52〕。因此筆者的結論是，三論宗的思想對印順法師的影響是根本性的，其後期的發展只不過是超越了宗派的藩籬，在更高的純正佛法（緣起性空）的層面上，在更廣的各派論說的範圍裡去進行取捨，雖然不以三論宗為中心，但時時刻刻還能看到三論宗的痕跡。讀者不妨

〔註48〕印順：《三論宗大旨》，黃夏年主編：《民國佛教期刊文獻集成》，第 190 卷，第 159 頁。

〔註49〕印順：《三論宗風簡說》，《佛法是救世之光》，第 93 頁。

〔註50〕印順：《中觀今論》，「自序」，第 1 頁。

〔註51〕印順：《性空學探源》，第 8～9 頁。

〔註52〕印順：前引書，第 1 頁。

帶著這個結論閱讀本章的第二、三、四節，感受印順法師在後期建構的佛學思想體系的堅持。

三、有關唯識的前後思想變化

三年多的閱藏，也引起了印順法師唯識學思想的變化。

1937 年以前，印順法師關於唯識的文章並不是很多〔註53〕，而且在《遊心法海六十年》、以及《悼念守培上人》等文章中都有回顧，從中我們可以看出唯識學說在當時的思想背景以及印順法師前後思考方式上的變化。他說：

> 由於相宗二譯不同論的論辯，漸漸引起了自己內心的反省：這是千百年來的老問題，舊譯與新譯的思想對立，難道都出於譯者的意見？還是遠源於印度論師的不同見解，或論師所依的經典不同呢？
>
> 這是佛法中的大問題，我沒有充分理解，又哪裡能夠決了！〔註54〕

這是印順法師閱藏前的情況，閱藏以後他說：

> 不過閱藏也還是有所得的：從所讀的大藏經中，發現佛法的多彩多姿，真可說「百花爭放」、「千巖競秀」！這是佛教的大寶藏，應該是探求無盡的。知道法門廣大，所以不再侷限於三論與唯識。對於大乘佛法，覺得虛大師說得對，應該有「法界圓覺」一大流。〔註55〕

從中我們可以得出這樣一個結論：關於唯識，印順法師也是帶著一種問題意識的，即新舊二譯的不同其背後的原因是什麼？在前期的唯識學文章中並沒有認清問題的答案，閱藏以後，這個答案找到了，那就是「法界圓覺」，亦即「真常唯心」。從《悼念守培上人》一文中我們可以看到，當他的這一新看法確立以後，就認為過去與守培法師的諍辯是多餘的〔註56〕，而此後二人關於《攝大乘論講記》的諍辯，則是圍繞著他的新評判標準進行的——守培法師的偏真常 vs 印順法師的重性空〔註57〕。並且，和對三論宗態度的前後變化一樣，印順法師對於唯識學也是站在了超越宗派的高度上，認為「佛法可以論

〔註53〕印順：《中觀今論》，「自序」，第 1 頁。講到其出家以後曾一度留意唯識，但不久即回歸三論宗。
〔註54〕印順：《遊心法海六十年》，《華雨集》（五），第 5～6 頁。
〔註55〕印順：前引書，第 6 頁。
〔註56〕印順：《悼念守培上人》，《華雨香雲》，第 232 頁。
〔註57〕印順：前引書，第 233～234 頁。

淺深，辯了不了義，可以據思想的遞演而觀其變化，卻不能以一家之學而否定別人」〔註58〕。

由於結論十分地清楚，所以無需再對印順法師的前後期文章進行對比式閱讀。因此這一段，我們著重來談印順法師後期唯識學思想的旨趣。

在《以佛法研究佛法》一文中，印順法師講到了唯識學的例子，認為對它的理解應本著諸行無常的原則去進行。首先，不能認為唯識學在佛世時即已圓滿，無著只不過是從某位大德那裡聽來的原封不動地傳出，那樣就是認為唯識學是「自生」的。其次，也不能說佛在世時根本就沒有，是無著假託彌勒而獨創的，或是從某一學派直接產生的，如果這麼理解，就是認為唯識學是「它生」的。第三，也不能說唯識學是本有的，後由於種種學派的引發，種種環境的需要而出現的，這乃是「共生」。第四，更不能相反，認為唯識學自然而有，沒有因緣可說，這是「無因生」。印順法師反對上述四種觀點，主張應該從緣生、緣成、幻化無性的發展過程中去理解，其方法就是要有一個整體的發展的框架，在這個框架中沒有一成不變的自體，凡事都在不斷演化中成立，成立後，也還在不斷地演變。這樣理解就否定了自生、它生、共生、無因生等，而只在種種因緣中掌握唯識思想的諸多流變，這樣的話，唯識學的發展脈絡就清楚了。首先，無著的唯識學只是整個發展框架中的成立階段。佛在世時，就有了唯識的章句，後經種種問題、種種思想、經無限錯綜的演化，加之以無著師承的薰修、個人嚴密思想的融合，才有了唯識學的出現。成立後，又在同樣的種種因緣環境下不斷地演化〔註59〕。

既然唯識學的發展各有其因緣，那是否意味著它的各項主張就都是了義的？筆者在第四章中還會提及《以佛法研究佛法》這篇文章，在那裡印順法師用同樣的論證方式指出，佛法（這裡指的是 A）的發展也是諸行無常、諸法無我的，而抉擇純正佛法（這裡指的是 B）的標準是涅槃寂靜，也就是要突破文字 A 的束縛去探知佛法 B 的實相。對待唯識學說印順法師的態度也是如此，即唯識學的理論 A 是否究竟，要由純正佛法 B 來判定。在思想確定以前，因為這個觀念還不明確，所以諍論不到點子上，而各家唯識異說的背後，都有各自的因緣和合，哪能說誰優誰劣呢？這就是印順法師認為他與守培法師關於唯識新舊譯誰優誰劣的諍論是無意義的原因。

〔註58〕印順：前引書，第 233 頁。
〔註59〕印順：《以佛法研究佛法》，第 3～4 頁。

　　但是在思想確定以後這種諍論仍在繼續，只不過變換了目標，直指根本的佛法。

　　　　何以說真？何以要說妄？為什麼要說唯心？是否非唯心不

　可？從高一層的根本佛教去觀察，自然能給予正確的評價。〔註60〕

在下一節中筆者將論證，印順法師心中構建的根本佛法是重性空唯名的，至於虛妄唯識和真常唯心則要看它是否謹守這一佛法的根本。昭慧法師的研究就發現，雖然印順法師閱藏後的觀點已經超越了孰是孰非的窠臼，但他仍然認為玄奘的新譯較為嚴謹，最謹守唯識的分際，就著唯識談唯識，不逾越唯識範疇，沒有夾雜一些真常唯心的思想〔註61〕。昭慧法師的著作《初期唯識思想——瑜伽行派形成之脈絡》是以印順法師的思想為圭臬，在印順法師已有的唯識研究基礎上所做的延續性研究。她在最後的結論中就總結到：

　　　　（唯識，筆者注）唯一的缺點，也許就是「假必依實」的思考

　模式了。這種思考模式，使得瑜伽行派無論在談境相，談性空，還

　是談修行，無不要在假法深處安立實法。自性見是如影隨形，一步

　錯，就會步步錯。（中略，筆者注）這樣一來，就在不自覺中，與不

　建立本體論的緣起論，漸行漸遠。〔註62〕

這裡，昭慧法師用到了「假必依實」和「本體論」兩個詞語來界定唯識學的思想特徵，並指出它與緣起論的乖離，這個認識是把握住了印順法師的思想邏輯的。借助這個話題，我們可以將印順法師與熊十力先生的思想差異做一個簡單的對比，印順法師在《評熊十力的〈新唯識論〉》一文中針對《新唯識論》試圖建立本體論的思路批評道，「佛法的中心議題，不是本體論，而是因果相關的緣起論」，對於追求本體的玄學者的問題，釋尊是以「無記」來應對的〔註63〕。這顯示出印順法師以緣起論對治本體論的一貫思路。

　　但是這裡需要指出的是，什麼是本體論其實是一個不太容易確切回答的問題。在前面的分析中我們可以看到，印順法師的所謂本體與神我相似，而熊十力先生也是反對神我，反對輪迴的，所以，二者之間似乎有著某種共同的東西。為了釐清其中的歧義，筆者還是用圖2-1宗教、哲學之範疇、命題架

〔註60〕印順：《唯識學探源》，「自序」，第3頁。

〔註61〕釋昭慧：《初期唯識思想——瑜伽行派形成之脈絡》，第24～25頁。

〔註62〕釋昭慧：前引書，第265頁。

〔註63〕印順：《評熊十力的〈新唯識論〉》，《無諍之辯》，第2頁。

構來剖析一下個中的差別。在邏輯的起始的階段，印順法師體認的神我與熊先生的神我是相同的，即 B 是原因、是本體，A 是結果、是顯現。熊十力先生指出：「有宗一方談真如本體是不動不變的，一方建立種子為現界因緣，並且以種、現二界對立。後來諸師，又以種、現互相為緣，而二界對立則如故。他們有宗的種和現，卻是有生滅的和變動的兩重世界」〔註64〕。熊先生直指這不僅是多元、二元本體論，而且是雙重本體論，它不僅不與真理相應，在邏輯上亦有矛盾，「若是具眼人，疏通他的理論，提控他的系統，就會發現他這一套理論和系統，純是情計妄構。雖復施設條目，繁密可玩，畢竟成為戲論。其悖於真理已甚矣」〔註65〕。他創作《新唯識論》的意圖即是希望對有宗予以評破，所以說從起始的階段看，印順法師和熊十力先生的立場是相近的。那麼他們的結論呢？熊十力先生雖然肯定空宗的思想避免了有宗的矛盾，但認為空宗有「遺用談體之失」〔註66〕，即過於出世了，因此他出佛入儒，特崇儒家的入世精神，重塑了內聖外王的理想人格。所以，雖然他構建的體用兩範疇的關係是「雖若不一而實不二」〔註67〕的，具有空宗的特質，但他明確指出它是本體論的〔註68〕，故而在結論的部分與印順法師產生了分歧，印順法師的純正佛法不是本體論的。但是筆者認為，這種分歧可能只是由於對本體的界定的不同，如果把本體界定為神我 B（＋1）A（－1），那麼印順法師肯定是破斥本體論的，但是，不一不異的空性是否就不與 B 等階？筆者這裡暫且存而不論，但是印順法師很明顯地要破除二元對立思維，這個結論是成立的。

那麼，除了「假必依實」的思維模式和神我思想以外，印順法師對唯識學有沒有其他的評價？

在上一章筆者介紹了印順法師的《人心與道心》，指出該文有三個命題：人心、道心與執中。對於道心，印順法師認為道家的分析比較透徹。而對於人心的分析，印順法師說：

〔註64〕熊十力：《新唯識論》（語體文本），蕭萐父主編：《熊十力全集》（第三卷），湖北教育出版社，2001 年 8 月，第 233 頁。

〔註65〕熊十力：前引書，第 232 頁。

〔註66〕熊十力：前引書，第 232 頁。

〔註67〕熊十力：前引書，第 240 頁。

〔註68〕熊十力先生將自己的體用範疇與西哲的實體現象、佛家的法性法相、易學的形上形下進行了類比。參見熊十力：前引書，第 235 頁。

　　　　　人心所以危而難安，要從人心的辨析中去求瞭解。這在儒、道
　　的著作中，是簡略不備的。對於這，佛法有詳密的說明，可以幫助
　　瞭解「人心惟危」的問題所在。〔註69〕

表示出其對唯識思想在分析人心方面的肯定。在上一章中因為只是論述儒、道的問題，因此對佛法關於「人心惟危」的分析沒有做更多提及，只是簡單陳述了一下結論，下面我們補充說明這一部分。

　　首先印順法師指出，人心就是一般人的心理現象和心理活動，在佛法中人心常分別地被稱為「心」「意」或「識」。佛法認為，人的認識活動，乃是由於心的「識」，依「根」而了別認識對象的「境」，才能展現出來。其中，眼等五識之外的第六識意識，依意根了別一切法境。法境的範圍極廣，既通過去、現在、未來，也通具體事物與抽象事物等。而意根則不為一般人所認識，它實是過去認識所累積形成潛在於內的「細意識」。在大乘佛法中，細意識又分別為末那識與阿賴耶識。印順法師認為，由過去意識所轉化的、統一的、微細潛在的意根對於瞭解人心極為重要〔註70〕。

　　以上是對人心所做的靜態的分析。說到它的動態方面即人心的活動，印順法師認為也是極其複雜的融合和綜合的系統過程，被稱為「心聚」。其中最一般的，是受、想、思三種——受是直接、間接的感官、心理感受；想是形成名言，和明晰的思想認識的了別作用；思是應付境相所發的主動的應付能力。每一念心，都同時具備這三者〔註71〕。

　　另外，從人心的性質上分析，它又具有善、不善、無記等「三性」——善指無貪、無瞋、無癡；不善指貪、瞋、癡、慢、疑、（不正）見等；那些不能說善也不能說不善的，以及人心深處微細意中難於分別的，則稱之為無記。但雖是無記的，卻又不能混淆善與不善的潛能。印順法師認為，在佛法的解說中無記的分析是最精當的部分〔註72〕。

　　下面，印順法師就以不善的心所即「煩惱」來解釋人心惟危。他說，煩惱可使人內心熱惱而不得安寧。引起它的原因既可以是不善的心的活動，如貪、瞋、癡等，也可能是那些微細意中的微細煩惱，它們雖然是無記的，但也

〔註69〕印順：《人心與道心》，《我之宗教觀》，第101頁。
〔註70〕印順：前引書，第102頁。
〔註71〕印順：前引書，第103頁。
〔註72〕印順：前引書，第103～104頁。

有微細的熱惱。它們一旦發作，就會使人莫名其妙的不安，所以危疑不安在人心中是極深刻的。而且這種微細意識中的微細煩惱是生來如此的，即使善心現起，細煩惱也一樣存在，一樣影響善心，因此人類的善心、善行都是有漏的、雜染的、不純淨的。在佛法中，這微細意中的煩惱被分為四大類，即自我的愛染、自我的執著、自我的高慢、自我的愚癡。這在一般人是不能明察的，只有佛教的聖者通過深修定慧反觀自心才能體會出來〔註73〕。這就是佛法中解釋人心惟危特勝的地方。

所以印順法師總結說：

> 依佛法來說：「人心惟危」，要從五識中，也要從意識中；從惡
> 心中，還要從善心中；要從情意中，還要從知識中；不但從粗顯的
> 六識，還要在一味的、微細的無記心中，深深去徹了才得！〔註74〕

字裡行間流露出一種對立說至巧的唯識體系的折服。

唯識學對人心的這種深入解析，對外可以與其他學說一爭究竟，對內也可以指導佛法的修行，我們僅以淨土法門的一心不亂為例來說明。印順法師認為佛法要信、願、行三者協同作用，在這種情形下淨土法門是一種助緣。因此他不贊同一分淨土學者但念佛名即可往生的主張，認為念佛求生極樂世界的關鍵在於一心不亂，因為只有這樣，才能去除眾生內心的妄想、煩惱，定力有了，才能開發出佛法的無邊功德〔註75〕。這裡的妄想、煩惱，就是上面分析的人心惟危。如果說上面的分析是找原因，那一心不亂就是找對策。

印順法師認為，在心心所中，既有善心所現前，如對佛法僧的善念；也有惡心所生起，如貪嗔癡等的煩惱。初學佛法的人，應以善念對治惡念，以淨念去除雜念。念佛就是要達到這個目的。但是在初期，人在善念淨念中，內心也一樣是散亂的，一會是佛一會是法，所以進一步需要善念也不生起，心只在一念上轉，不向外境奔馳，一有散亂馬上就以佛念攝回。

> 一念一念，唯此佛念，離掉舉，離昏沉，沒有雜念滲入，沒有
> 間斷，明明現前，即是一心不亂。〔註76〕

比一心不亂更深一層的是定心現前。這首先要做到繫念於止，止成就後

〔註73〕印順：前引書，第104～105頁。
〔註74〕印順：前引書，第106頁。
〔註75〕印順：《念佛淺說》，《淨土與禪》，第74頁。
〔註76〕印順：前引書，第75頁。

有定。達到最低微的未到定時，應渾忘自己的身心境界，只有一片清淨光明。
念佛得定即念佛三昧，這時眼等五識不起，唯有意識在定中現前。正定即可
現見阿彌陀佛，所以眾生修淨土法門，應循著

> 使心漸漸歸一，心地清淨，惑業等重大障礙物去除了，眾生的
> 願，即與佛的願可以相感相通，現見彌陀，往生淨土，這才顯出了
> 慈悲願力的作用。〔註77〕

所以，對人心要有正確的見識，按照佛法降伏心中的惑業就能與佛的願力相
通，這是往生淨土的關鍵。如果要更進一步，如在定中起觀

> 佛既不來，我也不去，我身佛身，同是如幻如夢，無非是虛妄
> 分別心所顯現。於是超脫名相，遠離一切遍計執，而現證法性。如
> 到此地步，（中略，筆者注）那是「十方淨土，隨願往生」。〔註78〕

唯識之最終目的乃是進趨涅槃，最究竟處還是遠離佛身我身等一切執見的緣
起空性，這種觀點是再明顯不過的了。所以在《成佛之道》（增注本）一書中
印順法師對唯識的定位是，「識有所得，有自相，依此而成立因果、迷悟，為
虛妄唯識系的要義。這對於五事不具的根性，真可說是善巧極了！（中略，
筆者注）這對於攝化小乘有宗而向於大乘一切法空性的教說，不能不說是佛
菩薩的難思方便！」〔註79〕

　　以上我們大約從文章寫作思路以及討論議題等兩個方面，對印順法師前
後期的作品進行了對比分析。從中可以得出兩點結論。1. 印順法師對於佛法
有一種問題意識，沿著某個問題，尋找解決的答案，這是他前後期始終一貫
的思路；2. 前後期文章的變化在於他判斷純正佛法的標準不同了，閱藏之前，
印順法師是以三論、唯識為重，但在發現真常唯心一流之後，他體會到了佛
法流變、發展的脈搏，三論、唯識都不再是了義了，它們只是就佛法的某一
方面給以特深的解釋而已，也就是說，印順法師在三論、唯識之外，另外找
到了一個核心。同時，他也發現了佛法中重於實踐，重於人間的特質，這也
糾正了他早期重於義理辯論的傾向。在後期的作品中我們將發現，他的每篇
文章還是會在開始時講到一個需要釐清的問題，其後，與前期不同的，他會
講到他的判定標準——純正佛法、以及經典依據，最後得出新的結論。這個

〔註77〕印順：前引書，第76頁。
〔註78〕印順：前引書，第76～77頁。
〔註79〕印順：《成佛之道》（增注本），第254頁。

新的結論，印順法師自信地認為能將佛法與中國現實佛教界之間的距離這個問題，正確地明白出來。那麼，他又是如何具體理解、建構這個純正佛法的呢？我們通過下面三節來分別說明。

第二節　佛法的真義——緣起性空

印順法師的思想確定以後開始了較有體系的寫作，通過這些作品「我思想的主要特徵，也逐漸明白地表示出來」〔註80〕。下面我們就來分析印順法師在思想確定以後，他心中的佛法是什麼？

以筆者淺顯經歷得知，在一般人眼裡佛法就像是一座巨大的寶庫，初入門者往往不得其門而入，在各法門中出出入入幾次，最終的結果，要麼就放棄了，要麼就專精一宗，或禪宗、或淨土。這種現象其實在印順法師身上也存在，他自己就曾表示過，他剛開始接觸佛法時，也是事倍功半的。之所以如此，印順法師認為，就在於沒有搞清佛法一貫的真義是什麼〔註81〕？

這種現象之所以存在，佛教的典籍眾多是其中的一個因素。在講到佛法時，不僅其內涵極為深廣，就是法本身所表示的意義也不一致。更有「一切法」的成語，善惡邪正，一切都是法。法被泛稱為一切，久而久之，自然就模糊了釋尊出世所宣揚的正法的根本意義。印順法師舉《辨法法性論》為例指出，該論說「法為生死，法性為涅槃」，就把佛法侷限在生死流轉的一切有漏法上，而與佛法的本義——歸依處——正好相反了〔註82〕。

在第二章中印順法師講到耶、道、儒等時，都有一個明確的法的主題，基督教是上帝，道教是道，儒家是理，而且正是由於他對這些宗教之法不滿意，最終才轉向接受了佛法。順著這種思路，印順法師很容易問到的問題就是，佛法的基本法則、出發點是什麼〔註83〕？如果把握住這個基本法則，那麼對於佛法便能夠以簡馭繁，綱舉目張〔註84〕。從他思想確定後的作品中我們可以看到，他所認為的佛法應該宣示的真理、實相就是緣起性空的真義，而且通過它，還可以將過去所有的諍論——大小、唯識、臺賢禪淨等——通

〔註80〕印順：《平凡的一生》，《華雨香雲》，第88頁。
〔註81〕印順：《法海探珍》，《華雨集》（四），第47頁。
〔註82〕印順：〈「法」之研究〉，《以佛法研究佛法》，第69～70頁。
〔註83〕印順：《法海探珍》，《華雨集》（四），第60頁。
〔註84〕印順：《大乘三系的商榷》，《無諍之辯》，第84頁。

過它們對空義的不同信解，以及由於偏重一點而最終引起的對立，給予完滿的解釋〔註85〕。

筆者在建立公式 2-2 時曾指出，某個概念可由字母加括號的形式來表示，字母表示其名相，括號表示其性質。參照這一方法，印順法師的佛法核心可表示為「緣起（性空）」，而上面提到的《辨法法性論》的佛法核心卻是「生死（涅槃）」。這樣，我們就可以釐清印順法師的批評邏輯，那就是生死 vs 緣起。也就是說，印順法師認為《辨法法性論》是以生死為佛法的核心概念的，而他認為佛法的核心應該是緣起，以這樣的思路，自然會認為一個是有漏的（涅槃），而另一個是究竟的（性空）。其實，他對所有其他宗教的評價以及對佛教中各派別思想的抉擇也是從這一邏輯出發的。下面我們就來探討一下，印順法師是如何突出緣起性空，並依之構建其佛學理論體系的。

一、佛法的核心命題是緣起

一般人都會說佛法是解決人生苦痛的，印順法師也有這樣的觀點，但是如果要說到這個苦痛背後的原因是什麼？印順法師的回答是緣起，

> 這生命中心的世間，佛陀的正覺是「我說緣起」。〔註86〕

而不是眾生執著愛染的生生死死〔註87〕！印順法師在其眾多作品中一再強調的就是這一點。我們可從動態、靜態兩個方面來解析。

1. 釋尊的證悟、原始佛教的核心、大乘的精髓都是緣起

《唯識學探源》是印順法師思想確定以後的第一部作品，我們就從這部書談起。該書是探討原始佛教中唯識思想的源泉的，其重點是《阿含經》。而為了搞清唯識，就必須要對《阿含經》的中心思想有一個準確的認識。印順法師說：

> 「四阿含」所開示的法門，好像是很多，但自有一貫的核心，
> 這便是緣起。〔註88〕

這裡需要補充一句，印順法師理解的緣起的定義就是經上所說的「此有故彼有，此生故彼生；此無故彼無，此滅故彼滅」。其中，前二句指的是生命依業

〔註85〕印順：《中觀今論》，「自序」，第 3 頁。
〔註86〕印順：《法海探珍》，《華雨集》（四），第 48 頁。
〔註87〕印順：《佛法概論》，第 60 頁。
〔註88〕印順：《唯識學探源》，第 3 頁。

果的流轉，後二句指的是業果緣起的還滅〔註89〕。

下面，印順法師分三個方面又做了具體的論證。首先，《雜阿含經》上記載，釋尊自己證悟的生命的實相，並從生死大海中得到解脫的根源，就在於這個緣起的起滅〔註90〕。而且，這不只是釋迦牟尼一人的經歷，過去佛及未來佛也都是如此。印順法師因此說，緣起是法爾如是的，本然而必然的法則，不是釋尊的創造，他只是窺見到了生命的奧秘並進而加以說明罷了〔註91〕。

其次，印順法師又從佛陀的言教方面考察，認為釋尊因悲願的激發，想使苦海中的一切眾生都能依此法而獲得解脫，才開始大轉法輪，而他講給弟子們的內容也是以緣起為中心。可以說整個佛法，就是緣起法門多方面的善巧說明。

> 或者以為佛說的法門很多，像蘊、處、界、諦……為什麼偏取緣起作中心呢？要知道，這些都是在說明緣起的某一部分，並不是離開緣起另有建立。像五蘊，就是緣起名色支的詳細解說。眾生於五蘊「不知、不明（無明）、不斷、不離欲（愛）」，才流轉在生死裡。假使能「如實知、心厭、離欲」，便能解脫。這樣去理解，佛說五蘊才有深切的意義。六處，是以六入支為中心來說明緣起。《雜阿含經》的《六入誦》，詳細地說明內六入（六入）、外六入（名色）、六識（識）、六觸（觸）、六受（受）、六愛（愛），它在開示緣起支，是最明白不過的。六入，從認識論的見地，說明緣起的所以生起和還滅。特別注重守護六根，在見色、聞聲的時候，不隨外境而起貪、嗔，以達到出離生死的目的。界有種種的界，主要是六界，側重在種類與原因的分別。它本是緣起法的因緣所攝；後代的阿毗達磨，「六種（界）緣起」，也還是連結著的。此外，像四諦法門的苦、集，即是緣起的流轉；滅與道，即是緣起的還滅。四諦是染淨因果橫的分類，緣起是從流轉還滅而作豎的說明。這僅是形式的差別，內容還是一致。〔註92〕

這一大段，印順法師把五蘊、六處、六界、四諦等等佛法中的重要命題全都

〔註89〕印順：前引書，第3～4頁。
〔註90〕印順：前引書，第4～5頁。
〔註91〕印順：前引書，第5頁。
〔註92〕印順：前引書，第5～6頁。

涵蓋在緣起的名下，認為它們只是說明緣起的不同側重而已。

再次，印順法師進一步論證說，不只是《阿含經》如此，大乘經論的精髓也還是以緣起為宗本。他並舉了《法華經》《般若經》《解深密經》《中觀論》等經論的例子來證明〔註93〕，

> 不但阿含以緣起為中心，就是後代龍樹、無著諸大論師的教學，也不外此事，無非解釋發揮這緣起流轉，和怎樣證得這緣起的還滅。〔註94〕

由這種種的證據，印順法師得出如下結論：

> 從三乘聖者的自證方面看，從佛陀的言教方面看，從大乘論典方面看，處處都足以證實緣起是佛法的心要。所以我說原始佛教的核心，是緣起。〔註95〕

這樣，印順法師就從釋尊諸佛的證悟（B），釋尊的言說（A），以及佛法從阿含到大乘的發展（也是A，但與前一個A稍有不同，是佛弟子的論疏）等三個方面，說明了緣起理論在佛法中的核心位置。

2. 佛法就是對緣起的領悟、正行與解脫

如果說，上述印證是從佛教的產生、發展的動態角度來說明緣起的核心地位的話，印順法師還從靜態的角度做了進一步的說明。一般人講學佛，學的不外就是一個佛法；信佛，也不過就是按照佛法的要求如法隨行。佛教裡講三寶，「法是佛法的內容，而佛與僧是法的體現者和實踐者。所以，法是佛法的根本與核心」〔註96〕。也就是說，從靜態的角度全方位審視佛法，三寶可以濃縮成一個「法」字。

那麼接下來的問題就是，「法」與「緣起」是否等階？這似乎是一個難解的問題，因為說到「法」，一百個人裡面可能就會有一百種不同的說法。印順法師自有他獨特的思路，他把佛法進行了劃分，而且根據主題的不同，劃分標準還不止一個。但是不管怎樣分，他都沒有脫離「法」是釋尊的體悟（B）這個主題。

在《佛法概論》的緒言中，印順法師將「法」分成「諸佛常法」「入佛法

〔註93〕印順：前引書，第6頁。
〔註94〕印順：前引書，第4頁。
〔註95〕印順：前引書，第6～7頁。
〔註96〕印順：《「法」之研究》，《以佛法研究佛法》，第69頁。

性名為佛法」，以及「世間一切微妙善語」三種。其中，「諸佛常法」是三世諸佛體悟的本然性、安定性、普遍性的常遍的軌律，它是「非佛作亦非餘人作」，本來如此的「法性法爾」。「入佛法性名為佛法」是指佛的弟子們在佛法的傳播中，解說、抉擇、闡發佛的法，使甚深佛法能充分地表達出來。「世間一切微妙善語」是世間一切有益身心家國的善法，從嚴格的意義上講，這個法不屬於佛法的範圍，但佛法能融貫一切而不與其產生矛盾。這樣，以第一、第二義為緯，以第三義為經，「千百年來流行於人間的佛法，不外乎契合這三者而成」。而三者中，當然以第一義 B 為根本，「佛弟子所弘布的是否佛法，在乎他是否契合釋尊根本教法的特質」，這是與第一義一致的原則；「其他真實與正確的事理，實等於根本佛法所含攝的，根本佛法所流出的」，這是與第一義不矛盾的原則〔註 97〕。如果我們理解了這一點，就可以把前面《唯識學探源》中談到的佛教史的問題，與這裡《佛法概論》中談到的法的問題串聯在一起，得出法是緣起的結論。

接下來，印順法師又根據「法」的獲取途徑將其分為文義法、意境法、與依歸法三種。文義法就是佛所說的語言，以及記錄下來的文字。意境法是根據「法謂軌持」來說明的，即只要它的性相能引發一定的認識，就視為心識所知的境界。這是人們意識發生的結果，但是，它的範圍是最廣的，一切的一切，善惡、邪正都可視做法，當然，這不能顯出佛法的真義。要獲得佛法的真義，要通過歸依法來取得，既不能靠著意境法，也不能執著於文義法，因為，那只是佛法流傳的外部形態 A，也還不是最終的真義，單從歸依的角度考慮，我們只能歸依那個能體現佛法真義 B 的東西，其他的都不能解決我們的根本問題〔註 98〕。

而論到歸依法，即縮小到佛法的範圍裡，印順法師又將其分為三種：真諦法、中道法、和解脫法。其中，把三者結合起來的就是中道法，也就是八正道，其起點正念統御於真諦，其終點正定導向了解脫，而要說到八正道中正確的知見，還是緣起。

> 說到正確的知見，這不但正知現象的此間、所達到的彼岸，也
> 知道從此到彼的中道。這不但認識而已，是知道它確實如此，知道
> 這是不變的真理。這是說「緣起」：知道生死眾苦是依因而集起的；

〔註 97〕印順：《佛法概論》，第 1～2 頁。
〔註 98〕印順：前引書，第 3～5 頁。

惟有苦集（起）的滅，才能得到眾苦的寂滅，這非八正道不可。這樣的如實知，也就是知四真諦法：（中略，筆者注）釋尊的「初轉法輪」，就是開示四諦法。〔註99〕

真諦法、中道法、解脫法三者的關係如圖 3-2 所示，八正道最初的正見，就是能了知真諦（如理的 B），通過中道的善行（如理的 B），到最後的正定，就是寂然不動而能體證解脫（如理的 B）。「中道統一了真諦與解脫，顯出釋尊正覺的達磨的全貌」〔註100〕。只有這樣，你所修行的才是歸依釋尊的佛法。這三個方面——理論、實踐、希求的最終境界——其實在世間所有思想體系中都是存在的，但正是因為佛法的 B 與眾不同，才使得佛法與世間其他的宗教、哲學、道德等相區別〔註101〕。前面筆者曾提到，印順法師的追求之一就是融攝世間所有的真理，為達此目的，他必須對世間各種哲學、宗教思想進行整體的辯異。從這一段的論述我們可以得知，他認為佛法的真諦、中道、解脫等內容都離不開緣起，而其他哲學、宗教、道德等，也正是在緣起面前顯出了他們的不究竟。

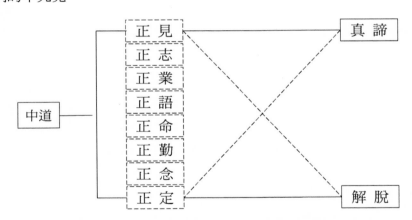

圖 3-2　中道、八正道與真諦、解脫的統一架構〔註102〕

以上是從真諦、中道、解脫的角度感受緣起，反過來，從四諦——緣起的角度，亦能推導出佛教的真諦、中道和解脫。在同一本書中，印順法師又用另一張圖示來表明整個佛法的開展也無外是對緣起的說明（圖 3-3），並認

〔註99〕印順：前引書，第 6 頁。
〔註100〕印順：前引書，第 7 頁。
〔註101〕印順：前引書，第 6～7 頁。
〔註102〕印順：前引書，第 7 頁。

為，對此因緣論的正確理解，就是「法住智」（與真諦法相同，筆者注），經過如理的實證（與中道法同，筆者注），就能達到「見法涅槃」（如解脫法同，筆者注）〔註103〕，這樣就與圖3-2的真諦法、中道法、解脫法一致了。經過上述多方的論證，印順法師即從靜態的角度，證實佛法的核心命題也離不開緣起，「成佛也只是悟到這必然理則」〔註104〕。

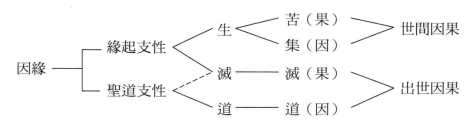

圖 3-3　緣起的兩大理則架構圖〔註105〕

對於緣起的強調來源於印順法師對佛教史的判教標準，這個標準在本書中還會多次提到，這裡我們先突出其中的第一句話，「立本於根本佛教之淳樸」〔註106〕。在《契理契機之人間佛教》一文中，印順法師對該句有詳細的解釋，講到了釋尊的行解，講到了當時的僧伽制度等，最後他總結說：

> 佛法是理性的德行的宗教，以解脫生（老病）死為目標的。這
> 是印度當時的思想主流，但佛如實知緣起而大覺，不同於其他的神
> 教。這是佛法的本源，正確、正常而又是究竟的正覺。修學佛法的，
> 是不應迷失這一不共世間的特質！〔註107〕

印順法師從印度原始佛教的歷史進程中體悟到的根本精神，就是淳樸的非神化的緣起。

若從靜態的角度分析，在印順法師的判教標準中還有一種四悉檀的說法，其中的第一義悉檀是與根本佛教的提法基本重合的。他認為，第一義悉檀就是釋尊自證的諸法實相。不通過信解緣起而進趣佛法，是決不能了脫生死圓成佛道的。他並以龍樹菩薩的話為例指出，「三悉檀可破可壞，第一義悉檀不可壞」，什麼是方便，什麼是究竟，全在緣起的即起還滅。所以依第一義悉檀

〔註103〕印順：前引書，第97頁。
〔註104〕印順：前引書，第97頁。
〔註105〕印順：前引書，第97頁。
〔註106〕印順：《印度之佛教》，「自序」，第5頁。
〔註107〕印順：《契理契機之人間佛教》，《華雨集》（四），第24頁。

的佛法，才是究竟的了義說，才是佛法的心髓〔註108〕。所以，在印順法師的心裡，緣起作為其佛學思想體系的核心，是確定無疑的。

二、佛法的根本義理是性空

佛法的核心命題是緣起，釋尊宣說緣起的目的就是要使弟子們轉迷啟悟，轉染還淨〔註109〕，這一點是佛教各派別所共許的，不會有什麼分歧。而接下來的問題則是，佛教中所謂的八萬四千法門其義理的差別如何理解？這是印順法師心中的一個重要理論課題，這個問題不解決，就無法正確評價中國佛教中的禪宗、淨土宗、密宗等派別，因為它們也是以轉迷啟悟、轉染還淨為共同目的的，但是它們的義理又與三論、唯識如此的不同。它們的分歧出現在哪裡？經過閱藏、思考、抉擇，印順法師在其思想確定後得出的一個重要結論就是：

> 三法印，為佛法的重要教義；判斷佛法的是否究竟，即以此三印來衡量。若與此三印相違的，即使是佛陀親說的，也不是了義法。反之，若與三印相契合——入佛法相，即使非佛所說，也可認為是佛法。法是普遍的必然的理性，印是依此而證實為究竟正確的；依此三者來印證是佛法，所以稱為法印。〔註110〕

印順法師在這裡大膽提出了自己的主張，即確立了三法印作為標準、準繩的核心地位，與它相違背的，即使是佛陀親口說的，也是不了義的；反之，即使不是佛陀親口說的，也是了義的。這一段話極易引起讀者的紛擾，筆者認為之所以如此，是受到了文字表象的干擾，如果用筆者的字母理解的話，三法印即是 B，我們看到的種種經典文字乃是 A，所以印順法師的真正意思不是在否定佛說，而是說當你拿到一段佛教經文 A 的時候需要對其進行鑒別，有些佛說可能只是方便，故不能籠統地把全部佛說 A 都等於 B。而這就是佛教過去的方法——基於釋尊的某一句的教誨、某一部的經典立論（認為 A=B，但是沒有經過鑒別），然後不斷發揮、演繹，最後可能越走越偏。而印順法師的立意是，先要把佛說 A 與三法印（當然也是佛說）進行比較，分出了義與方便，然後再往下演繹，這樣才能緊扣 B 的意涵。把這層意思理解了，乃是

〔註108〕印順：《從依機設教來說明人間佛教》，《佛在人間》，第 22 頁。
〔註109〕印順：《性空學探源》，第 1 頁。
〔註110〕印順：《佛法概論》，第 105 頁。

理解印順法師佛學思想體系的一個關鍵。關於這一點，學者們已經做了大量的研究，邱敏捷教授即在《印順導師的佛教思想》一書中專闢一章，來研讀印順法師的緣起性空思想，不過，邱著的思路是從融貫佛法與大乘佛法的角度立論的。筆者與其不同，與其說印順法師的目的是融貫（消弭 A 的種種矛盾），不如說是抉擇的（以 B 為標準取捨 A），這從印順法師自己的話中就可以看出來。

> 能立本於根本佛教之淳樸，宏闡中期佛教之行解（梵化之機應慎），攝取後期佛教之確當者，庶足以復興佛教而暢佛之本懷也歟！〔註111〕

也就是說，從前期、中期、後期的佛法中，都只是選擇其中的一部分，來構築他契理契機的佛法思想體系，這個意思是相當明晰的。他的這個標準與其說是融貫，不如說是抉擇的，他用這個標準來評斷佛教歷史上出現的各種教義——哪些是究竟的？哪些是方便的？如果是不究竟的，他就會捨棄，抉擇的意味要比融貫的意味更明顯，雖然從表面上看，其最終結果似乎確實是「融貫」了前、中、後期的佛法。在《性空學探源》一書中，印順法師對此有一段類似的表示，不過其論題改成了空宗與有宗：

> 更應該承認：空宗與有宗的分流，是佛教史上不可否認的事實。雖然真空不空、妙有非有的真常論者，可以高唱空有二宗的無諍而融會它；虛妄唯識論者，可以根據自宗的遍計空與依圓有去貫通它；但有宗還是有宗，空宗還是空宗，並不因此而融貫得了。（中略，筆者注）空有的分化，無論如何的錯綜，互相融攝對方，而根本的不同是始終存在。〔註112〕

可見，對空宗、有宗的抉擇標準也是一樣的，對空的堅守意味應該是非常明顯的。下面，筆者就以自己的視角來分析印順法師心中的空性到底為何？因為「此義極明白而又極難說」，解決之道唯在「方法論」〔註113〕，而筆者覺得，自己這個方法對理解印順法師的思想有效。

1. 三法印，即一法印，即空性

首先，為什麼三法印是佛法的重要教義，其原因就在於它是釋迦牟尼在

〔註111〕印順：《印度之佛教》，「自序」，第 5 頁。
〔註112〕印順：《性空學探源》，第 3 頁。
〔註113〕印順：前引書，第 4 頁。

緣起的關係背後所體悟到的宇宙人生的真理，即諸行無常、諸法無我、涅槃寂靜。諸行無常是說世間的一切事物都是在因果法則下不斷地遷流變化，沒有永恆不變的東西；諸法無我是指所有的事物都不過是因緣和合的假相，沒有可以獨立自存的存在；涅槃寂靜說明的是無常、無我事物的最後歸宿，都是平等無差別的，它是諸行無常與諸法無我所體驗得到的結果。印順法師分析說，三法印其實都離不開一個空字：否定世間有「不變性」的東西是空，否定世間有「獨存性」的存在也是空，否定世間有「實有性」的事物同樣還是空〔註 114〕。筆者把這一論述理解成 B，這是佛法的根基，因為它來源於釋尊的體悟。

　　之後，釋尊將其體悟到的三法印向眾生宣說，成就了佛法在世間的次第流佈，這就涉及到了 A。但是大乘小乘學者向前悟入的途徑是不同的。小乘弟子先從有歸於無，體悟諸行無常，在此基礎上再瞭解諸法無我，進而離卻煩惱，最後體驗到諸法的涅槃寂靜，這是一種漸進的體悟方式。而大乘弟子卻不必如此，只一個空字就可以把三法印統攝起來，契合最究竟的真理〔註 115〕。這就是邱敏捷教授所強調的大乘與小乘在三法印上的分歧，即一方學者認為諸行無常與涅槃寂靜是相反的：看重無常的，往往將涅槃看作無常以外的；而看重涅槃常住的，又輕忽了無常〔註 116〕，這樣就勢必造成小乘經中的三法印與大乘經中的一法印是一是異的問題。印順法師的觀點是一貫的，他在《佛法概論》中指出：

> 其實三法印是綜貫相通的；能統一三者的，即著重於三法印中的諸法無我印。諸法，通於有為與無為，從有為無為同是無我性去理解，即能將常與無常統一起來。諸法的無我性，可從緣起法去說明。〔註 117〕

在《法海探珍》中，印順法師也表達了同樣的觀點。即諸行無常偏於有為，涅槃寂靜偏於無為，而諸法無我是可以遍通一切有為、無為的——生滅（有為）與不生滅、涅槃（無為）與世間，在一切皆空中（諸法無我，筆者注），渾然統一〔註 118〕。因此，常與無常，生滅與不生滅，對立而能統一。佛弟子證得的涅槃不過是顯出諸法本來的面貌，無常性、無我性、無生性，即是同一空

〔註 114〕印順：《心經講記》，《般若經講記》，第 110～113 頁。
〔註 115〕印順：前引書，第 111～112 頁。
〔註 116〕印順：《佛法概論》，第 108 頁。
〔註 117〕印順：前引書，第 108～109 頁。
〔註 118〕印順：《法海探珍》，《華雨集》（四），第 66 頁。

性，真理並無二致。因此，三法印即是一法印〔註119〕，也就是空性。這就是
印順法師的重要結論，佛法是使人轉迷啟悟的，釋尊體悟到三法印，弟子們
對三法印有不同的行解，因此形成各種派別，但是其究竟與否，還是要以釋
尊的體悟為標準，這個標準其實就是空。

> 「空」為佛法的特質所在：不問大乘與小乘，說有的與說空的，
> 都不能不說到「空」，缺了空就不成究竟的佛教。佛法的目的，主要
> 在轉迷啟悟，轉染還淨。從現實的人生出發，覺悟到人生之所以有
> 重重的痛苦不自由，由於所行的不正；行為的所以不能合乎正道，
> 由於知見的不正，對於人生真相缺乏正確的悟解。佛法是針對此點，
> 勘破虛妄以見真實，遠離邊邪而歸中道；必如此，才能得解脫而自
> 在。〔註120〕

在這裡，空、四諦、中道、解脫是同一個意思，印順法師既以空融攝了全體佛
法，也以此對其進行抉擇。這樣，三法印、一法印、空都是等階的，它們都是
釋尊的體悟 B，對經典以及對各派別 A 的鑒別，都要以此 B 為準繩。

2. 佛法都是在說空，只是偏圓深淺而已

準繩既定，下面就要對佛教史上出現的各個宗派進行一個整體的鑒別，
印順法師發現其分歧點就在對三法印、對空性的理解上，從中可以分出深淺
偏圓。

> 空是佛法中最通遍最重要的大事，是大小學派所共的，不過有
> 程度上的深淺、偏圓，正確或錯誤罷了！〔註121〕

我們從兩個角度來觀察印順法師的論證結論。一是所謂佛法的三期，即小乘
的無常中心時代、大乘的性空中心時代、以及一乘的真常中心時代。印順法
師認為，

> 三期佛教與三大思想系的開展，不出緣起三法印的解說；因時
> 眾的需要，或觀點的偏重，成為不同的體系。〔註122〕

印順法師對此進一步解釋說，無常論是以現觀一切法的剎那生滅而通達真理
的，這是初期佛教的特色之一；性空論者認為，無常並不一定能悟見真理，

〔註119〕印順：《佛法概論》，第 110～111 頁。
〔註120〕印順：《性空學探源》，第 1～2 頁。
〔註121〕印順：前引書，第 3 頁。
〔註122〕印順：《法海探珍》，《華雨集》（四），第 62 頁。

正確的方法應該是通達身心與外界一切的皆空無我，才能正見實相，這是中期大乘的風格；真常論者認為，性空者所說的無自體是不能安立真理的，同時，無常者所體悟的現象是幻相也並非真實，所以，實相乃真實不空、常恒不變、清淨周遍的萬有實體，這是後期大乘的特徵〔註123〕。這三大體系的開展都與印度當時的文化環境相關，在釋尊的時代，印度沉浸在苦行的空氣當中，因此，初期佛教著重無常厭離的思想。到了後期大乘，印度教復興起來，梵我論、真常、唯心思想風行一時，所以常我論適應當時的時代便有側重地發展起來〔註124〕。

　　所以印順法師的觀點是，應對當時的社會風尚，各個派別都側重於某一方面而有不同的發展，進而形成了印度佛教史上次第演進的無常、性空、真常三期。這是第一個角度。

　　第二個角度我們來看印順法師對大乘三系的評斷，他的觀點如出一轍，認為性空唯名、虛妄唯識、和真常唯心三系雖各有側重，但從現證的角度去分析，是與法空性無二無別的。

> 　　如性空唯名系，以現觀法性空為主要目的，是不消說了。虛妄唯識系，雖廣說法相，而說到修證，先以識有遣境無，然後以境無而識也不起，這才到達心境的都無所得。因為說依他有自相，所以離執所顯空性，也非實在不可。但到底可破無邊煩惱，可息種種妄執。如能進步到五事具足，還不又歸入極無自性的現觀嗎？所以清辨鬪實有空性為「似我真如」，大可不必！真常唯心系，雖立近似神我的如來藏說，但在修學過程中，佛早開示了「無我如來之藏」。修持次第，也還是先觀外境非實有性，名觀察義禪。進達二無我而不生妄想（識），名攀緣如禪。等到般若現前，就是「於法無我離一切妄想」的如來禪，這與虛妄唯識者的現觀次第一樣。所以三系是適應眾生的方便不同，而歸宗於法空性的現證，毫無差別。〔註125〕

性空唯名系，觀法空性為主要目的；虛妄唯識系，先以識有觀境無，再從境無而識不起，達成心境都無所得空；真常唯心系，其觀察次第與虛妄唯識別無二致，最終也是要離法見我見，歸於法空性的現證。也就是說，大乘三系

〔註123〕印順：前引書，第59頁。
〔註124〕印順：前引書，第63頁。
〔註125〕印順：《成佛之道》（增注本），第261～262頁。

都是說空的。但是，同樣是說空，為什麼會有這樣的分歧？印順法師這裡的邏輯和分析三期時是一樣的，那就是「緣」，只不過三期是為了適應時代的風尚，而三系對治的是不同根機的眾生。

> 性空唯名系，能於畢竟空中立一切法；不能成立的，要以「依實立假」為方便，說依他自相有。這是最能適應小乘根性，依此而引導迴小向大的。但一般凡夫、外道，不信無常、無我（空），不能於無常、無我立一切法，佛就不能不別出方便，說一切眾生身中有如來藏了。這對於怖畏空、無我，攝引執我的（凡夫）外道，是非常有效的。攝化眾生的根機，從五事具足，到五事不具的小乘等，再到一般凡夫外道，攝機越來越廣，所以說方便以如來藏說為最勝，也就是最能通俗流行的理由。〔註 126〕

也就是說，假必依實是為了能讓小乘根性的受眾容易接受，如來藏我，是為了攝引凡夫、外道的眾生。這就是大乘三系各自發展的內在原因。

這樣，印順法師就從社會環境和眾生兩個方面，對佛法在世間的種種流變給予一種自圓其說的解釋：佛法是說緣起的，緣起背後的理則是三法印，但是因為時代和攝眾的不同而有了不同的解說，眾生可以各依因緣進行抉擇，這些可以說是印順法師佛學思想中融貫的一面。但是，這只是其中之一，印順法師還有抉擇的一面，而且在他的思想體系中這一點更為重要，也更加有價值。用《法華經》的經文講就是要「正直捨方便，但說無上道」〔註 127〕。對於三期佛教，印順法師說「探索三大思想系的教典，性空論到底是正確而深刻的」〔註 128〕；對於大乘三系，他則表示「大乘可有三系而重性空」〔註 129〕。其以空義 B 來抉擇 A 是否了義的觀點甚為明顯。

3. 勝義諦與世俗諦

當然需要再次強調的是，這種性空是自原始佛教就一直在強調的。

> 「性空」，根源於阿含經，孕育於部派的（廣義的）阿毗曇論；大乘空相應經，開始發展出雄渾博大的深觀；聖龍樹承受了初期大乘，主要是《般若經》的「大分深義」，直探阿含經的本義，抉擇阿

〔註 126〕印順：《法海探珍》，《華雨集》（四），第 262 頁。
〔註 127〕印順：《我之宗教觀》，第 2 頁。
〔註 128〕印順：《成佛之道》（增注本），第 262 頁。
〔註 129〕印順：《悼念守培上人》，《華雨香雲》，第 233 頁。

毗曇，樹立中道的性空（唯名）論。所以，不讀大乘空相應經與《中論》，難於如實悟解性空的真義；不上尋阿含與毗曇，也就不能知性空的源遠流長，不知性空的緣起中道，確為根本佛教的心髓。〔註130〕

印順法師認為，佛教的根本義理空義在《阿含經》時期就是佛法的精髓，後經部派的發展，初期大乘的掘發，到了龍樹那裡蔚為大觀，這是印順法師關於性空思想在佛教史上發展的標準圖譜。筆者在下一段會專門介紹印順法師心目中的中道空性的特點，也就是最後、最究竟的階段。這一段，則介紹阿含和部派佛教中對空性的解讀，這樣就涉及到佛法與外道對比的問題，從中可以看出印順法師思想中的一個重要思路。

　　說到這裡，需要再次用到圖 2-1 的思考模式。在第二章中，筆者通過圖 2-1 整合了印順法師接觸佛法以前的思想脈絡，其中基督教是 B（＋1）A（－1），儒家是 B（＋）A（＋1）、B（0）A（－1），道家是 B（◉）A（－1），三者雖然觀點不同，但都反映了人類認識上的一個共通模式，那就是二元對立思維，即有一個現象世界 A，有一個理念世界 B，二者都是實實在在的，且 B 對 A 具有統御地位。印順法師對此亦有同感，他認為所謂真理就是以人的認識符合對象來說的。在世俗的立場上，只要人人都接受某一觀點確定不虛，就可以安立其為世俗諦。比如人類面對著自然界、人類社會和人類自己的身心，都會感覺到有一個真實的存在，不論是自己或是對象都是如此。若感到對象的強大、自己的渺小，就會有基督教的認識。如認識到人的獨立性，就有儒家、婆羅門教或西方現代性的認識。而佛法的出現就是破除這種世俗成見的，釋尊的體悟非一般人所能認識，因此它是超越世俗諦的第一義諦〔註131〕。具體地說，佛法對世俗諦的超越不是另立一個更加超能的神在，而是以性空來消弭這種執著。

　　　　法，是緣起假名而本來空寂的，但人類由於無始來的愚昧，總是內見我相，外取境相，不知空無自性，而以為確實如此。由此成我、我所，我愛、法愛，我執、法執，我見、法見。必須從智慧的觀察中來否定這些，才能證見法性，離戲論纏縛而得解脫。〔註132〕

世界本來是緣起性空的，但世俗思維模式卻執著在二元對立、實有上，用佛

〔註130〕印順：《性空學探源》，第 1 頁。
〔註131〕印順：前引書，第 15 頁。
〔註132〕印順：《佛法概論》，第 164～165 頁。

教用語表示就是內見我相、外取境相、我、我所、我愛、法愛、我執、法執、我見、法見，剛好可以用 B（外取境相、我所、法愛、法執、法見）A（內見我相、我、我愛、我執、我見）來表示，可見在印順法師心裡，是有一個類似 AB 的思維模式的，而且，他也認定，對這種二元對立、實有的破斥，就是佛法出世的一大事因緣。

> 眾生在相續不斷的因果系中，執有一個自在的我；這我，向內執為自體，安立為自在者，就是我。對外，有自在者，必有所自在支配控制的，就是我所。我我所的煩惱根本是薩迦耶見；有薩迦耶見，必然就有內包的我與外延的我所兩方面的計執。所以佛說：薩迦耶見是生死的根本。〔註 133〕

可見，建立在自他、內外、能所對待關涉的我 A 我所 B 見，是使眾生不能擺脫煩惱的根本原因，只有超越這一思維模式的佛法才能證得最終的解脫。

但是在現實世界中，這種二元思維模式是如此的強勢，以致一論到法與我的關係，一方佛弟子們往往還是從 AB 兩個維度去認識二者的相待關係，這就為部派的分裂埋下了伏筆。關於部派的分宗，有六宗、五宗、三宗之說，其中的玄奘六宗是指「我法俱有宗」「法有我無宗」「法無去來宗」「現通假實宗」「俗妄真實宗」「諸法但名宗」等，印順法師認為，從它們的發展中可以看出聲聞佛法在空有兩個極端中向空進展的大趨勢〔註 134〕，也就是佛教學者不斷擺脫世俗思維模式，向佛陀證悟的空性不斷接近的過程。

> 佛法對一切法的考察，「我我所無」，但名無實，這是佛在世已經明白標揭出來的。後代弟子們對法詳細分析考察，又發現了更多的假法；從玄奘所判的六宗看來，假法是在一天天地擴大發展。佛滅初年，佛弟子的主張究竟如何，已不能詳；但最初分裂的大眾、分別說系，都否認了三世實有，而主張過未是假，唯現在有；後來，現在法中又把它分為假、實的二類。實有在天天縮小，假有在不斷地擴大。假有雖還在世俗立言，但它與空有直接關係，因空寂的另一面就必是假有。所以，假有在引導佛法向空義進展上，是應該特別重視的。〔註 135〕

〔註 133〕印順：《性空學探源》，第 45 頁。
〔註 134〕印順：前引書，第 73～74 頁。
〔註 135〕印順：前引書，第 81 頁。

可見在佛法發展的中間階段，即在體悟甚深空性的進程當中，對世俗有這一思維惰性的袪除是艱難和曲折的，它不是一次性完成的，雖然一直在破有，但亦對假有依依不捨，直到最後的大乘階段，空性義理才得以完整、充分地把握。

　　　　綜合看，東南學派偏重空，西北學派偏重有。空，東南學派近
　　　　於勝義空，西北學派近於世俗空。假有的發展擴大，終於到達一切
　　　　法空；空的徹底究竟，又是法法如幻假有（故主空的索達羅學派，
　　　　又可以承認一切有法）。東南與西北二學系，向著空有兩極端發展，
　　　　兜了一個大圈子，最後卻又兩相會面，終則綜合會歸到大乘經的法
　　　　法假有、法法性空的究竟空義。〔註136〕

印順法師認為，空宗、有宗的對立是佛教史上不可否認的事實，就像西方哲學的唯物主義和唯心主義一樣，雖然一直有融貫，但兩者的陣營一直是十分鮮明的。其中，（1）釋尊針對世間戲論的實執而創樹佛教，可說佛教就是空宗，而世俗學說則是有宗；（2）佛教初期分為四大派，大眾系與分別說系是空宗，犢子系（我法俱有）與說一切有系（法有我無）是有宗；（3）此後的大乘、小乘的分化，小乘是有宗，大乘是空宗；（4）到了大乘的分化，虛妄唯識者的依他自相有、真常唯心者的真如實不空，就是有宗；而龍樹學系，才是名符其實的空宗〔註137〕。它們的分別在哪裡？分別就在方法論上。凡是主張「他空」的為有宗，「自空」的為空宗；主張「緣有故知」的是有宗，「無實亦知」的是空宗；認為「假必依實」的是有宗，「以有空義故，一切法得成」的是空宗。印順法師說，要對空義有正確的知解，必須要從方法上明辨清楚，以免被有宗學者所迷惑〔註138〕。筆者認為，借助 AB 這種世俗思維模式去理解佛教各派別破有向空的不同側重，可以方便地理解印順法師對佛教空有兩宗的分析抉擇。

4. 不捨緣起的性空

最後，我們就可以正確解讀出印順法師心目中了義空性的內涵。在《性空學探源》一書中，印順法師把它分成三個方面：

（1）依有明空

對於空的理解雖有各種角度，但印順法師是偏重唯名性空的，就是緣起

〔註136〕印順：前引書，第82頁。
〔註137〕印順：前引書，第3～4頁。
〔註138〕印順：前引書，第4頁。

有而法性空。在《性空學探源》一書中，印順法師把這種思考路徑形容為「依有明空」，也就是從具體的法相上去深入法性的空理。他舉證說，聲聞乘經典中的「諸行空、常空、我空、我所空」等，都是從具體的「行」（有為法）而顯示空義；《心經》中的「照見五蘊皆空」也是從具體的五蘊法上去體悟空。至於佛法的修行也是如此，需從信、戒、聞、施等的善行方便入手。所以「先知法住，後知涅槃」，這是必然不可超越的次第，在這方面，但空學者往往輕視因果事理，是大大錯誤的〔註139〕。

（2）知空不即能知有

一般人都會說緣起不礙性空，性空不礙緣起，但是印順法師並不認為單純理解了這一點就能夠善於知有，「明理並不就能達事，體空也不就能知有」。他以佛弟子周利槃陀伽為例說明，即使證得了阿羅漢果，對於空理也能正確地了達，但是因為缺乏知有的世俗智，同樣無法向他人說法，這種偏於談空的學者，其思想行為最終往往會與庸俗下流的巫術混為一談。這裡，印順法師再次以先得緣起法住智，後得體驗涅槃的空寂智為標準，告誡佛弟子們不可下手就空，而應事先深切決了世俗之有〔註140〕。尤其是在現代，各種學術的發展日新月異，學佛之人應該好好注意採用，藉以闡發佛法，才能使佛法發生新的作用〔註141〕。

說到這裡，印順法師也同樣地提出警告說，佛法的知有不是要知道世間一切的有，如果像菩薩那樣能得無邊廣大智當然也好，但這些即使不知道並不障礙解脫。關鍵的知有主要還是對於生命緣起的正確認識，能體驗到這個必然理則就能解脫，至於其他的問題，釋尊的態度也是「不要故不說」的〔註142〕。

（3）沉空滯寂

所謂沉空滯寂指的是這樣一些佛弟子，他們從無常門出發，厭離心重，愛好禪定，而缺乏悲願，於是連佛法也不說一句，急急忙忙地去往阿蘭若自求解脫。印順法師認為，這種狀況與惡取空不同，惡取空是對空的錯誤解釋，而沉空滯寂的佛弟子從自心清淨解脫上來說是可取的，但是他們的用心有失

〔註139〕印順：前引書，第5～6頁。
〔註140〕印順：前引書，第6頁。
〔註141〕印順：前引書，第9頁。
〔註142〕印順：前引書，第7頁。

偏頗——原因就是他們的悲願不足，不能發揚利他濟世的佛法，因而與佛之本懷也就相去甚遠了。而真正的空、無我，是能夠增長人們同情眾生痛苦的大悲心，以及加強大家的入世力量的〔註143〕。

從以上介紹可以得知，印順法師還是借助了 AB 兩個層面來理解佛教的空義的，其中緣起約為 A，空性約為 B，既要通過 A 來體悟 B，也要在證悟 B 以後不捨 A，這樣就與但空學者相區別，也能扭轉佛教長期以來與現實世界脫軌的弊端。過去學佛中人大都能依有明空，但往往忽略它的反面，即從空去建立正確合理的有——世俗的思想與行為。今後，應該在這方面特別注意，以發揮佛法之於世間的覺世大用〔註144〕。

> 總之，佛法提供一種「不主故常」的超世間的大事。實踐此大事，必須透過空，就是對世間固有的來一次突破、否定。空，不是抹煞一切，是淘汰；依現代的術語說，是揚棄。是從思想與行為的革新中，摧破情執中心的人生，轉化為正覺中心的人生。所以，空不是什麼都沒有的「無見」，反而因為空，才能實現覺悟的、自在的、純善的、清淨的。假使行為、見解一切都安於現狀，世人如此，我也如此，那又何需乎佛法？必須面對現實，否定而超越它，才見到佛法的特質，見到性空為佛法唯一的特質。〔註145〕

綜合以上各點可知，印順法師的空義觀來自佛陀的證悟，是對世俗諦二元對立和實有思維的超越，雖在佛教的歷史發展中產生種種流變，但從總體上來看，世俗的有慢慢減少、中間即便曾出現過與空性相融合的妙有階段，但到最後，了義空義得到了完整準確地闡發，既契合了佛陀的證悟，更能以此空性見破除世俗的煩惱束縛，將其轉化為無我正覺的自在人生。

印順法師這種關於性空的立體思維理念在其他的文章中一再重複，同時，這也是他與人辯諍空性時的評判標準，比如《空有之間》。這篇文章是為了回應王恩祥先生關於空宗與有宗誰更了義、誰更好的疑問而寫作的〔註146〕。這時的印順法師已經超越了原來三論宗——空宗的視野，強調「佛法之宗本，『我說緣起』而已」〔註147〕。表示這空義的了義性乃是來自佛陀的體悟；而

〔註143〕印順：前引書，第7～8頁。
〔註144〕印順：前引書，第10頁。
〔註145〕印順：前引書，第2頁。
〔註146〕印順：《遊心法海六十年》，《華雨集》（五），第12頁。
〔註147〕印順：《空有之間》，《無諍之辯》，第73頁。

大眾對於空性的瞭解,需通過世俗假名有,勝義畢竟空中得,「大乘性空經論,萬語千言,莫能外此!」〔註148〕即只有通過對世俗諦的二元實有思維進行徹底的破斥,才能契入空寂本性,捨此多為歧途〔註149〕。正是基於這樣的邏輯,印順法師即對性空者和唯識者雙方都提出了批評,指出印度佛教的末流,性空者多濫於真常,而唯識者實墮於唯心〔註150〕,真常唯心論的出現,就是真常心與真常空二者的合流〔註151〕。就性空者一方的原因是,「詳於勝義內證,不先於性空之唯名得法住智,急求證入,好高騖遠,醍醐必成毒藥,此所以末流多入於真常秘密也」〔註152〕。即這種滯於但空的性空往往會墮入二元實有的世俗思維,與真常合流後成為類似神教的東西,這樣的空性見還不如不學佛的平常之人,尚可獲得家國之利益,以及人天之樂果。最後印順法師給性空者的忠告是,要「先得法住智,後得涅槃智」,且應於「菩提願,悲濟事,性空見──三事不偏中求」〔註153〕,這三者──希求佛陀的勝義境界、在有空 AB 的相待中體悟了義空性、成就脫俗的自在世界──相輔相成,這就是印順法師抉擇空性義的全部內涵。

三、佛教是反神教的宗教

不過還需要特別注意的是,雖然說對於空義的正確理解要「先得法住智,後得涅槃智」,但這並不意味著要安立 AB 二元實有,尤其是對 B 的執著,那樣就會像但空學者那樣偏於勝義內證的涅槃智,最終滑向真常秘密的泥潭,使得醍醐變成了毒藥,這種思維的背後乃是反映了本體論的思維邏輯。這種二元對立、實有的觀念是世俗諦的共通模式,空性見就是對這種模式的破斥和超越,但是這種超越不僅僅是把(+1)歸零,更重要的是要把 AB 二元消弭。

> 雖然法與法性,近似世間學者的現象與本體,但都不會與世學相同。在大乘中,不會成立唯一的本體,再去說明怎樣的從本體生現象,因為法性是一一法的本性。也就因此,法與法性,雖不可說

〔註148〕印順:前引書,第74頁。
〔註149〕印順:前引書,第75頁。
〔註150〕印順:前引書,第76頁。
〔註151〕印順:前引書,第72頁。
〔註152〕印順:前引書,第76頁。
〔註153〕印順:前引書,第77頁。

一，但決非存在於諸法以外；更不能想像為高高的在上，或深深的

在內。唯有這樣，才能顯出佛法空義的真相。〔註154〕

這裡我們又要談論本體了。一涉及到本體，往往需要有兩個以上的範疇進入思考的範圍，其中的一個具有絕對的權威性，它是創造者，它是至善；而其他的範疇則是被造者，是不完美者，需要創作者的眷顧，需要不斷地向至善回歸。這樣，那個創作者、至善物就可以理解成本體，如果用基督教的 B（＋1）A（－1）來表示的話最為形象，因為它符合上述兩個基本特徵，1. 二元；2. 創造者之於被造物的權威關係。從印順法師上面的這段話可以看出，雖然法與法性類似於現象 A 和本體 B，但是法性 B 並沒有生成並統攝法 A，它們雖不是一，但更不是二，法性不是高高在上，也不是深深在內，創造生成並統攝法的這種關係，換句話說，佛法的空性不是本體論的，佛法的空性不具有神我的性質。

說到神，已經在第二章關於如何理解基督教的教義時分析過了，只不過為了使問題簡單化，在第二章中僅是就著基督教的教義來談，而特意迴避了佛教的觀點。這裡我們把這一環節補齊，並體會印順法師批評真常唯心的原因，那就是二元神我思維。

1.《佛教是反神教的宗教》（1941）

《佛教是反神教的宗教》發表於 1941 年 3 月《海潮音》第 22 卷第 3 期，（1946 年 6 月《正信》第 12 卷第 4 期轉載），是印順法師思想確定以後的作品但並未收入《全集》。在該文中印順法師開宗明義指出，佛教是宗教但是它與一般神教不同，與其存在本質上的差別，需要用另一種眼光去認識它。他並對在當時反宗教的社會潮流中佛教徒不敢承認佛教是宗教的現象提出批評，稱他們是「懈怠放逸的萎廢者」，稱他們的信仰是沒有根基的，是會動搖的。我們來看印順法師的思維邏輯。

首先，印順法師認為近代的反宗教運動是對的，因為這場運動針對的是神教，而神教的思想是 AB 二元的，B 對 A 有統治權，而這種「愚拙」的思想，面對當代知識、政治的發展洪流一步步地敗下陣來。

近代史上的反宗教運動，顯然是在反對神本的宗教。只要它是

神教，那就不問是一神，多神，在它們愚拙的思想上，總覺得宇宙

〔註154〕印順：《大乘空義》，《佛法是救世之光》第 125 頁。

的成立，人事的演變，都出於神的旨意，（天命，天志）就是公道，和平，博愛，也得在「上帝是我們的父」的前提下，才能成立。它們出發於渺茫無稽的上帝，在自己所創造的偶像裡得到安慰。（奉令刪節）不過知識不斷的發展，隨著政治的演變，神的煩悶顯然是一天天的深化了！〔註155〕

接著，印順法師指出了佛教與神教的主要區別，就是「佛」不是「神」。

佛教與神教的主要區別點，就是「神」與「佛」。神是不可思議，佛卻是覺者。佛教的大師——釋迦牟尼，它是最高智慧的體現者，以身作則的力行者，先覺覺後覺，指導正確的人生。學佛者要求智慧的發展，唯有在正智裡，才能發現和平，慈悲，與自由。智慧發展到最高度，我們也就是佛。〔註156〕

也就是說，佛陀與「神」的主要區別在於，佛陀乃是最高智慧的體悟者、踐行者、人間導師，佛教徒按照他的指引不斷地接近並最終到達那個最高智慧的境界，就是成佛。這樣的佛陀，是與高高在上主宰人類，下命令，毀滅之，拯救之，不讓其擁有智慧的上帝截然不同的。從這個角度講，佛教乃是無神的。

那麼，佛教的無神與西方無神論是一樣的嗎？印順法師的答案是否定的，因為無神論仍然不出獨佔、鬥爭的思維模式，而佛教的緣起性空可以對治它，比無神論還徹底。

佛教唯一的特色，是無神論。歐洲人，因著一神教的武斷專橫，激發出無神的反宗教運動，在把握「緣起性空」正見的人間佛教者看來，除卻佛教中的性空，根本沒有徹底的無神論。不問它哲學上的唯物論也好，唯心論也好，政治上的獨我也好，民主也好，只是多種多樣神格的扮現。依我們的見解，獨存，是神的特徵，因獨存而演出的對立，鬥爭，否認異己者的存在而加以驅逐，拘禁和殘殺，這正是神格的具體體現。中華民族，先天上是和平，自由的愛好者，因此，也沒有西歐那樣神教的熱信。歐洲的反宗教者，雖然抨擊著迷信，武斷，助長剝削的神教，但它們生長在唯一神教的氛圍裡，對獨佔、鬥爭、否認異己者的存在，這一套××御用過的法寶，不

〔註155〕力嚴：《佛教是反神教的宗教》，黃夏年主編：《民國佛教期刊文獻集成》，第200卷，第305頁。
〔註156〕力嚴：前引書，第305頁。

> 要說德，意，就是以徹底反宗教者自居的共產黨，也還在忠實的執行著。〔註157〕

> 　那些科學的反宗教者，竟沒有一個超時代的哲者，他們生長在神的氛圍裡，認不清神是什麼，神就化裝成物質。把物質看成幾多不可分割的微粒子，把時空看成絕對；變化著無量的增減雖然好像否定了創造神、靈魂，卻崇拜一一法上的自體；幻想著科學的黃金世界。這時代文明的特徵，是科學，特別是唯物論，神的縮小，覺的擴大，預示著未來的前途。〔註158〕

如果您想理解印順法師的上述結論，就需要對他的思想邏輯有一個準確的把握。按照筆者的 AB 結構分析，印順法師的意思是說，近代的西方人只是把上帝這個名相抹掉了，換成了無神論，但是這個無神論還是 AB 結構的，還有 B 的位置，雖然迷信、武斷、剝削被打倒了，但獨佔、鬥爭、否認異己等現象仍然存在，雖然這也代表著覺的擴大，但這種思維模式還是無法剷除神我的種種幻影，印順法師認為，只有用般若的烈火才能融化它們。

> 　從印度傳來而構成東方文化重鎮的佛教，他要起來向神微笑，敞露神的祕密：人類的見聞覺知中，不期然而起的真實我，獨存樂，不變常就是神的本質。般若（通達事理真相的空慧）以外，一切一切都是魔。（中略，筆者注）所以說「以有空義故，一切法得成」，廓清多種多樣神的偽裝，才能完成性空我，合和樂，幻化常。〔註159〕

一般讀者可能覺得，印順法師作為佛教徒，他得出這個結論再正常不過，但我們可以從行文中看到，印順法師之所以如此除了有宗教立場的成分以外，還有他一貫的論證邏輯，這一邏輯在他進行各宗教、科學、哲學對比時表現得尤其明顯，他指出，佛教與其他宗教、科學、哲學有著本質的不同，即神本 vs 人本、正覺、無神〔註160〕，如果我們從這一角度去理解印順法師心中的空性了義，就能夠更好地抓住其核心，而不僅僅是人云亦云地說緣起性空。

　這一段筆者認為十分有意義，而且也契合了筆者對西方近代哲學思潮演變的感知。就拿其中兩位重要的思想家尼采和費爾巴哈為例，一個說上帝死

〔註157〕力嚴：前引書，第 305 頁。
〔註158〕力嚴：前引書，第 312 頁。
〔註159〕力嚴：前引書，第 312 頁。
〔註160〕力嚴：前引書，第 311 頁。

了，一個說上帝是人的本質的異化，但是他們的替代方案只是把上帝的名稱改為強人，改為善，並沒有改變過去 B（＋1）A（－1）的結構特徵，這也就是印順法師所說的，仍是多種多樣神格的扮現。印順法師認為，導致此種現象的原因就在於 AB 二元、實有思維模式，而般若空慧才是真正的無神論，才能真正地帶給人類和平與自由。佛教必須堅持這一核心理念，否則就將與神教相混淆。有了這一背景，就能幫助我們理解印順法師抉擇的緣起性空真義為何？同時也能幫助我們理解他批評真常唯心的原因，那就是，它具有類似 B（＋1）A（－1）的神本思維模式。

2. 對真常唯心思想的批評

有關真常唯心的提法最早見之於《法海探珍》，在那裡印順法師把印度佛教的發展劃分為三個時期，即無常中心時代、性空中心時代、以及真常中心時代。後來在《印度之佛教》《佛法概論》等著作中又不斷地提及，成為他有關印度佛教史的基本觀點：

> 釋尊之特見，標「緣起無我說」，反吠陀之常我論而興。後期之佛教，日傾向於「真常、唯心」，與常我論合流。直就其理論觀之，雖融三明之哲理，未見其大失；即繩墨之，亦見理未徹，姑為汲引婆羅門（印度教）而談，不得解脫而已。若即理論之圓融方便而見之於事行，則印度「真常論」者之末流，融神祕、欲樂而成邪正雜濫之梵佛一體。在中國者，末流為三教同源論，冥鏹祀祖，扶鸞降神等，無不滲雜於其間。「真常唯心論」，即佛教之梵化，設以此為究竟，正不知以何為釋尊之特見也！〔註161〕

這一段基本概括了真常唯心論在印度的發展路徑以及在中國的表現，印順法師對此都提出了批評，我們按其背後的邏輯來詳細說明。

和《唯識學探源》《性空學探源》的思路一樣，印順法師也認為「常、我之根據，內本所見而外依佛說」〔註162〕，亦即它有體悟 B 以及經典 A 的依據，但是更要知道的是，釋尊宣說如來藏法門的目的乃是針對一類眾生的「畏於無我句」，希望以善巧方便來攝化這些眾生〔註163〕。從表面上理解，如來藏就如同一塊黃金石為污垢所覆而不顯，人如離了煩惱藏，眾生身中本具的

〔註161〕印順：《印度之佛教》，「自序」，第 4 頁。
〔註162〕印順：前引書，第 187 頁。
〔註163〕印順：《成佛之道》（增注本），第 255 頁。

如來藏也就轉而名為如來法身了，眾生與佛平等無差別。這種思想與印度的吠檀多哲學的大梵（法身）小我（眾生界），其實是非常類似的〔註164〕。但是，佛說常住不變的如來藏，其實就是甚深法空性〔註165〕，善不善所依，是依之而成立一切法，而不是由如來藏所生，那樣的話，就有一因多果的過失了〔註166〕。可見這樣理解的如來藏就有了 AB 二元的特質，如來藏 B 也便成了第一因，可以生成一切法。

　　所以說，如來藏的原義其實與阿賴耶識是不一定相結合的。但是，眾生一切由心，阿賴耶識是所知依的根本識，所以就逐漸形成了依如來藏而有阿賴耶識，依阿賴耶識而有一切法的思想模式。自性清淨的如來藏在阿賴耶識——心的深處，於是如來藏就被稱為「自性清淨心」，展開了真心論的思想體系〔註167〕。即如來藏借助阿賴耶識找到了它在心裡的神本位置，真常與唯心最終合流。

　　所以印順法師的觀點是，從性空唯名論中而有真常者的不空，從虛妄唯識論中而有唯心者的有相，二者加以所謂「了義」的解說，便成為更完整的真常唯心論的形態，凌駕性空唯名論而盛行起來〔註168〕。

　　那麼，真常唯心、虛妄唯識與性空唯名的理論區別又在哪裡？印順法師分析初期的如來藏大乘經指出，真常唯心論者認為世間是虛偽的，一切是空，而真實的勝義不空，這就不像虛妄唯識論者，專在依他起法上辯論空與不空。真常論者的所謂不空，是妙有，而不是幻有、妄有。所以，「他與虛妄唯識者，本來循著不同的路向而說不空」〔註169〕。而性空唯名的真實，乃是法性空寂的緣起勝義觀，真常論者將此法性與法性生身佛融為一體。「把這點作為思想根本，再去談因果染淨，這自然會別有家風」——這個眾生中的真我、佛性，或者自性清淨心，就成為是有色有相的〔註170〕。「如來常住不變」成為如來藏經典的根本論題〔註171〕。

　　那麼，這種思維模式反映出什麼問題？印順法師是從以下兩點分析的：

〔註164〕印順：前引書，第 256～257 頁。
〔註165〕印順：前引書，第 260 頁。
〔註166〕印順：前引書，第 257～258 頁。
〔註167〕印順：前引書，第 258～259 頁。
〔註168〕印順：《佛教史地考論》，第 181 頁。
〔註169〕印順：前引書，第 183 頁。
〔註170〕印順：前引書，第 183～185 頁。
〔註171〕印順：前引書，第 183 頁。

1. 以真常淨為一切之本體；2. 立清淨真心與雜染妄習成為對立的二元。

> 本來常淨，究何事而為雜染所染乎？為雜染所染而實不變其淨性，似有二元矣。此雜染與清淨，「不相攝，相離」；自有情迷亂而生死邊，多立此無始來相對之二元。（中略，筆者注）以是，「性清淨心，難可了知；彼心為煩惱染，亦難了知」。汝才舉心，塵勞先起，如之何能知之？「此非因明者之境界」也。真常者以此「妙有」為雜染、清淨之依止者，蓋以剎那無常為斷滅，無性從緣為不可能也。〔註172〕

> 必真實、不空、常住不變者，乃足以為生死、涅槃因，故曰：「如來之藏，是善不善因，能遍興造一切趣生。」（中略，筆者注）真常者之見，與大眾、分別說、犢子系之立常心、真我，其動機如出一轍。〔註173〕

本來是假名和合的清淨與雜染，在這裡卻具有了真實不變的本性，雖被染著，但清淨依舊，二者不相攝，卻相分離，一方是有情的雜染生死，另一方是清淨的恒常。所有這些，都明顯地顯示出一種二元對立關係，而其中那個真實、不空、常住不變者，就是神我本體〔註174〕，這就與無性從緣思想徹底分裂了。印順法師的分析有他精準的見地。因此，他最後總結說：

> 如不於上來二義，明見其與「虛妄唯識論」及「性空唯名論」之不同，則終無以理解其真義。讚揚為了義，貶抑為不了，皆無當也。〔註175〕

也就是說，對真常唯識與性空唯名的不同，與其糾結於文字上的了義不了義，不如從根本上看清真常唯識的「形而上的佛性本體論」性質〔註176〕，這已經是對不對的問題了，而不只是了不了義。在《如來藏之研究》等著作中印順法師更分析指出，如來藏思想是受了印度神教梵我一如的影響，不斷地受到世俗神我說的薰染。當然也有佛教自身的原因，緣起性空不能使一般信眾瞭解和信受，終於採取了修正過的神我說〔註177〕。到後來，真常唯心思想成為

〔註172〕印順：《印度之佛教》，第191頁。
〔註173〕印順：前引書，第192頁。
〔註174〕印順法師說：佛教內部的犢子部等，與神教的有我論，之所以非有我不可，其理由是完全相同的。參見印順：《如來藏之研究》，第42頁。
〔註175〕印順：《印度之佛教》，第192頁。
〔註176〕印順：《佛法概論》，第24頁。
〔註177〕印順：《如來藏之研究》，第40頁。

秘密教者的指導原則〔註178〕，隨著密教的盛行，自性空以入形而上之妙有，自力以入他力，緣起以入唯心，無神而入有神，固有意無意而開始轉變者。馴致形成梵佛之綜合，一反根本佛教之精神〔註179〕。而如要確立大乘思想而不致梵我化，印順法師認為，唯有接受一切皆空是了義的思想〔註180〕，也就是要回歸緣起性空的佛法正見。

綜合以上三小節，可作如下結論。

印順法師在思想確定以後立緣起為佛法的核心命題，立空性為佛法的根本教義。對空性的理解雖可以借助世俗的二元思維模式，但其目的只是為了破，不是為了取代，更不是為了立，而真常唯心、虛妄唯識的錯誤就在於立空性為妙有，由空性生出一切法，從而淪為修正了的神我二元思想，而真正的緣起性空是與這種神我、二元思維模式有著本質不同的，這是解讀印順法師佛學思想的關鍵。印順法師口中的中道，有時說不落二邊，有時說中正不偏，指的無外就是這個意思，即二元的雙泯，而不是在心存二元的前提下取中，那樣的話其實很容易滑入神我的泥潭。

有鑑於此，筆者認為可將印順法師心中的佛法核心表示為：緣起（性空）〔註181〕，用字母表示則是：

$$C\,(0) \qquad\qquad\qquad （公式 3-1）$$

其中的 C 表示緣起，因與二元範疇相區別，故不用 A 或 B，（0）約表示緣起的空性。如果非要與公式 2-2 建立某種聯繫的話，也可借鑒小乘法空、我空的思路，寫為：

$$A\,(0) \wedge B\,(0) \rightarrow C\,(0) \qquad\qquad （公式 3-2）$$

其中，$\wedge$ 表示和取，$\rightarrow$ 表示推導結果。公式 3-2 只是近似的表示，並不意味著非要經過法空、我空的變量才可得到緣起（性空）的結果。但是，如果認為小乘的法空、我空並不究竟，需要更進到法我無礙的緣起（性空）的境界，則公式 3-2 倒是很貼切的。印順法師也曾說過，

佛為一般根性，大抵從無常、無我次第引入涅槃。但為利根如迦旃延等，即直示中道，不落兩邊。聲聞弟子多依一般的次第門，

〔註178〕印順：《佛教史地考論》，第 186 頁。

〔註179〕印順：《印度之佛教》，第 219～220 頁。

〔註180〕印順：《佛教史地考論》，第 184 頁。

〔註181〕本書以下文字中凡談及印順法師的緣起性空思想時，均以「緣起（性空）」來表示。

> 所以在聲聞乘中多說三法印。大乘本是少數利根者，在悟得無生法
> 忍，即一般聲聞弟子以為究竟了的境界，不以為究竟，還要悲願利
> 他。從這無生的深悟出發，所以徹見三法印的一貫性，惟是同一空
> 性的義相，這才弘揚真空，說一切皆空是究竟了義。〔註182〕

可見，對一般根性可按公式 3-2 的次第契入佛法，而對於利根者，可直示不落
兩邊的中道，即公式 3-1 的 C（0）。當然，印順法師也有他自己的偏好，即認
為 C（0）更能體現佛法的究竟蘊含，因為空性終究是無二無別的。

　　以上，筆者擷取印順法師的相關著作，論證其思想確定以後的思想核心
就是緣起（性空），這樣的結論其實也與他自己的解釋相吻合。他在《印度之
佛教》「自序」中說：

> 能立本於根本佛教之淳樸，宏闡中期佛教之行解（梵化之機應
> 慎），攝取後期佛教之確當者，庶足以復興佛教而暢佛之本懷也
> 歟！〔註183〕

這可以看做是他抉擇佛法的依據和準繩，而在《契理契機之人間佛教》一文
中，印順法師對上述各句進行了解釋。其中對「立本於根本佛教之淳樸」的
解釋，重點就在緣起的集起和還滅〔註184〕；對「宏傳（闡）中期佛教之行解」
的解釋，重點在空性與緣起不二，三法印即一實相印〔註185〕；對「梵化之機
應慎」的解釋，重點在鬼神化、他力、咒術等的鑒別和釐清〔註186〕；對「攝
取後期佛教之確當者」，重點在對如來藏方便的正確把握，在強調人佛平等的
同時，勿使其向神我的方向發展〔註187〕。所有這些，都是圍繞著緣起（性空）
義理的展開與深入，將這些正確的認知加總，就是他心目中的契理契機的佛
法。

> 這是我所認為是能契合佛法，不違現代的佛法。〔註188〕

這樣，經過一系列的澄清，印順法師學佛以來心中產生的那個重要問題——
佛法與現實佛教界的巨大差異——終於找到了答案。

〔註182〕印順：《佛法概論》，第 111～112 頁。
〔註183〕印順：《印度之佛教》，「自序」，第 5 頁。本書第 158 頁〔註111〕曾引用過
　　　　一次，這裡給予更加詳細的說明。
〔註184〕印順：《契理契機之人間佛教》，《華雨集》（四），第 24 頁。
〔註185〕印順：前引書，第 25～26 頁。
〔註186〕印順：前引書，第 27～28 頁。
〔註187〕印順：前引書，第 28～29 頁。
〔註188〕印順：前引書，第 29 頁。

第三節 不離中道的知識論

下一個需要釐清的問題是，印順法師之對緣起（性空）的全方位詮釋和學者們的工作是一樣的嗎？這裡涉及兩個問題，一是就研究本身，印順法師的特點為何？二是就佛教來講，不僅要有聞思還需要講修行，印順法師的佛學思想中是否涉及修行的內容？下面我們將會看到，在這兩點上，印順法師與純粹的現代學者都是不同的。

一、印順法師的研究特點

在本章開頭，筆者通過圖 3-1 把學術研究的風格大致分成了三類，釐清了其間的差別，這對於理解思想家的理論核心是非常必要的。而這種對學術風格的模糊認識在當前的大陸學術界仍然相當突出。北京大學的汪丁丁教授曾將 2008 年前後近一年半《中國社會科學》雜誌〔註 189〕上發表的論文進行了全面解析，得出的結論是：

> 我搜集、整理了近一年半的《中國社會科學》，其發表的文章中最常見的有兩類：一類是用數理方式表達的對西方而言有意義的文章，此類文章具有學術合法性，但是缺乏中國意義。另一類是鄉土中國的文章，此類文章缺乏學術合法性，卻表達出對中國人而言具有重要意義的感受。通過對文章的評述，我得出的結論是——「表達」是中國社會科學面臨的「根本困境」，是因為當我們中國人用西方邏輯傳統來表達我們內心的感受時，最常見的問題就是缺乏學術規範或者學術合法性，所以，學術合法性是中國社會科學家最根本的困境。〔註 190〕

汪教授把這種困境定義為「難以用理智的方法來表達中國人的感受」。這其實就是說中國的社會科學研究既不是現代型的 A↑b，也不是混合型 A↑b＝B，

〔註 189〕《中國社會科學》雜誌創刊於 1980 年，是由中國社會科學院主管並主辦的綜合性哲學社會科學雜誌，主要發表哲學社會科學前沿研究成果，涵括馬克思主義理論、哲學、經濟學、政治學、法學、社會學、歷史學、教育學、文學、語言學等學科以及跨學科研究的論文、調研報告、學術綜述等，被學術界譽為中國最高水平的綜合類人文社會科學期刊。（引自官網 sscp.cssn.cn）2012 年，《中國社會科學》刊期由雙月刊更改為月刊。汪丁丁教授的研究發表於 2008 年，「近一年半」的雜誌大概為 9 期，每期約 16 篇文章。

〔註 190〕汪丁丁：《中國社會科學的研究方法導論》，《財經問題研究》，2008 年 10 月。

更多地是停留在傳統型的具有「中國意義」的 B↓A 上。

出現這種情況其實是有原因的，原因就在於中國歷史上有強大的學術傳統，這種傳統到了近代面臨著西方學術範式的嚴重挑戰，需要進行痛苦的調整和轉型。舉例來說，周予同先生就曾經多次表示：「在現在，經學之繼承的研究大可不必，而經學史的研究當立即開始」〔註191〕，這一主張就是號召從對形而上經學 B 的關注，轉到對形而下史實 A 的關心上來，因此可以說，周予同先生的研究旨趣是 A↑b 的現代型。而作為新文化運動領軍人物的胡適先生，他的研究旨趣反倒不是這種純粹的現代型。他在芝加哥講儒教歷史的時候曾說過：「儒教已死，儒教萬歲。我現在也可以是儒教徒了」〔註192〕，這句話的蘊含與周先生的完全不同，筆者把這句話理解成「（舊）儒教已死，（新）儒教萬歲。我現在也可以是（新）儒教徒了」，其中，「（舊）儒教已死」對應於周予同先生的「經學之繼承的研究大可不必」，而「（新）儒教萬歲。我現在也可以是（新）儒教徒了」則比「經學史的研究當立即開始」包含了更多的東西，具體說，就是胡適先生要樹立一種新儒學以取代舊儒學，因此在他的學術研究中這個傳統批判的價值會更高些，於是我們就會看到，他常常會任意地、武斷地解釋歷史材料〔註193〕。所以說，胡適先生的研究雖然有大量且突出的現代學術元素，但因為他是以 B——批判傳統——作為指導的，所以他與周予同先生就是不同的，可以歸納為混合型 A↑b＝B。筆者認為，印順法師的研究風格倒是與胡適先生的類似，這一點印順法師自己應該是同意的，他就對別人定位他是學者一事不以為然〔註194〕，對純學術的舉措也持保留的態度。

> 治佛教史，應理解過去的真實情況，記取過去的興衰教訓。佛法的信仰者，不應該珍惜過去的光榮，而對導致衰落的內在因素，懲前毖後嗎？焉能作為無關於自己的研究，而徒供庋藏參考呢！〔註195〕

〔註191〕周予同：《中國經學史講義》，上海文藝出版社，1999 年 1 月，朱維錚：「中國經學史研究五十年——周予同先生《中國經學史講義》代前言」，第 39 頁。

〔註192〕余英時：《現代儒學的困境》，《現代儒學的回顧與展望》，生活·讀書·新知三聯書店，2004 年 12 月，第 56 頁。

〔註193〕參見宇恒偉、李利安：《胡適宗教研究方法關鍵詞的解讀》，《江南大學學報》（人文社會科學版），2006 年 10 月，第 10～13 頁。

〔註194〕印順：《契理契機之人間佛教》，《華雨集》（四），第 46 頁。

〔註195〕印順：《說一切有部為主的論書與論師之研究》，「序」，第 3～4 頁。

可見在印順法師的歷史研究中，最高目的不在史實 b，而是在核心理念 B 上，這才是信仰者的依歸處，也是歷史研究的意義所在。因此，在他的作品中固然有很多讓教外學者感興趣的推理論證環節，但其最終目的還是要消除佛法與現實佛教界的距離，重振少壯時代的佛法〔註 196〕。由於在他的研究中具有現代學術和哲學思辯的雙重性格，所以定位為混合型是恰當的。

研究風格的多樣與衝突在佛教領域中同樣存在且更加突出，甚至有所謂佛教 vs 佛學，教界 vs 學界存在「內在緊張」關係的說法，究其原因，無外乎傳統的 B 講究體驗與修持，而現代學術是將佛教的義理以及修持，包括歷史、宗派、人物、經典翻譯（文本）、文物考古資料等等作為外在對象進行客觀的推理 b，借用周予同先生的說法就是，教界是「經學之繼承的研究」，偏重形而上，學界是「經學史的研究」，偏重學而下。舉例來說，牟鍾鑒教授屬於學界的代表，他的有關研究在本書第一章中已經有所涉及，可以看出他是以純客觀的立場，試圖從歷史典籍和現實發展中摸清宗教的發展脈絡和種種面相 A↑b，至於教內以何種方案進行改革，他是不會參與的〔註 197〕。而周貴華研究員則屬於另一種情況。周研究員與筆者有緣，他是筆者的論文評審導師之一，記得在答辯會上周研究員讓筆者用一句話概括印順法師的「人間佛教」思想，筆者的回答是無神。後來 2016 年第二屆佛教義學研討會，周貴華研究員的論文引起不小的反響，當時就有同行詢問筆者的意見，筆者的回答是，周研究員的研究結論無可厚非，但其超越 b 的學術界限而涉足宗教 B 的領域的意圖過於明顯。當然，Bb 二者兼顧的學者（如胡適）世間有的是，關鍵要看這位當事人是否具有清醒的自覺，即他把自己定位為純粹學者還是宗教家？周研究員曾介紹他的研究方法是「作為佛教的佛教」〔註 198〕，前一個「佛教」是指佛陀所說之教，用字母粗略表示的話這是偏 A 的，按理說這確實是學術研究的進路，但是，周研究員並沒有對 A 進行鑒別的工作，直接認為這些都是聖教量的，表徵了佛教的性質、意義和思想特質，並表示要據此作為判別佛教的準繩。而第二個「佛教」是指佛陀之教的本身，也就是真正的佛

〔註 196〕印順：《契理契機之人間佛教》，《華雨集》（四），第 46 頁。

〔註 197〕牟鍾鑒：「作為一名教外學者，不想干預教內的改革」，《長生成仙說的歷史考察與現代詮釋》，原載《上海道教》，1999 第 3、4 期，《探索宗教》，第 403 頁。

〔註 198〕周貴華：《作為佛教的佛教》，宗教文化出版社，2010 年 2 月，「自序」，第 2 頁。

教、純正的佛教，包括大乘小乘兩類，用字母粗略表示就是 B。可見，周研究員的研究方法就是把現存的一切 A 都等於 B 了，而不像印順法師那樣，是抉擇以後以三法印作為 B，從而對 A 做出了義與方便的區分，這樣的話，二者的結論一定是衝突的。其實作為學者，周貴華研究員把他的結論限定在「完整佛教」〔註199〕b 就可以了，以「內在詮釋之路」〔註200〕為標榜甚而涉足到 B 的領域，並對印順法師的「人間佛教」B 展開問難則大可不必。因此筆者同意宣方副教授的觀點，即第二屆佛教義學研討會的諸多論文是「學術失範」的〔註201〕。當然，我也非常尊重周貴華研究員的立場，只是要分清他的研究模式是哪一類的，這樣才能把整起事件看得更清楚。

印順法師與現代學者之不同亦表現在修行方面。如果他是一位純粹的現代學者，他在得出緣起（性空）的結論 b 以後就可以了，但印順法師走得更遠，他不僅要用他得到的結論解決中國佛教界「說大乘教，修小乘行」、以及「索隱行怪」等與純正佛法偏差的現象〔註202〕，更要以此緣起（性空）作為對治世間眾生苦痛的武器，解除世界的苦厄，發揮佛法拯救人間的功用，這個時候，印順法師作為宗教師的特徵就凸顯了出來。參考圖 1-1 可知，作為一門宗教，宗教行為 A↑↓B 是必不可少的，而學者則無需。

關於這一方面，現有的研究多從「人間佛教」的角度去闡釋，但有一些意見就指出，大部分的研究並沒有抓住印順法師思想的核心〔註203〕。比如筆者在研讀法師著作時就一直有一個困惑：印順法師主張人間正行，對佛的在家弟子們的樂善好施、犧牲自己以保全同族的菩薩行大加讚賞〔註204〕，但對於抗戰中的出家法師還俗參軍，勝利後再穿起僧袍為僧的行為，卻持批評態度〔註205〕，這除了戒制的考量以外，是否還有其他的原因？對於臺灣漸漸興起的各種「人×佛教」，別人以為富有現代色彩〔註206〕，可印順法師卻認為

〔註199〕參見周貴華：《完整佛教思想導論》，宗教文化出版社，2013 年 1 月。

〔註200〕參見周貴華：《佛學研究的內在詮釋之路——以印度佛教瑜伽詮義思想為例》，《華東師範大學學報》（哲學社會科學版），2018 年第 4 期。

〔註201〕宣方：《批印諸文學術失範與學風問題舉隅》，《弘誓》，第 145 期，2017 年 2 月。

〔註202〕印順：《說一切有部為主的論書與論師之研究》，「序」，第 3 頁。

〔註203〕印順：《契理契機之人間佛教》，《華雨集》（四），第 1 頁。

〔註204〕印順：前引書，第 35 頁。

〔註205〕印順：《中國佛教瑣談》，《華雨集》（四），第 100～102 頁。

〔註206〕江燦騰教授的觀點，參見邱敏捷：《印順導師的佛教思想》，第 150 頁。

它適應時代方便的多，契合佛法如實的少，因而評價它是以搞活動為目的的庸俗化行為〔註207〕。這其中是否遵循著一個共同的判定標準？其實，印順法師在《契理契機之人間佛教》的後半部，已經對其踐行的部分給出明確的說明：

> 重要的，有的以為「佛法」是解脫道，道德意識等於還在萌芽；道德意識是菩薩道，又覺得與解脫心不能合一，這是漠視般若與大悲相應的經說。〔註208〕

解脫 vs 道德、般若 vs 大悲，即人間正行與緣起（性空）要相互契合一致，這就是印順法師關於佛教踐行的總體思路。但怎奈與他的印度佛教三期、五期、四悉曇、大乘三系理論比較起來，這方面的論述被學者重視、挖掘的程度還不夠〔註209〕。比如蒲長春教授解讀出「人間佛教」的三義：1. 對治「天教」或「神教」的人間義；2. 對治「遺世」或「避世」的修行，講世俗的人間義；3. 對治聲聞、緣覺的偏智輕悲，講勝義的即世間而出世間的人間義等〔註210〕，似乎都對，但似乎又都不具體，還是圍繞著文字義理在打轉。有鑑於此，筆者就以自己的讀書體會，嘗試建立印順法師「人間佛教」背後的論述邏輯，從中可以看到，為什麼一定要從「人生佛教」進到「人間佛教」不可。

我們從知識論和實踐論兩個角度具體說明這個問題。

二、知識論與認識論

知識論的英文名詞是 Epistemology，但過去一直翻譯為認識論，這是有原因的。因為在古代和近代的西方哲學家們的著作裡，他們關於知識論的研究主要是從人的認識能力的角度進行的，從而產生經驗主義和理性主義的不同主張。這是從認識理論的發生學意義上為著眼點的，它從研究認識的起源（感性和理性）開始，到探討認識的有效性（普遍必然性、客觀有效性等），並斷定認識的範圍（是否只是在可見的現象、經驗範圍之內）。從這個意義上來說，翻譯成認識論是可以的。但在當代西方知識理論中，它的研究內容已

〔註207〕印順：《契理契機之人間佛教》，《華雨集》（四），第 43 頁。

〔註208〕印順：前引書，第 43～44 頁。

〔註209〕《契理契機之人間佛教》一文，首先介紹的就是印度佛教史五期、三系的見解，以此推出「人間佛教」的種種特質，如菩提心，大悲心，空性見等。多數學者的研究均循此路徑。

〔註210〕蒲長春：《印順人間佛教的「人間」三義》，《南陽師範學院學報》（社會科學版），2006 年第 5 期。

經轉變為對有關知識本身之所以為真的條件的研究，特別是有關知識的確證問題的研究，即 1. 知識與確證的確定特徵；2. 實質條件；以及 3. 對它們的界限的研究。因此，陳嘉明教授傾向於將西方這一當代學科稱為知識論〔註211〕。不過，筆者在閱讀中也見到有中國學者將知識論與認識論對立起來，並從 Epistemology 和 Theory of Knowledge 的詞源學、認識學角度，論述兩種學說各自的立場是不同的〔註212〕。

在這裡，我們並不想對西方哲學的認識論、知識論傳統做全面的解析，還是借助筆者的 AB 結構大致地做如下的規定就可以了：偏重 A↑B 的就是認識論，它試圖從人的角度，探討認識、體悟、追求真理過程中的種種特徵；而偏重 B 的就是知識論，它只是對世間出現的種種知識進行對比、鑒別。這兩個角度印順法師都有論述，如果借用佛教的專有術語來表達，就是能與所。

三、對佛教認識論的闡述

印順法師從能的角度論述了佛法的有關主張，筆者認為可分為以下四個方面。

1. 認識論的理論基礎——人的特勝

在前面介紹的《人心與道心》一文中，印順法師特別講到了人有三種長處，即梵行勝、憶念勝、和勇猛勝〔註213〕，不過在那裡印順法師只是簡單地陳述，在《佛法概論》一書中這種特性又被系統地論證。《佛法概論》是其思想確定後的早期作品之一。

首先，印順法師認為，

> 凡宗教和哲學，都有其根本的立場；認識了這個立場，即不難把握其思想的重心。佛法以有情為中心、為根本的，如不從有情著眼，而從宇宙或社會說起，從物質或精神說起，都不能把握佛法的真義。〔註214〕

〔註211〕陳嘉明：《知識與確證——當代知識論引論》，世紀出版集團，上海人民出版社，2003 年 4 月，第 1～2 頁。
〔註212〕吳晨：《社會知識論還是社會認識論》，《自然辯證法研究》，2004 年 11 月。另一種意見認為兩者是相同的表達，參見尼古拉斯·布寧、余紀元編著：《西方哲學英漢對照辭典》，Epistemology 詞條和 Theory of Knowledge 詞條。
〔註213〕印順：《人心與道心》，《我之宗教觀》，第 106 頁。
〔註214〕印順：《佛法概論》，第 29 頁。

印順法師這句話是有針對性的，他認為，佛法的目的在於擺脫有情的種種苦迫與缺陷，諸如生老病死、愛別離、怨憎會以及所求不得等等，對於這些，生產的增加與政治的革新雖然必要，但不能解決根本問題；東西方哲學的唯物、唯心，也不如佛法的離此兩邊說中道更能體認有情的存在〔註215〕。也就是說，佛法直接以有情為中心，比世間學問、哲學等能更好地解決人生的意義問題。

　　接著，印順法師進一步論證到，探究人生的意義是所有宗教共同的主題，即人類苦於自然、社會以及自己身心等的各種壓迫，因而產生超越它、制用它的意願，並通過依賴感與超越感成為宗教理想的歸依者。不過，一般的宗教都偏於依賴感，因此幻想有一個所依賴者，成為一外在的神。基督教、中國的天命都有這種特性。在這種宗教中，人從神中分出的質素就是我們的自我、心或靈魂，而人的缺陷是無法補救的，惟有依賴神，以虔誠的信仰接受神的恩賜才有希望。印順法師認為，這種宗教的特點是幻想的、他力的。而佛法與此截然不同，它是無神論的、自力的，「佛說：有情的一切，由有情的思想行為而決定」〔註216〕。

　　為什麼會有如此結論，乃是源於人在有情當中的殊勝的地位，印順法師將人與五趣的關係，建構為圖 3-4 的結構，

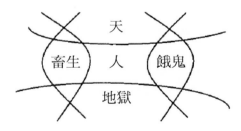

圖 3-4　人在有情界的地位圖〔註217〕

依據此圖，人在五趣的中心，上有快樂的天堂，下有極苦的地獄；兩旁是畜生和餓鬼，雖在人間但遠不及人類。印順法師認為，這種人本的有情觀是與中國一般的鬼本論非常不同的。不僅如此，一般宗教的見地都是怕墮地獄，求生天國，而佛法在這一點上卻有它獨到的見解，認為人間最好。其原因是，地獄、畜生、餓鬼等都是有苦無樂，或苦多於樂的；天上的享受雖比人類好，

〔註215〕印順：前引書，第 30～32 頁。
〔註216〕印順：前引書，第 33 頁。
〔註217〕印順：前引書，第 35 頁。

但那是庸俗的、自私的,這種物質欲樂、精神定樂的陶醉,最終的結果是必然的墮落。而在人間卻有成佛的可能,因而值得天神的仰慕〔註218〕。

那麼,人間究竟有何特勝可以使人成佛呢?印順法師從四個方面來說明。1. 從環境上說,天上太樂,畜生、餓鬼、地獄太苦。太樂容易墮落,太苦無力追求真理與自由。唯有苦樂參半的人間才是體悟真理與自由的理想場所。2. 慚愧,也就是梵行勝。知道自己的不足,有求改進的心;知道世間的真理、法制、道德,有求善的心。這兩者是人類所以為人的特色之一。3. 智慧,也就是憶念勝。人類不同於畜生、餓鬼、地獄等三惡趣,它們都依賴本能動作,而人能從生活經驗的記憶中,啟發慧力,解決問題。不僅能改善環境、身心,而且有可能探求人生奧秘,達到徹底的解脫。4. 堅忍,也就是勇猛勝。人類為達目的,可以忍受一切苦難,最終必能達成圓滿至善的境地〔註219〕。

同時,印順法師還以諸佛皆於人間成佛為依據,判定人間環境和人身自身是成佛的最佳之所,給人的自力說提供了堅實的理論基礎。

同時需要指出的是,印順法師對人的特勝的肯定是有但書的,或者說,印順法師肯定人與儒家思想肯定人,其旨趣大相徑庭,這是我們理解印順法師佛學思想的一個關鍵,也是幫助我們釐清梁漱溟先生的出佛入儒與印順法師思想異同的重點。(是否是本體論,為另一個重點)。如果用一句話概括的話就是,人要認清人自己。在這句話裡,人既是思想者(主語),也是被思想的對象(賓語)。如果說印順法師對人的特勝的強調其旨趣是針對著主語的人,那麼對賓語的人,印順法師同樣有著清醒的認識。

> 依佛法說:有情的生死流轉,世間的苦迫紛亂,根本為「我見」在作祟。我見,即人人於自己的身心,有意無意地直覺到自我。強烈的自我感為中心,於是乎發為一切顛倒的思想與行為。此自我,在釋尊時代的印度,有各式各樣的名稱,有各式各樣的推想,成為印度文化中的核心論題。釋尊即由此大徹大悟,而成為無上正覺者。〔註220〕

印順法師的意思是,依據佛法,我(人)要形成的正確認知,恰恰是對我(人)見的破除。「釋尊的正觀,即於蘊、處、界作深切的觀察,否定這些異見,樹

〔註218〕印順:前引書,第 35 頁。
〔註219〕印順:前引書,第 36～37 頁。
〔註220〕印順:前引書,第 43 頁。

立無我的有情論；淨化情本的有情，使成為智本的覺者」〔註221〕。用筆者字母表示的話就是，儒家的是 A（＋1）↑B（＋），佛教的是 A（0）↑B（0），追求的動作相同，但目標不同，從這一點可以看出他的思想是一致的。

2. 佛法重自證而不重信仰

既然強調了人的特勝──自力 A↑B，自然就會否定他力 B↓A。對於這一點，印順法師的觀點是明確的，但在表述時，似嫌沒有特別規避文字多義的風險。

在其晚期作品《初期大乘佛教之起源與開展》中，曾專闢一節講述「信在佛法中的意義」。印順法師說：

> 「信」（śraddhā），在「佛法」──根本佛法中，是沒有重要性的。因為傳統的、神的教說，才要求人對他的信仰。釋尊從自覺而得解脫，應機說法，是誘發、引導，使聽者也能有所覺悟，得到解脫，這是證知而不是信仰。所以佛說修持的聖道，如八正道、七菩提分、四念住、四神足、四正斷，都沒有信的地位；一向是以「戒、定、慧」為道體的。〔註222〕

印順法師認為，佛法是讓人通過自證而覺悟得解脫的，釋尊在世時也沒有宣說自己是神或神的兒子、使者〔註223〕，與重他力的，認為人類只有依賴信仰才能從神那裡得到救助的神教思想完全不同。因此在原始佛教裡面，沒有信 B↓A 的地位。但在佛法的傳播過程中，隨著信眾的增多，

> 那時的宗教界、社會大眾，希求解脫，或希求現生與來生的福樂，饑渴似的仰望著釋尊，希望從釋尊而有所滿足。這種對佛的敬仰、愛樂心，與一般宗教的信心，是有共同性的。「信」終於成為道品的內容，在精進、念、定、慧之上，加「信」而名為「五根」、「五力」。〔註224〕

人們因為對釋尊的敬仰，希望從他那裡得到滿足，這種心情與一般宗教的信心相類似，信因而成為戒、定、慧之外修持佛法的重要內容之一。但在最開始，信是對佛的信心，對如來已證得涅槃的信心，對他所說教義的信心，慢

〔註221〕印順：前引書，第 44 頁。
〔註222〕印順：《初期大乘佛教之起源與開展》（上），第 259 頁。
〔註223〕印順：《佛法概論》，第 9 頁。
〔註224〕印順：《初期大乘佛教之起源與開展》（上），第 260 頁。

慢地，加入對僧伽的尊重，形成信佛、法、僧的三歸依。這時的信，可以理解成是對佛法僧的信（願）心。這個信（願）心就是對佛法僧的不忘失，以及對此信心的不壞不動〔註225〕。印順法師說，這時的「信」就有了一般宗教信仰的意味，也有了類似一般宗教的作用，信似乎能夠給人一種神力的加被。到這個時候，意味著「自力不由他」的智證的佛法一部分向他力的方向轉化〔註226〕。也因此，在對信的說明上引起佛教界意見的分歧〔註227〕。

印順法師從經論中舉出兩種由修學而趣入的方便。一是親近善友，多聞正法，如理思惟，法隨法行；一是於佛不壞淨，於法不壞淨，於僧不壞淨，成就聖戒。印順法師評論到，

> 這二者，一是重慧的，是隨法行人，是利根；一是重信的，是隨信行人，是鈍根。這是適應根機不同，方便不同，如證入聖果，都是有信與智慧，而且是以智慧而悟入的。〔註228〕

也就是說，佛法雖為攝受鈍根人引入信 B↓A 的思想，但最後，都要以智慧觀察正法來統一。信 B↓A 是方便道，慧 A↑B 才是正常道。不過印順法師不無感慨地總結說，在釋尊涅槃以後，在一般人的心目中信 B↓A 的地位是更重要了〔註229〕。

通過以上分析，印順法師的態度是十分明確的，即原始佛教中沒有信神 B↓A 的位置，後來為了攝受鈍根之人，而有信（願）、信（仰）的方便說，但這個方便說必須要與重自力的慧 A↑B 相統一。結合我們這一節中的分析，印順法師的思想可以解讀為是對人類通過自力 A↑B 得到解脫智慧的肯定，信 B↓A 應該只是這一過程的助緣而已，準確地說，信應該是信（心）A↑B，而不是信（神）B↓A。既然有這種體認，印順法師在構建其新的適應現代的佛學思想體系時，就應該規避「信」在大眾心目中的普遍義 B↓A。筆者在理解其倡導的菩薩行要以「信、智、悲」為心要時〔註230〕，就曾有過這樣的疑惑：反對神教的印順法師，怎麼會將屬神的信仰 B↓A 放在智慧、慈悲之前。不過後來，隨著他變更用語，說人菩薩行的心要是菩提心，大悲

〔註225〕印順：前引書，第260～262頁。
〔註226〕印順：前引書，第263～264頁。
〔註227〕印順：前引書，第267頁。
〔註228〕印順：前引書，第267頁。
〔註229〕印順：前引書，第268頁。
〔註230〕印順：《契理契機之人間佛教》，《華雨集》（四），第33頁。

心，空性見時〔註231〕，更主要的是他在上述《佛法概論》中提出沒有任何歧義的自力A↑B、他力B↓A時，這個疑惑才最終化解。印順法師還是堅持通過人的自力，通過人的智慧與慈悲，成就此時、此地、此人的佛法旨趣的，這是筆者理解並重新構建其佛學思想體系的關鍵。一般學者多根據印順法師的說法，認為太虛大師的「人生佛教」只對治鬼化，而印順法師的「人間佛教」也對治天化〔註232〕。筆者的意見是，太虛大師的「人生佛教」仍然是他力的（二元的），而印順法師的「人間佛教」是注重自力的。也就是說，從神B↓A的角度，換成從人的認識A↑B角度去考察，更能準確定位二者思想的旨趣。

3. 認識的源泉——心、意、識

說到人的認識機能，「佛教於心識發揮得極精密，確為應有的努力」〔註233〕。印順法師認為，和世學認識論比較起來，佛法在這方面的論述有著與眾不同的優點。

> 一般的心理學者或認識論者，論到認識的來源時，有的說：心如白紙，什麼都沒有，一切認識作用，都由生活經驗而漸漸生起、資長。如不和外境接觸，心就什麼也不會有。一切從經驗來，即所謂經驗派。有的說：認識作用的種種功能，是與生俱來的。如想像、思考、推測等種種認識功能，都本來就有，由外境的觸對而引發，此即所謂理性派。以佛法來說，這即是新薰說與本有說。二家所說的，各見得一些，卻不是完善的。〔註234〕

那麼佛法的見地又是什麼？和我們前面介紹的《人心與道心》一樣，印順法師在《佛法概論》中也講到了類似的內容。他講述了佛法關於人的生理機能（五根）與心理機能（意根）互相依存不即不離的關係，指出佛法是既不偏重物質也不偏重心理的〔註235〕；講述了佛法中對意根的獨特認識，進而講述「依意生識」「六處和合」的立場〔註236〕；以及心作為內部留下的認識，隨著識所攀

〔註231〕印順：前引書，第38頁。這裡的菩提心就是「以佛為理想、為目標，立下自己要成佛的大志願」，自力的意味十分明顯。
〔註232〕印順：前引書，第46頁。
〔註233〕印順：《佛法概論》，第70頁。
〔註234〕印順：前引書，第75頁。
〔註235〕印順：前引書，第71頁。
〔註236〕印順：前引書，第72～74頁。

緣的越多，內存的心象也越多〔註237〕；而這種認識，也是相依共存的，既有剎那的同時生起，也有前後的相續而起〔註238〕。最後印順法師總結說：

> 依佛法，有情為身心相依的共存體；心理活動，是無始以來即由外而內——從識到心，又由內而外——從意到識，不斷的交流。有情無始以來，即有此心此意此識，不悟時間的幻惑性，推斷為本有或者始有，實在可以無須！〔註239〕

也就是說，佛法關於人類認識機能的觀點是，身心依存，內外依存，過去現在依存，所以，那種對本有、始有的第一因（神本）推論是錯誤的。

筆者在第一節「有關唯識的前後思想變化」中已經介紹過了相關內容，這裡僅僅是從人的認識角度做了再一次的闡述。另外在第一節中，筆者對印順法師心中的念佛真義做了釐清，這裡再對定境予以說明。

在《佛法概論》「佛法的心理觀」一章中印順法師認為，佛法對人的認識內容與過程所做的精細、深入的辨析，其最終目的是為了淨化自心〔註240〕。從識觸而受，從受而想，從想而行這一認識、行為過程的最後，形成的就是善心所與惡心所，佛法的目的就是要變貪、嗔、癡為無貪、無嗔、無癡。

> 從此三善根而顯現流行，即一般心相應的無貪、無嗔、無癡。如擴充發展到極高明處，無癡即般若，無嗔即大（慈）悲，無貪即三昧。三昧即定心；定學或稱心學，而經說「離貪欲，心得解脫」。無貪為心性明淨而不受染著，解脫自在，才是大定的極致。〔註241〕

也就是說，從念佛的角度 B↓A 看，念佛三昧的定境是五識不起，唯有意識在定中現前，心地清淨，惑業去除，正定中即見彌陀。而從認識的角度 A↑B 分析，定境的本質則是善心所的繼起，貪、嗔、癡的熄滅，此無雜然的明淨境界就是大定的極致。可見在印順法師心目中，念佛、修定的目的都不在本體論的神秘境界，而是對緣起（性空）的體悟。

4. 中觀與方便

上述唯識學的定學是依著「唯識無境」，宇宙萬有不外是由內識了別的幻

〔註237〕印順：前引書，第74頁。
〔註238〕印順：前引書，第77頁。
〔註239〕印順：前引書，第75頁。
〔註240〕印順：前引書，第78頁。
〔註241〕印順：前引書，第79頁。

現這種理論而予以認識、修行的，但這只是佛法中的一種認識論（修行觀）而已。方立天教授在《佛教哲學》一書中就指出，印度佛教認識論的發展大致經歷了三個大的階段，即小乘、大乘中觀學派、以及大乘瑜伽行派。

　　小乘佛教的主要理論是四諦學說，運用分析推理的方法，著重於對人及其生死的分析，對因果律的揭示，從而形成對人的認識的系統學說，相應地，在修行實踐上提倡「禪觀」，以求得人生超越生死的解脫。大乘佛教的興奮點轉向對成佛的修行和境界以及主客觀世界的構成和實相的探討。大乘中觀學派著重宣揚一切皆空的哲學思想，相應地，在認識論上也側重闡述中觀二諦學說，認為世俗認識雖然是存在的，但畢竟是虛幻的，真正的真理是佛教所講的學說，而認識真理的惟一方法是親自體驗。此派竭力提倡神秘直覺，宣揚相對論、懷疑論。隨著神秘直覺思潮的充分發展、極度膨脹，就必然要強調意識，提倡內省——內心的省察。繼中觀學派之後的大乘瑜伽行派，宣揚觀念論，分析觀念的類型與不同的真實程度，以論證觀念是萬物的本原。此派認為，世界是無限可能的觀念，外在世界是受主觀心識所決定的，是依主觀而存在的。世界上既無客觀事物的真實性，人類也沒有對客觀事物的真正可靠的認識能力，只有主體內省的認識，即自己認識自己。所以，此派特別重視觀心、治心，即對主體意識的返照、整治，並實際上把內省視為認識的有效源泉。隨著內省的理論和實踐的展開，後期瑜伽學派又轉而尋求認識、真理的合理的邏輯論據，發展了因明學說及與其相關的量論——知識論，闡發了認識、真理的來源、構成、性質和標準等問題，強調只有認識是惟一存在的真實，認為只有可感覺的、直觀到的認識是唯一確實的真理，從而在宗教範圍內對邏輯學和認識論作出了貢獻。〔註242〕

方立天教授講述的每一種認識方法，似乎都讓筆者聯想到了印順法師不斷解釋說明的無常、性空、真常三期，或者性空唯名、虛妄唯識、真常唯心大乘三系的觀點。只不過，方立天教授是站在學術的立場對各派觀點進行中立的評價，認為它們都在自己的範圍內對認識論作出了貢獻。而印順法師卻不同，

〔註242〕方立天：《佛教哲學》，《方立天文集》（第四卷），中國人民大學出版社，2006年10月，第217～218頁。

他認為佛教各個派別的不同見解反映了他們在宇宙人生真理的體悟上存在著淺、深、偏、圓的不同認識〔註243〕。和他建立佛法核心義理緣起（性空）的邏輯一樣，在認識論的方面，印順法師認為只有中觀才是對釋尊根本教法最深入而嚴密的闡發〔註244〕。

在第二節中我們已經充分認識到印順法師對緣起（性空）的推理方法，既借助世俗二元思維但又破斥它，依緣起又不落空有兩邊，自性空又不礙假名，能夠這樣從空無自性中洞達緣起，就是正見了緣起（性空）的中道觀。所以，緣起、性空、中道三語，其內容都是指向事物的本性，也就是釋尊覺悟到的以及為眾生說法的根本心髓。中觀就是順著釋尊的上述思路進行的思考，這樣的思考方式，自然就是佛法中最究竟的教說〔註245〕。

但是，緣起甚深，不易為眾生所接受〔註246〕。印順法師在《中觀今論》中也提到，1947年他在雪竇寺講解《中觀今論》時，聽眾中僅有兩個人能聽懂〔註247〕。所以為了適應一般根基，釋尊善巧施設了許多方便法門。但是印順法師認為，古代的方便有些是適應神教的低級信行，有些是適應不務實際的信行，如果過分重視方便，就不免「買櫝還珠」了〔註248〕。就拿大乘三系來說，其中虛妄與真常就是對治的，

> 探索三大思想系的教典，性空論到底是正確而深刻的。在虛妄唯心者所依的《解深密經》，它本身就表示這個見解：五事具足的利根，它無須乎解深密。五事不具足的鈍根，或者懷疑否認，或者顛倒亂說，於是不得不作淺顯明瞭的解說。它的分離俗有，與龍樹「為初學者作差別說」的見解，完全一致。真實唯心，是方便假說的，《楞伽經》不曾這樣說嗎？「若說真實者，心即無真實，言心起眾相，為化諸愚夫。」龍樹說：對治境實心虛（唯物論）的妄執，所以說唯心，這確定了唯心在佛教中的價值。〔註249〕

針對眾生外境物質實有的頑固觀念而開出虛妄唯心，但這種與神我近似的思

〔註243〕印順：《法海探珍》，《華雨集》（四），第59頁。
〔註244〕印順：《中觀今論》，第2頁。
〔註245〕印順：前引書，第1～2頁。
〔註246〕印順：《印度佛教思想史》，「自序」，第2頁。
〔註247〕印順：《中觀今論》，「自序」，第2頁。
〔註248〕印順：《方便之道》，《華雨集》（二），第7頁。
〔註249〕印順：《法海探珍》，《華雨集》（四），第63頁。

想只是方便假說。當然，虛妄唯心也不全是負面，前面提到的對人心、人的認識的精細描述，還是應該肯定的。

> 真常者與妄心者，雖多少有所滯，但某些理論的開發，不能不
> 欽佩他們！〔註250〕

所以，從認識論的角度將中道與唯識進行相比，印順法師的判別標準還是那個 B，「正直捨方便，但說無上道」〔註251〕，這句經文在印順法師的論述中一再提及。離開了緣起（性空）的中道，就沒有中觀（觀察中道）與中論（論證中道）；離開了中觀與中論，也就無法發見緣起（性空）實相、體驗中道。這一點，是印順法師一直堅持的核心〔註252〕。

四、對知識的鑒別

下面我們轉到知識論，即從 B 的角度分析一下印順法師如何看待世間知識？如何看待佛法？以及如何在二者之間進行抉擇？

1. 世界三大文明對知識的不同態度

印順法師認為，在三大文明中存在著對知識截然不同的看法。

關於這一點，其實在前面有關儒教、道教、基督教的論述中已經涉及到了，不過在《佛教的知識觀》一文中又有所擴充。他不僅講到前面我們已經介紹過的幾種宗教，更對希臘文明、印度文明對知識的態度進行了全方位的解讀。他首先從中國開始，講到儒家和墨家對知識的推崇，以及老、莊中的「絕聖棄智」思想，指出當今社會由於知識的發展而帶動的文明的進步，以及由此而引發的「人心不古」的感慨，這種對立的知識觀，原來在中國的傳統思想中就已經存在〔註253〕。

不僅如此，在西方文明中也存在著兩種不同的態度。其中猶太教、基督教等一神教與老、莊思想接近，是人類知識的詛咒者以及人類團結和工業文明的反對者，他們推崇信仰，抹煞知識的價值，認為人類的自由知識是死亡、

〔註250〕印順：前引書，第 65～66 頁。
〔註251〕印順：《大乘是佛說論》，《以佛法研究佛法》，第 111 頁。本書第 162 頁筆者曾引用過一次（〔註 127〕），出處是《我之宗教觀》。藉助印順文教基金會《印順法師佛學著作集》（網絡版），搜索「正直捨方便，但說無上道」的結果是：總筆數 9，分佈於 8 部著作（集）中。
〔註252〕印順：《中觀今論》，第 30 頁。
〔註253〕印順：《佛教的知識觀》，《佛在人間》，第 180～181 頁。

苦痛、和一切不幸的根源。而與這一思想相對的是希臘文明，印順法師引述蘇格拉底的話說，知就是德，有了知識，才會向上向善而邁進於德性的開展，這是推崇知識的一派，與希伯來宗教的思想截然相反。在中世紀時希臘哲學衰落了，它被用於論證上帝的有無，因而被譏為神學的婢女。這種情況自文藝復興以後便得到了改變，連帶著神學也不得不進行些許的革新。然而近代的西方文明宗教信仰與知識之間還沒有做到協調的地步〔註 254〕。

接著印順法師指出，在印度文明中也存在著不同的看法。作為印度正統文化的婆羅門教是極重視知識的。他們所依據的經典——吠陀——就是「明」的意思，它幾乎包括了古代印度文化中的所有方面。而到了釋迦牟尼誕生前的一二百年間，反婆羅門教的沙門思想興起，其中就流露出不能確見真理的意思。舍利弗尊者最初就是學的這一派的思想，他們看出了知識本身的缺陷，即不能真正地表達真理〔註 255〕。

在對三大文明的介紹之後，印順法師總結說：

> 佛教，有著沙門文明的內容，而又含攝了婆羅門重智的傳統。
>
> 因此，佛教是更能認透知識之性質與價值的。〔註 256〕

印順法師在這裡論述的時候，實際上是區分了兩種性質的知識的，它們在三大文明中的表現分別是：儒家、墨家 vs 老莊，希臘哲學 vs 希伯來宗教，沙門思想 vs 婆羅門，老莊、希伯來、部分沙門思想等都有一個共同特點，就是否定人 A 的認識能力，因此對於人類對真理的探求 A↑B 取負面的評價。因為，人類不管怎麼努力，其得到的結果只能是 b，（這個 b 與圖 3-1 的內涵不同，但其結構、位階是一樣的，即其真理性不如 B；而現代學術的視角只是 b，不再體悟那種形而上學 B），它與老莊、希伯來宗教心中的絕對真理 B 相差十萬八千里，且 b 是永遠不可能企及 B 的，正是從這點出發，它們一致得出否定人類 A↑B 的結論。而佛教以及儒家、墨家、希臘哲學、婆羅門教的觀點正好相反，它們都肯定人對智慧的追求 A↑B，而且，這個追求是能達成最終目的 B 的。只不過佛教的 B 是勝義諦，而其他的則是世俗諦。

2. 勝義諦與世俗諦

佛法講到真理時往往總會說到「真、實、諦、如」等名詞，在《性空學探

〔註 254〕印順：前引書，第 181～183 頁。

〔註 255〕印順：前引書，第 183 頁。

〔註 256〕印順：前引書，第 184 頁。

源》一書中印順法師即對這些概念進行了釐清。

> 佛法中無論說空說有，都是以修行的應離應行為主的。修行中最重要的，是要具足如實智。「如實」，其所知所觀的對象，就必定是真、是實、是諦、是如。小乘說到它，大乘也說到它；說空的依之說空，說有的依之明有，所以這是佛法中通常而又重要的幾個名辭。〔註257〕

可見在印順法師的理論裡，佛法中各派別的理論，各宗的修行，都要以具足如實智為依歸，它就是佛法的B，就是佛法的終極真理。那麼「真、實、諦、如」這些詞的內涵是什麼？印順法師舉《阿含經》中的經文指出，這幾個概念所指的不外緣起與四聖諦，即在說明緣起法中前後為緣的關係法則，是法爾如是必然不謬的。而且緣起的流轉與還滅彼此之間的因果理則也確確實實如此。釋尊能照其如此而如實覺悟，並依所證覺而如實說，因此，

> 緣起、聖諦的必然性、確實性的因果法則，就是事理的正確判斷，是理智與對象的一致。如此的就見其如此，所證與法的真相完全吻合，沒有一點錯誤，這就是真理。所以釋尊讚歎而形容它說：「是真、是實、是諦、是如，非妄、非虛、非倒、非異。」切勿誤認這些形容詞，是在說某法有真實自性。〔註258〕

也就是說，釋尊之所以形容佛法是「真、實、諦、如」乃是因為他自己親身體悟到了這種理則，且這種體悟與真相完全一致，它的核心就是緣起（性空）。只不過對於常人來講，因為無法像聖者那樣體悟到中觀深義，所以，便僅從字面上去理解「真、實、諦、如」，把形容詞理解成名詞，認為有一個真實實在的東西，這就與「真、實、諦、如」的本意相違了。

> 後來的學者，把形容緣起法則的話拿去放在具體事實上，認為一切具體法是真是實是諦是如。如薩婆多學者的執一切有，原因就在此。大乘經中很多名辭——涅槃的同義詞，都脫胎於此，如法性、法住、法界，……真實、真諦、真如，……非虛妄性、不變異性……，如《般若經》的真如十二名。於是有一分學者，依文執義，又大談其真常的勝義實有了。〔註259〕

〔註257〕印順：《性空學探源》，第12～13頁。
〔註258〕印順：前引書，第14頁。
〔註259〕印順：前引書，第14～15頁。

本來是對緣起（性空）的形容，最後卻成了名詞從而大談真常的真實、如如，這就與「真、實、諦、如」的本意——釋尊證悟的緣起（性空）產生了分歧。

人們之所以會出現這樣的差錯，其原因就在於受到世俗知識的誤導，以為真理都像神我那樣，佛法的「真、實、諦、如」應該也不例外。印順法師認為，這就是世俗諦與勝義諦的根本區別。

印順法師指出，諦的真實含義乃是正確不顛倒，它是一個中性的用語，對於世人來說，如果他們的認識與對象存在某種合一就可以說是真實不謬的，並安立其確實性，成為世俗諦。而勝義諦或第一義諦則不同，它是聖者證悟的，非一般人的認識所能瞭解，所以，人們往往用世俗諦解釋勝義諦，因此造成偏差。解決之道就在於信解釋尊體悟到的中道，於破除世俗偏邪的同時顯示出諸法的實相來。勝義諦，正是在假名有與緣起空中為聖者所深刻地理解，是聖者的認識與對象一致的結果，它當然也是正確、不顛倒的，是諦，但是，它的這種一致超越了世俗諦的我見，因此是勝義諦的〔註260〕。印順法師並用一張圖來表示二諦的關係。世俗諦以我見為特色，故而流轉；勝義諦以中道為旨趣，故而解脫。這樣，印順法師以緣起（性空）為準繩，區分了世間的兩種真理。

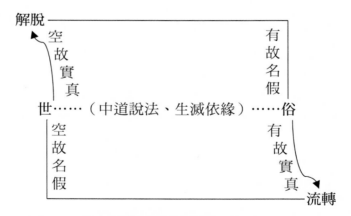

圖 3-5　世俗諦與勝義諦結構關係圖〔註261〕

到目前為止，我們已經從不同的側面多次講到佛教的核心義理了，從中我們可以看到印順法師思路的一致性，只是側重點不同而已。在第二節中我們講到緣起（性空），重心是在它是佛法的核心命題和根本教義，不論任何宗

〔註260〕印順：前引書，第 15～17 頁。
〔註261〕印順：前引書，第 18 頁。

派都是在解空；在本節認識論的部分講到中觀，重心是在對緣起（性空）的不同詮釋當中，中觀的認識方法是最究竟的，其他諸說無非是方便；而在這裡的知識論部分，緣起（性空）就是終極的勝義諦，其他意見則是世俗諦的。雖然世間學術、宗教都與認識的對象有某種相應，形成各種各樣的 b 或者 B，但是真理只有一個，不會是多的〔註262〕。其區別、及其缺點正是在於是否契合了緣起（性空），從而導致眾生是繼續流轉還是趨向解脫。

3. 世俗諦的優缺點

在前文中筆者曾經提到，在印順法師心目中對世間存在的各種知識或真理是有一個區分的，在《佛教的知識觀》一文中我們也可以看到以下這些用語，即「世間知識」「常人的知識」「世間人的知識」vs「出世間無分別智」「宇宙人生的最高真理」「究竟真理」「絕對真實」「更深更妙的真理」等等。為了論述清晰，筆者一律以世俗諦和勝義諦來指稱二者。和勝義諦相比世俗諦自然有它不足的地方，印順法師把它的缺點總結為以下四點，即片面性、相對性、名義性、和錯亂性。片面性、相對性好理解，世俗知識的名義性是說人類的知識都是建立在名義（語言）的基礎之上，但是久而久之，人類錯把名詞當成對象自身，因而聽到上帝、龜毛兔角就認為有此一物，就如同上面我們講到的對「真、實、諦、如」的誤解一樣。印順法師認為，對於勝義諦的絕待性，人類語言是不能直接顯示出它的。所謂世俗知識的錯亂性，印順法師針對的是人類知識無法瞭解宇宙萬物的流動變化，也就是佛法中的諸行無常、諸法無我，因而在認識中執著於實，執著於常，造成人類觀念的顛倒錯亂〔註263〕。

總之，和緣起（性空）的勝義諦相比，世俗諦是以執著於實、常為鮮明特徵的。印順法師認為，這種愛見就是人類痛苦的真正根源，因為人類的種種私欲都是與執著我見的錯誤知識不相分離的，所以知識越高，欲望也就越強，痛苦也就越深。

雖然世俗知識有這麼多的缺點，但是，知識又是使人體悟緣起（性空）的重要手段之一。「修學佛法以及中觀，初步應從親近善友、聽聞正法下手」〔註264〕，在這聽聞的初級階段，是需要借助日常知識的。印順法師開宗明義

〔註262〕印順：前引書，第 15 頁。
〔註263〕印順：《佛教的知識觀》，《佛在人間》，第 185～189 頁。
〔註264〕印順：《中觀今論》，第 37 頁。

地說，「以佛法的立場」〔註265〕知識有三點好處。所謂佛法立場，就是說日常知識在幫助人體悟勝義諦實相上，有三點貢獻。

首先，世間知識是分別識的，雖然它給人類帶來了苦痛，但也給人類帶來了有目共睹的文明的進步，這一點是不能否認的。同時，初學菩薩向上向善正行的人，也需要分別識的引導——即通過知識分別、知曉善惡，了悟世間的因果事相，從而知道善法的價值，並不斷努力向善，這樣才能趨向佛法聖境，最終得到無戲論的根本智。同時，菩薩行的特點在利他，在利他時不是用什麼根本智，而是用由根本智攝受的分別智來進行的，這時的普度眾生的分別智也稱為方便智。所以印順法師總結說，「菩薩求法，當於五明處求」，分別識是能成利生大用的〔註266〕。這一點，其實與上面談到性空時所說的「依有明空」旨趣是相通的。

其次，分別識也能幫助人們加深對甚深佛法的信解。印順法師認為，佛法是以知識為信仰基點的，解得分明，信得懇切，這才是佛法的正信。所以，如果對佛法的正確知解愈高愈深，信仰也就愈深愈堅。沒有知識的信仰好像很虔誠，其實是非常膚淺的。這是佛教與神教顯著不同的地方，在這裡，也能顯出知識的長處〔註267〕。

再次，分別識能成無分別智。這一點與第一點類似，那裡，分別識是助力，是方便，這裡，分別識是助緣。也就是說，佛法雖認為知識本身有缺點，但是如果捨棄了它的片面性、相對性、名義性、和錯亂性，把握它的長處，借著這樣的分別智就能最終得到無分別智。無分別智生起時，分別識會立即泯絕不起。這也體現了緣起的蘊義〔註268〕。

總之，在當今這個精神和道德都低於知識發展的社會，如果能夠發揮世間知識的長處，使之與佛法相契合，就能夠進入人類世界新的知識文明〔註269〕。這就是印順法師知識論的結論式陳述。

通過以上三小節的分析，筆者可對印順法師不離中道的知識論內涵做一個總結。

〔註265〕印順：《佛教的知識觀》，《佛在人間》，第190頁。
〔註266〕印順：前引書，第190～192頁。
〔註267〕印順：前引書，第192頁。
〔註268〕印順：前引書，第192～194頁。
〔註269〕印順：前引書，第198頁。

之所以認識論 A↑B 在佛法中佔有重要的位置，是由於它的核心義理緣起（性空）決定的。我們講過耶教的核心理念是上帝（＋1）人（－1），人只有擺正自己奴僕的位置才能成為上帝的選民。有了這樣的核心理念，耶教似乎不需要認識論，基督教著名神學家德爾圖良更創造出那句名言，「這是定而不移的，因為它是不可能的」〔註 270〕，明確表示出人類智慧是無法領悟上帝奧跡的觀點。因此，耶教的實踐部分以信、望、愛為內容，其中並沒有人類智慧的位置。和耶教不同的是，佛法以緣起（性空）為核心，要想「聽聞正法，如理作意，法隨法行」〔註 271〕，每一步都離不開對緣起（性空）的認識，因此，

> 《般若經》說：般若為諸佛母。如進一層說，佛說的十二部經，修學的三乘賢聖，也沒有不是從般若法門出生的。沒有般若，即沒有佛及菩薩、二乘，就是世間的人天善法，也不可得。般若為一切善法的根源！〔註 272〕

沒有智慧不僅入不了法門、成不了佛，就連人天善法也無所得，這樣就給智慧以極其重要的地位。因此，印順法師曾多次表示，佛教是智慧的宗教，故而認識論 A↑B 在佛教中是有重要地位的。

第二點，不管是否強調人在追求真理中的作用，世間所有的宗教、哲學、文明體系等都有對真理的認知，形成某種 B 或 b 的學說，在這裡，印順法師繼續以緣起（性空）為標準，分世間所有知識為世俗諦與勝義諦兩類，並判佛教的勝義諦是無漏的。

> 依正見而起正語、正業、正命，然後「自淨其心」，定慧相應而引發無漏慧，所以在五根（信、精進、念、定、慧）中，佛說慧——般若如房屋的棟樑一樣，是在先的，也是最後的。佛法是理性的德行的宗教，依正見而起信，不是神教式的信心第一。依慧而要修定，定是方便，所以也不是神教那樣的重禪定，而眩惑於定境引起的神秘現象。佛弟子多數是不得根本定的，沒有神通，但以「法住智」而究竟解脫，這不是眩惑神秘者所能理解的。〔註 273〕

〔註 270〕德爾圖良：《護教篇》，涂世華譯，上海三聯書店，2007 年 7 月，涂世華：「中譯本序」，第 1 頁。
〔註 271〕印順：《金剛經講記》，《般若經講記》，第 41 頁。
〔註 272〕印順：前引書，第 42 頁。
〔註 273〕印順：《契理契機之人間佛教》，《華雨集》（四），第 23～24 頁。

智慧在佛法中起著棟樑的作用，它是最先的，也是最後的，禪定只是方便，追求的不是神教那種通神境界，而是以法住智的緣起（性空）作為最究竟的解脫，這樣佛教就與神教和一般世間知識明顯不同了，這種不同的原因已在本書一再提及，那就是對我執、法執的破除。印順法師在這裡用到了無漏慧、法住智，無漏慧指佛教的緣起（性空）源於釋尊的體悟，它比其他世間知識更加契合真理實相，故而它是「真、實、諦、如」的；法住智指對有漏的世間我見慧有清醒的鑒別，故而是中道的正確方法。

　　這樣，印順法師就將世間所有知識，按照它與緣起（性空）的關係組成了一個立體的網絡，如圖 3-6。其中，緣起（性空）是本來就存在的，即使釋尊沒有證悟它，它也是如如不動的「真·實·諦·如」。世俗諦分別智，它包括了世俗科學知識 b，以及神教真理 B 等等，它們最大的特點就是二元、實有、我見，與緣起（性空）相比併不究竟，但可借助它成為獲得法住智的階梯。證悟緣起（性空）的勝義諦亦有兩種方法，其中，中觀智是能夠達到終極目標的，但是由於緣起甚深，釋尊又先後宣說出種種方便智，它們雖然不如中觀智直接，但也是以性空為目的，假以時日通過不斷地次第進階，最後也是會捨方便而契入實相的。按照這張圖，什麼是錯誤的知識，什麼是究竟的中道，什麼是方便的解說，都能有一個直觀的表示。可見印順法師的認識論、知識論是自洽的，也可以說他的理論體系是通的。

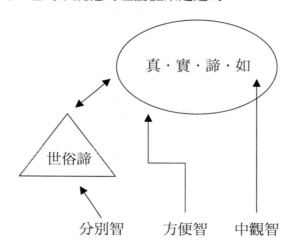

圖 3-6　中觀智、方便智、分別智結構關係圖

說到通，不僅認識論、知識論如此，它還涉及到實踐論。印順法師說，世

間所有學問都是為了人類的解脫，他把這形象地比喻成是從此岸到彼岸，世間所有學問就是這中間的工具——乘。印順法師把所有的這些知識分成五類，即五乘——人乘、天乘、聲聞乘、緣覺乘、菩薩乘（或佛乘）。其中，人乘、天乘可簡稱為人天乘，聲聞、緣覺可簡稱為二乘，菩薩乘可單獨稱為一乘，二乘和菩薩乘又可簡稱為三乘。人天乘約等同於世俗諦，它是世間法，而三乘都是出世間法，其中二乘學者雖也能證得緣起（性空）的真如實相，但是他們仍然有退回小乘的可能。其原因，印順法師說是缺少一乘的大悲心〔註 274〕。如何增長大悲心以繼續向著成佛的彼岸駛去，這是印順法師的實踐論要講到的內容。

第四節　不離中道的實踐論

佛法不只是正見緣起（性空），更是在此正見指導下的行踐。印順法師對此有明確的認知。

> 佛教是實踐的人生宗教。「誦習千章，不如一行」，就是教理的探索，目的也在獲得正知正見，以指導行踐。理解與行踐，必然一貫；這在三期佛教的行踐中，可以完美證實。佛法中的神奇與臭腐，行踐就是試金石。佛陀的本懷，唯有在行踐中，才能突破空談的胃索，正確地把握它。〔註 275〕

這一段，印順法師把佛法的實踐意義給予了全方位的說明，從中我們可以看出，1. 佛教是實踐的宗教；2. 佛教義理必須與實踐一致；3. 判定現實中佛法的正確與否，踐行是其試金石。這裡需要強調的一點是，印順法師對實踐重要性的澄清帶有很強的對治性，即要糾正現實的佛教界與純正佛法之間的距離，也就是太虛大師所說的說大乘教修小乘行的問題。這種糾正其實從名稱上就已經開始了——他較少使用傳統術語「修行」來指稱實踐，而更多使用「行踐」「德行」〔註 276〕等用語。

一、行踐的理論基礎——業感說

正如認識論的理論基礎是人的特勝一樣，行踐的理論基礎是業感說。印順法師認為，人類在自然、社會、身心的環境中常常感覺到受著某種力量的

〔註 274〕印順：《佛在人間》，第 23～25 頁。
〔註 275〕印順：《法海探珍》，《華雨集》（四），第 66 頁。
〔註 276〕參見印順：《佛法概論》，第 13、14 章。

限制和支配，因而想像有神、有天命，並隨之形成了祭祀、禱告、咒術等宗教行為。如果情況得到改善，會自然認為自己身心的虔誠能夠產生某種神奇的力量，自我的業力說就從此興起。釋迦牟尼正是根據印度《奧義書》中的這一思想，剔除其中業與我相結合的因素，把它從神秘的宗教中解放出來，使人類的合理行為成為改善過去、開拓未來的源泉〔註277〕。具體說來，它的特色有如下三點：

1. 機會均等而非特殊

印順法師認為，神教者根據人為的社會階級分出上帝選民，以及婆羅門、剎帝利、吠舍等，佛法的業力主張徹底反對它，認為人類的種種差別一切由業所決定，現生的善惡決定後生的沒落或上升，在這一點上眾生平等〔註278〕。

2. 前途光明而非絕望

印順法師認為，神教者都設想一個永恆的來世，或永生，或永受火獄等。而佛法卻認為，過去的錯誤應從現在身心的合理努力中去變革。即使此生無力自拔，但未來的悲慘命運並非終極而只是過程，只要不斷改善身心，人類就永不失落光明的未來〔註279〕。

3. 善惡有報而非懷疑

現實世界中，常會出現行為與境遇的不一致，這令一些人對於善有善報、惡有惡報的道德律產生懷疑。印順法師說，對於這一點三世業感說能夠給予合理的解釋，「善惡到頭終有報，只爭來早與來遲」。人類應盡可能努力向上，不必因挫折而動搖向善的決心〔註280〕。

另外，從業的分類上看也能夠對佛法的行踐給予指導意義。

1. 定業與不定業

故意所作的強業，必定要受某種果報的，名為定業。但是，如果有足夠的懺悔——包括能修身、修戒、修心、修慧，重業也會輕受而成為不定業。所以印順法師說，我們不必為既成的惡業擔心，盡可從善業的修習中去對治它。只有不知懺悔，不知作善業，這才決定了定業的難逃〔註281〕。

〔註277〕印順：前引書，第63～64頁。
〔註278〕印順：前引書，第64頁。
〔註279〕印順：前引書，第64～65頁。
〔註280〕印順：前引書，第65頁。
〔註281〕印順：前引書，第66～67頁。

2. 共業與不共業

共業指人類由於共存於社會，一舉一動、一言一行都直接間接與他人有關。等到引發某種共同趨勢就是所謂的「共業所感」。有鑑於此，大眾的共業需要大家一起努力來改變它，單憑聖人一己的宏志和偉業，對共業是無能為力的〔註282〕。

3. 引業與滿業

比如生為人類，人與人之間主要的本質都是平等的，這是引業所感的業果說。而各人之間的種種差別，如相貌、貧富、知識才能等，是由過去的滿業和現生作業使然。這種差別，不為過去業所規定，更多是由自己現業所造成。所以，引業沒有變革的可能，滿業則大有改進的餘地。印順法師說，不善的，就可從善業中變革它，善的，應使它增長以便更加完善〔註283〕。

通過這種對業的分析可以看到，實踐在佛教中具有重要的作用，它不同於定命論，人類只能被動地接受命運的安排，而是主張通過現生的行踐，通過自力去影響業力，改善自己，並通過人人共同的努力以進化社會。印順法師尤其強調，業力是共同的，儒家聖人的宏大偉業對共業的改變無能為力，突出強調了佛教的眾生平等觀。

同時，和肯定人的殊勝要依於緣起（性空）一樣，佛教的業感論也融攝於緣起論。因此印順法師特別指出，並沒有輪迴主體的神我，也沒有身心以外獨存的、永恆的業力，有的僅是依於因果法則而從業受果。就如同流水的波動，燈柱的光波，一切都契合諸行無常的生死流轉，與外道永恆的來世說是不同的〔註284〕。在其他文章中印順法師也有類似的表示，無常相續的假名我是可以有的，在此意義上安立自做業自受報的理論，但是絕不容許在因果相續之外去另加執著〔註285〕。這樣，印順法師這種不離中道的實踐論就與其整個思想體系協調一致了起來。

二、對佛教行踐的歷史性考察

業感論是印順法師轉而接受佛法的重要原因之一，他在出家以前就認為三

〔註282〕印順：前引書，第67頁。
〔註283〕印順：前引書，第67～68頁。
〔註284〕印順：前引書，第69頁。
〔註285〕印順：《性空學探源》，第45頁。

世因果說是最入情入理的,因為它指導人們依靠自己的力量離惡向善轉凡成聖,與耶教貶低人類價值的觀念迴然有異。在他思想確定以後,又從印度佛教的歷史發展中看到,義理和行踐一直是互為表裡協調一貫的,從這個角度他認識到了現實佛教的問題出現在了哪裡——一是義理因圓融而漸離正見,二是修行因神教外道而趨於唯心、他力、速成,兩相互動,便漸漸失去了釋尊的本懷。

在其早期作品《法海探珍》中,印順法師根據其對印度佛教歷史三期說的認識,將三期的行踐也做了詳細的說明。

在佛教初期時的印度,社會上的宗教修行有兩大主流,一是出家苦行,一是在家樂行,方法如布施、持戒、祭祀天神。釋尊為適應時代的根性,提倡中道之行,對極端的苦行和祭祀都表示了反對的態度。當時的出家眾,衣食知足,淡泊、清淨、少事少業,修習禪定,這些都來源於外道,所不同的只在無我正見與禁止有害身心的苦行。對於在家眾,則提出「端正法」,在反對祭祀的同時,認同外道的布施、持戒、以及生天之法。其中布施、持戒能得人天果報,修禪定能生高級的色無色天〔註286〕。印順法師並用一張圖示(圖3-7)對此進行了形象的展示,他具體將佛教的行踐分成五種:人乘、天乘、聲聞、緣覺乘與菩薩乘。人乘重布施、持戒,是世間樂行者的改善;天乘在人乘的基礎上增加了禪定,是世間苦行者的救濟。出世法在人、天乘的基礎上再加上無我慧。在那個時期,聲聞弟子與菩薩都是通過觀察無常而厭離世間的,但是聲聞弟子一般側重因定生慧,菩薩則注重布施持戒,因此,聲聞緣覺乘是引導苦行者出世的,而菩薩乘是引導樂行者出世的〔註287〕。在做了上述分判之後,印順法師又將上述五乘進行了排列,認為,

> 從世間到出世的層次上看,布施不如持戒,持戒不如禪定,禪定不如智慧。但從以智慧為主的出世法看,那又聲聞的戒定(自利的)不如菩薩的側重施戒(利他的)了。這一點,將成為佛教徒行踐的尺度。〔註288〕

在這裡,印順法師表現出重智慧、重利他的菩薩乘主張,而且,由於這一認識直接來源於釋尊的踐行,因此也被印順法師當成當代佛法實踐應該遵循的標準。

〔註286〕印順:《法海探珍》,《華雨集》(四),第66~67頁。
〔註287〕印順:前引書,第67~68頁。
〔註288〕印順:前引書,第68頁。

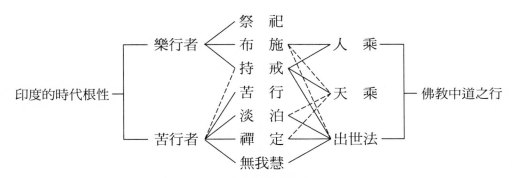

圖 3-7　中道之行結構圖〔註 289〕

　　中期佛教是由聲聞乘為主轉入人身菩薩為主的時期，與初期佛教相比，有更多積極入世的一面。不過因為根性十分複雜，印順法師根據龍樹菩薩的說法將那時的行踐也分成三種，即鈍根菩薩、中根菩薩、和利根菩薩。

　　鈍根菩薩是從觀無常入空的，因為他們的厭離心重，因此無法適應大乘菩薩的利他行，因此百分之百是要退墮為小乘的。中根菩薩是從觀察一切法不生不滅而趣入佛乘的。他們一方面正觀性空，不厭世間，不戀世間，不著涅槃，卻向涅槃前進；同時培養大悲心，實行布施、持戒、慈忍等利他事業。但是，由於悲智不足，在未穩固根基的時候，往往急於通過禪定來證空，因此也有退墮小乘的風險。而利根菩薩則是直從涅槃無生而入佛道的，即身成佛不再退墮〔註 290〕。

　　通過以上的介紹印順法師分析說，根性的不同不是一般人所理解的學習佛法時間的長短，而是根據各人所積聚的資糧——福德智慧來決定的，也就是要靠利他行和中觀智。只有時時處處行利他行，煩惱也將逐漸折伏，一旦見聞佛法發菩提心，就能直入無生，完成圓滿正覺。因此印順法師認為，要修學大乘行，自利利他，只有採取積聚悲智，學而不證這條正路，單憑心急是勉強不來的〔註 291〕。

　　從人類菩薩為主轉化為天身菩薩為主是後期佛教的特點，它們的成佛也可分為鈍根漸入與利根頓入兩類。漸入是從無常入空、從空入無生，這需要三大阿僧祇劫才能成佛。頓入的，或是按照漸入的路子，但走得快些；或者是直入無生，立即成佛。印順法師認為，後期佛教的行踐發生了一些本質的

〔註 289〕印順：前引書，第 67 頁。
〔註 290〕印順：前引書，第 68～69 頁。
〔註 291〕印順：前引書，第 69～70 頁。

變化：1. 唯心傾向明顯，主張即身成佛，即心成佛；2. 受外道的影響，主張他力，認為成佛非要先請到護法神不可；3. 神秘氣息濃厚，求生淨土、密宗的三密、以及印度民俗中的一切，在後期佛教中無不圓融廣攝；4. 淫慾為道，般若為母，方便為父的聖教，被男女關係替代。印順法師因此判斷說，這樣的踐行能否兌現大慈大悲、自利利他的大乘佛法，是值得注意的〔註292〕。

經過這樣對歷史的梳理與解讀，印順法師的觀點就是十分清楚的——自力的、利他的、悲智雙全的、不急於證入、生生世世不斷行踐菩薩行等，就是他佛法實踐論的指導原則。中國的佛教思想是秉承了中期大乘佛法精神的，但在現實教界的修行中，卻顯現出唯心、他力、速成等後期佛教的特色〔註293〕，這種義理與行踐的偏差需要得到糾正。

三、對中道行的正面闡述

經過上面的思考，在印順法師的心目中有關佛法行踐的具體內容也就慢慢地浮現出來了。我們還是以他早期的作品《佛法概論》為中心進行說明，不過，相同的表達在他其他的作品中是隨處可見的。

1. 基本原則

從上面兩小節的分析中可知，印順法師在義理的抉擇上就是以性空唯名的方法求解緣起（性空）的真義，他把這形容為中道，那麼契合這個中道的行踐，就是八正道——正見、正志、正業、正語、正命、正勤、正念、正定。在這八正道中，關鍵就是一個「正」字，以正統領八種項目的行為。因此，印順法師首先對什麼是正進行了分析，這可以說是他對實踐的原則性闡釋。有關內容，可概括為以下幾點。

（1）純潔的信念

印順法師認為，對於佛、法、僧三寶的「信」心，在佛法實踐中有著重要的意義。和在認識論中的觀點一樣，這裡的「信」也是打上引號的，它不是對神的他力的祈望 B↓A，而是對三寶的容納和接受 A↑B，認為他們是覺者、是真理、是奉行真理的大眾，這是修學正法的根基。只有這樣才能談到後面的正見、如理隨行和究竟解脫〔註294〕。

〔註292〕印順：前引書，第70～72頁。
〔註293〕印順：前引書，第73頁。
〔註294〕印順：《佛法概論》，第124頁。

（2）人本的立場

佛法的實踐是與神教不同的，它要靠人自己的合理行為，淨化內心，並擴大到一切有情、無邊世界。所謂一切有情就是人不分等級，不分男女，不分在家出家，而且悲心重的菩薩還有以身餵虎的經驗。所謂無邊世界更是牽涉到過去、現在、以至未來。因此佛法反對一切祈禱、祭祀、咒術等神教的迷信行為，也反對男尊女卑的世俗陋習。印順法師認為，佛法中以男眾為主是適應當時的世俗社會和男眾聽眾眾多的現實，後來，由於女眾的請求，釋尊最終也是准許她們出家的。另外，雖然佛法也主張布施畜生，求生極樂世界，但是其重點還是在人類和現世，因此反對那種專心於放生而對人類反而不聞不問的行為，以及急於成佛的自利修行，認為那樣只會墮回小乘，反倒於成佛無補〔註 295〕。

（3）中道的正見

這一點是理解印順法師實踐理論的一個關鍵。前面我們已經講過，印順法師是推崇中觀的，而且認為佛法的修行要與其義理協調一致，因此，印順法師主張佛法的行踐要符合中觀正見的要求，是他佛法理論的自然推演結果。和他前面的論述邏輯一樣，印順法師心中的實踐中道，不是指的既不苦行也不樂行的取中之道，而是破除了私欲我見的，深化、廣化了的世俗道德，它超勝於人間一般的德行，但又與世間普通的真理相順隨、相契合。所以它的目的不是人天福報，而是契入解脫聖境〔註 296〕。

（4）恒常的毅力

印順法師認為佛法德行的實踐，由於我見的私欲、環境的壓力、以及知識的不充分等，要想持之以恆地堅持下去不是件容易的事情，因此需要最大的努力，也就是精進和不放逸。精進是破除前進的阻礙，不放逸是擺脫後面的羈絆，尤其是順利安詳中養成的惰性。印順法師認為，這在德行的進修中有著不可或缺的價值〔註 297〕。

以上是筆者從印順法師的論述中歸納出來的幾點，從中傳遞出的人本精神是與印順法師強調的人的梵行勝、憶念勝、勇猛勝相一致的。

〔註 295〕印順：前引書，第 113～117、118～119 頁。
〔註 296〕印順：前引書，第 117～118 頁。
〔註 297〕印順：前引書，第 123～124 頁。

2. 八正道

上面是筆者從《佛法概論》中解讀出的有關行踐的指導性原則，下面我們再來看印順法師對具體的八正道的解讀，從中我們可以看到，在印順法師的佛學思想體系當中認識論與實踐論是統一的。

首先，和我們在第二節「佛法的真義——緣起性空」中指出的一樣，印順法師把八正道看成是一個有著明顯目標和核心的完整體系。他認為，八正道修行的目的是要通過正定達到正覺解脫，因此前面的七支即從正見到正念，都是正定的根基和助緣。這是從目標的角度分析的。而從修行的次第來說，八正道的先導乃是正見的德行，沒有正見也就是慧就像航海失去了羅盤，最終也不免墮入惡趣，所以般若又是眾生解脫的根本。這樣，以正見為首，通過瞭解正志、專心於正語、正業、正命，並以正精進、正念為助，最後就能達成修行要達到的終極目標〔註298〕。在這裡，印順法師再次強調了正見在解脫中的重要作用，以及知行合一的完整性。

其次，印順法師細說了八正道的具體內涵。（1）正見，就是對因果、事理、四諦、三法印的正確而深切的信解。這是我們在第二節中重點分析的內容。（2）正志，是化正見為自己追求的理想，並立志予以實現。它包括慧、決心、行動等三個方面。正志之後，就需要見之於身體力行的戒學，也就是（3）正業（4）正語（5）正命。正業是不殺、不盜、不淫，與一切合理的行動；正語是不妄語、不綺語、不兩舌、不惡口，及一切的愛語、法語；正命是合理的經濟生活。印順法師在這裡強調，佛法以智慧為本的修行是要與實際生活結合在一起的，單純觀慧不符合佛法的常道。（6）正精進，是離惡向善、止惡行善的努力，類似於前面基本原則中講到的恒常的毅力，它其實對八正道的其他各支也都有著促進作用。（7）正念，是對正見所確認、以及正志要實現的真理持續不斷地在自己眼前省察。念是定的方便，因其時刻不忘而終能剎那印心，也就是（8）正定。到那時，心境湛寂，如實的正智便能直觀眼前。所以，正念與正定也是修慧的階段，由正見到正定而發無漏慧，才能完成正覺的最終解脫〔註299〕。

最後，印順法師做出如下總結：

> 八正道是向上向解脫所必經的正軌，有它的必然性。中道的德

〔註298〕印順：前引書，第149～150頁。
〔註299〕印順：前引書，第150～151頁。

> 行，是不能與它相違反的。出家眾依此向解脫，在家眾也如此。所
> 不同的，出家眾的正命指少欲知足的清淨乞食；在家眾是依正常的
> 職業而生活。〔註300〕

不論在家、出家，除了正命的內容因生活方式不同而有異外，其他都是一樣的，這是求得解脫的必由之路。同時印順法師還特別強調，八正道

> 不是孤立、片面的，是完整的、關聯的，是相續發展、相依共
> 存的，是知與行、志向與工作、自他和樂與身心清淨的統一。佛法
> 的德行，貫徹於正確的正見中；由知見來指導行為，又從行為而完
> 成知見：這是知行的統一。〔註301〕

所以，只偏重其中一兩個，修支離破碎的「八正道」如正念、正定，不符合中道的實踐。從中我們看到，緣起（性空）的知與行，再次成為印順法師強調的、貫穿始終的主題。

3. 菩薩行

上述的八正道與戒、定、慧三學、以及聞、思、修三慧其實都是不矛盾的。但是印順法師在思想確定以後，並沒有用這些大家用得較多的術語來指稱佛法的行踐，而是另闢蹊徑使用「菩提願、大悲心、性空見」或「信、智、悲」。間接的原因是，持戒、修定等已經由於佛弟子們的偏執，漸漸遠離了正見〔註302〕；直接的原因是，印順法師認為，戒定慧只代表了小乘獨善、厭世的傾向，而在他思想確定以後是傾向於大乘的信行的，因為菩薩利他的慈悲精神不僅更契合佛法，同時還具有社會的現實意義。

> 菩薩入世利生的展開，即是完成這出家的真義，做到在家與出
> 家的統一。這是入世，不是戀世，是否定私有的舊社會，而走向公
> 共的和樂的新社會。〔註303〕

印順法師認為，聲聞學者發現自我私欲是罪惡的根源，於是從自他和樂而向自心淨化的踐行，但是僅僅做到自心淨化是不究竟的。而菩薩學者直從緣起解空，洞見出世即入世，因此，又從自心淨化而回復到自他和樂。在自他和樂與自心淨化的統一中實現人間的莊嚴佛土，這更加符合佛法的精神。

〔註300〕印順：前引書，第151頁。
〔註301〕印順：前引書，第152頁。
〔註302〕印順：前引書，第160頁。
〔註303〕印順：前引書，第169頁。

因此，印順法師又著重分析了菩薩行的踐行，他把它歸納為「依三心修六度」。

三心就是立菩提願、動大悲心、得空性見。其中，空性見就是從一切緣起中悟解得來的空慧智；大悲心是上求佛道、下化有情的願望；菩提願就是樹立信心，以悲智為理念，精進地趨求，直至自利利他的究竟圓成〔註304〕。

六度就是布施、持戒、忍辱、精進、禪定、智慧，其中的每一項都體現了菩薩大智大悲的特徵。比如布施，不僅布施財物，更可布施身體、知能，是一切施；對於持戒，可以為了眾生解脫而選擇能殺、能盜、能淫、能妄；忍辱，是堅持菩薩行，即使遇到再大的困難也堅持踐行的信念；精進，相較聲聞的有限目標、急於自了相比，更加無限、廣大；禪定因與智悲相應，故而「不修禪定，不斷煩惱」；只有智慧是與聲聞一致的，不過菩薩是先觀一切法空 C（0），再集中於離我我所見 A（0）B（0）。此外，菩薩的勝義慧與世俗智也是統一的，否則無法教化眾生〔註305〕。

和八正道一樣，印順法師在最後也是強調三心與六度是不可以偏重的。布施不離智慧，智慧不離布施，其他的種種關係也是如此。只有這樣才能在更高的層面上，在更廣的範圍內，行踐出世與入世的無礙，體證最究竟的涅槃解脫。

綜上所述，實踐論是印順法師佛學思想體系中的一個重要部分，這是他在閱藏時得到的深刻體會之一。

> 大乘經不是論書那樣的重於理論，到處都勸發修持，是重於實踐的。還有，讀到《阿含經》與各部廣律，有現實人間的親切感、真實感，而不如部分大乘經，表現於信仰與理想之中。這對於探求佛法的未來動向，起著重要的作用。〔註306〕

理論與實踐、理想與人間，它們應該不是彼此分離的而是統一的一個整體，這是他從中得到的重要結論。因此在後期他就多次批評聲聞和緣覺學者，認為他們在體悟了緣起性空以後就以為得到涅槃解脫了，其實他們不知道，這僅僅是開始。

> 智慧為眼目的中道，順隨法而達到見法，即進入了正覺與解脫

〔註304〕印順：前引書，第170～171頁。
〔註305〕印順：前引書，第171～174頁。
〔註306〕印順：《遊心法海六十年》，《華雨集》（五），第6頁。

的境地，成為聖者。到此，可說真的把握了、實現了佛法。然而依
法見法的中道行，是為了解脫人生的繫縛苦迫，為了勘破迷情的生
活，實現正覺的生活。所以到得這裡，有以為一切完成了；有以為
正覺的生活，恰好從此開始，有此徹悟深法的正覺，才能「行於世
間，不著世間」，做種種利他的工作，完成佛陀那樣的大覺。〔註307〕

悟解甚深義理只能說是聖者，因為他只完成了認識論的任務。而要成為佛陀
那樣的大覺，必須將佛法用於實踐，開始正覺的生活，做自利利他的工作，
這樣才能完成佛法解脫人類苦痛的最終目的。這是從智慧不能離開實踐說的。

　　另一方面，印順法師也一再強調的是，實踐不能離開緣起（性空）的指
導。世間道德因為沒有消除我見，因此對人類困難的解除是起不到究竟作用
的，看似有所進步但往往更加加重了人類的苦難。

　　　　例如布施、持戒，或從事於救國救世界的努力，在人類的道德、
　　　　政治中，不能說不是出於善的，然在自我中心中，我能布施，我能
　　　　持戒，不免自以為善。這樣的人，越是行善，越覺得別人慳吝、破
　　　　戒，而善與不善，也就嚴重地對立起來。不但自己的善心、善行失
　　　　去意義，而漸向於不善；對慳吝、破戒者，也失去「與人為善」的
　　　　同化力量。「招仁義以撓天下」，引起副作用，也就是這樣。在中國
　　　　的漢、宋、明代，儒學昌明而引起黨爭，動不動稱對方為「小人」；
　　　　引起的惡劣結果，是怎樣的使人失望！救人、救國、救世界，在自
　　　　我中心中，會發展到只有我才能救人救世；只有我這一套──主義、
　　　　政策，才能救國救世界：世界陷入糾紛苦諍的悲慘局面，人心也就
　　　　惶惶不可終日了！〔註308〕

由此可見，世俗正行不能離開緣起（性空）正見，這是印順法師不像梁漱溟
先生那樣出佛入儒的根本所在。

　　另外，無漏智慧與正覺生活的戒律也是互為一致的，不是說佛法只主張
戒殺、戒盜、戒淫、戒妄，因此許多事情，佛弟子連想都不能想，更別提去做
了，比如殺人。印順法師認為：

　　　　從大智的契合真理、大悲的隨順世間來說，戒律決非消極的
　　　　「不」、「不」可以了事；必須慈悲方便的能殺、能盜、能淫、能妄，

〔註307〕印順：《佛法概論》，第 120 頁。
〔註308〕印順：《人心與道心別說》，《我之宗教觀》，第 105 頁。

才能完滿地實現。如有人殘害人類——有情，有情因此遭受難堪的苦迫。如不殺這惡人，有情會遭受更大的慘運；惡人將造成更大的罪惡，未來會受更大的痛苦。那麼寧可殺這惡人，寧可自己墮地獄，不能讓他作惡而自害害他。這樣，應以慈悲心殺這惡人，這不是殺少數救多數，是普救一切，特別是對於作惡者的憐愍。因為憐愍他，所以要殺他。但願他不作惡業，不墮地獄，即使自己因此落地獄，也毫不猶豫。對於殺害這個人，是道德的，是更高的德行，是自願犧牲的無限慈悲。〔註309〕

也就是說，以菩提願、大悲心、空性慧指導實踐，雖然有時在外人看來有些突兀，但因這踐行契合了緣起（性空）的究竟義，因此它卻是出世與入世無礙的表徵。認識論與實踐論的完美結合，最終達成解脫苦痛的根本目的，這就是印順法師構築的佛學思想體系的內在動力和最終歸宿。

第五節 「人間佛教」釋義

以上，筆者將印順法師的佛學思想按核心命題、知識論以及實踐論等三個方面分別進行了分析和說明。最後再將其貫通起來，從總體上給出一個全方位的解釋，以理解其「人間佛教」思想的完整蘊義。

印順法師認為，世間的學術、宗教、技巧等，莫不是為了解除人生痛苦而產生的〔註310〕，佛法自然也不例外，按照《心經》的話說就是「度一切苦厄」。人的苦難可以分為三種，一來自自然界，二來自社會，三來自身心。對於前兩者，經濟的發展、政治的昌明能夠解決一定的問題，但是最難解決的乃是人類身心的苦痛，世間學術是無能為力的。而且現代社會也證明，如果不直從解除人類身心苦痛的根本處下手，任何先進的知識不僅不能解決問題，有時反倒成為人類苦難增加的新的來源〔註311〕。由此證明，帶有私欲、成見的世俗諦是帶有某種根本錯誤的。

那麼宗教呢？印順法師認為，「宗」就是一種神秘體驗，「教」就是將這種體驗向信眾宣說，好讓其他人瞭解、信受、奉行〔註312〕。在他看來，世界

〔註309〕印順：《佛法概論》，第172～173頁。
〔註310〕印順：《心經講記》，《般若經講記》，第103頁。
〔註311〕印順：前引書，第104頁。
〔註312〕印順：《我之宗教觀》，第2頁。

上的各大宗教都不是捏造的、假說的，各教的教主對於他們的特殊經驗都持有
絕對的自信，即使有與事實不合的，那也只是自以為如此，並不是妄語、並不
是謊言。所以，順從人類不可抗拒的神秘力量或者神明，多少也能帶給人一時
的安樂。但是，這種外向崇拜的宗教多少是可疑的。因為隨著人類社會的進步，
有些苦難可以通過科學技術和社會變革得到解決，無需借助神力，而目前剩下
無法解決的，依然是人類自己身心的不自在，這唯有通過人類自身才能究竟解
決，單靠順從是無濟於事的〔註313〕。在世界各大宗教中，耶教、回教、以及
印度教中的吠檀多派，多少已經認識到人類自我淨化的作用，但對於自我的完
成是不圓滿的〔註314〕。這唯有佛法才能給人類的苦難以究竟的解脫。

　　佛法解除人類苦難要通過兩條途徑，一是要認清人類苦難的根源，找到
對治的辦法；二是要如法隨行。

　　關於第一條，印順法師認為，人類苦難的根源在於我執和法執，由此引
發種種的錯誤行為，積聚惡業招致苦果，如此輪迴不已。對治的辦法就是體
悟緣起（性空）的實相，認識到一切不過是因緣和合與消散的過程和流轉，
沒有常住的、獨存的、實有的個體存在，這樣就能達到內心的清淨。我見沒
有了，即能契合緣起的正理，惑、業不起，一切錯誤也就可以漸漸破除了。這
樣就能解脫苦痛、解脫生死，到達「生滅滅已，寂滅為樂」的境地。這可說是
知識論的內容。

　　關於第二條，印順法師認為，只是認識到第一條仍然是不究竟的，因為
你如果自足於自我的認識、自我的清淨、自我的解脫，那仍然是一種執著，
我見並沒有最終去除。正確的辦法是在自我身心淨化的基礎上，將生活納入
道德軌範——歸依三寶、持戒、過正常的社會經濟生活。這是一種消除了我
見的人生，一種自我超脫的人生，一種超越相對而進入絕對境地的人生。到
達這一境地，人生雖還是人生，可人生的當下便是永恆，無往而不是自在解
脫，入世與出世圓融無礙。如果人的根基成熟的話，涅槃寂靜並非一切都要
寄託在死後的未來〔註315〕。

　　但是緣起甚深，不易為大眾攝受。因此，光有自我的解脫仍然是不究竟
的，更需要個人與眾生無礙的最終解脫。這就需要在自利利他的大悲心指導

〔註313〕印順：前引書，第7～9頁。
〔註314〕印順：前引書，第14頁。
〔註315〕印順：前引書，第18頁。

下，強調六度中的布施，以引導眾生破除我見思想和不道德行為，願使一切眾生同離我執，共證無生。無生不是反人生，它是破除我見的無有做業的清淨生，是通過徹底的自我革命而實現的新生。這樣的究竟解脫可能需要很長時間，所以菩薩的心願就是，只要世上有一人未得解脫他就終不成佛，在人海中不斷踐行這種菩提願、大悲心、空性慧的菩薩行，直到無一眾生可渡，無一佛可成的究竟圓滿。這可說是實踐論的內容。

通過以上描述，我們可以把印順法師的整個思想體系描述成如圖 3-8 的結構。

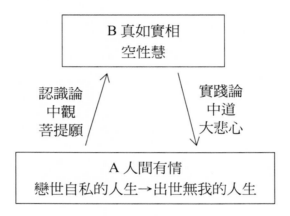

圖 3-8 「人間佛教」架構圖

其中的真如實相就是緣起（性空），它是理論的核心。人間有情是佛法解除人生苦痛的理論對象，也體現了佛法人本的立場——有情憑藉自己的力量，自我淨化、自我超脫，也就是上求佛道，下化有情的知行合一的行踐，變戀世自私的人生而為出世無我的人生——這裡沒有神，只有追求解脫的人，以及由人成佛，建設人間的淨土。

需要說明的是，這個結構並不是二元的 A 人間 vs 真如 B，應該把它看成一個平放的、沒有中心、沒有開始結尾、一個不斷循環往復的圓。其中，出世與入世、凡夫與聖者、菩薩三心之信智悲、認識與實踐等等二元對立概念，都是不一不異、不常不斷的，這也就是下一章的主題「此時、此地、此人」。在這裡筆者借用呂大吉教授的話說，如若想理解印順法師的佛學思想體系的話，「請看此圖」，這樣即能把他「人間佛教」的真義完整地、清晰地呈現出來，讀者不防參考《契理契機之人間佛教》予以對照。

　　完成了這樣的理論構建以後我們就可以說，印順法師實現了他人生的第二次跨越，即找到了純正的佛法，這個答案不僅能解決近代中國佛教衰微的原因，也順帶解決了他自己的元問題——如何解決人生的苦難，實現究竟的解脫。只不過，我們在這一章中討論的東西都太過學術化 A 了，這個答案對嗎？對它的確認，還需要從宗教 B 的角度去感受。

第四章　問題的解決

> 　　時治唯識學，探其源於《阿含經》，讀得「諸佛皆出人間，終不
> 在天上成佛也」句，有所入。釋尊之為教，有十方世界而詳此土，
> 立三世而重現在，志度一切有情而特以人類為本。釋尊之本教，初
> 不與末流之圓融者同，動言十方世界，一切有情也，吾為之喜極而
> 淚。
>
> 　　　　　　　　　　　　　　　　　——印順，《印度之佛教》

　　但凡信仰宗教者總會涉及到神秘體驗的問題，有些人更是因為這種獨特
的經歷而堅定了自己對宗教的信念與熱誠，印順法師也是一樣。不過有些研
究印順的學者們並沒有注意到這一點，或者說，沒有把它與神秘體驗結合起
來。

　　印順法師不只一次地提到過宗教的特殊體驗問題，講到基督徒在懇切祈
禱時會見到耶穌、上帝或聖靈，佛教徒在悟證以及進入禪定境界時，會見到
佛菩薩的慈光接引，並說這是由於真切的信願，靠如法修持得來的。這種特
殊經驗不是捏造騙人的謊話，或神經失常的錯覺，它是宗教徒純潔內心中的
絕對真實〔註1〕。印順法師並因此而給「宗教」下了一個定義，認為「宗」就
是這種神秘體驗B，「教」就是把這種體驗宣說出來A〔註2〕。如果我們把這
個定義加之於印順法師身上的話就會發現，我們在第三章中所討論的問題可
稱之為「教」，因為那些都是他在思想確定以後系統闡釋的東西。那麼他的「宗」

〔註1〕印順：《我之宗教觀》，第3頁。
〔註2〕印順：前引書，第2頁。

呢？從上面的分析我們發現，印順法師前後期的思想有一種很強的邏輯推導性，前期對儒道的否定就是後期對佛法的肯定，這之間似乎是順理成章、一清二白的。如果只是這樣的話，那印順法師的思想就缺少了「宗」的氣質。其實不然，印順法師出三論唯識而入緣起（性空），其間是有一關鍵助力的，沒有這個助力，印順法師也許就會轉到其他的方向上去，最起碼他也是要繼續地摸索下去，無有定型。直到這個關鍵助力出現以後他的思想才確定了下來，成為他自己內心真切體悟到的、絕對真實的東西。這個體悟就是他後來「教」的源泉，以及堅定其信念，即使覺得孤獨也在所不惜〔註3〕的精神動力。

關於這一點，我們可以用太虛大師的例子作為參照。一般人說到特殊體驗往往都會往神秘的方向去想，但是印順法師卻對太虛大師的神秘體驗有不一樣的解讀。

> 但一般人對於空都有誤解，以為空是什麼也沒有了，於是懶惰疏忽，什麼也不努力，這是極大的錯誤！不知空是充滿革命的積極性的——太虛大師曾約空義，作《大乘之革命》。如太虛大師自傳裡有一段寫到他在西方寺看《大般若經》的時候，「身心漸漸凝定。……忽然失卻身心世界，泯然空寂中靈光湛湛，無數塵剎煥然炳現如凌虛影像，明照無邊。坐經數小時，如彈指頃，歷好多日身心猶在輕清安悅中。……從此，我以前禪錄上的疑團一概冰釋，心智透脫無滯；曾學過的臺、賢、相宗以及世間文字，亦隨心活用，悟解非凡」。因為大師勝解了空義，所以就與一般人不同！大師了知世間上的事物都是無常的、無我的，一切事物離開了關係條件的存在別無他物，所以對於現在佛教中有不適合時代社會需要的地方，力主改革；而一般保守者忽略諸法無常無我，所以多方反對。但大師仍以勇猛心、無畏心為佛法奔走呼號。由此看來，若真能悟證——即使少分曉解空義，對於行事，也必能契合時機，勇往直前。〔註4〕

可見，太虛大師因一段對般若空義的體悟而堅定了其佛教革命的主張，我們完全可以照此理解印順法師的神秘體驗，這個特殊體驗就是使他堅定信念、批評傳統、建構適應時代的純正佛法的內部動力，它就是筆者在本章標題下引文中提到的「諸佛皆出人間，終不在天上成佛也」。一般人似乎不太可能為此句「喜

〔註3〕印順：《遊心法海六十年》，《華雨集》（五），第40頁。
〔註4〕印順：《心經講記》，《般若經講記》，第112頁。

極而淚」，印順法師之所以如此，必是從中得到了與眾不同的信念。順著這個思路，筆者將這一章的內容形容為印順法師之「宗」，有了這個「宗」，他之前所有的思考就得到了確證，他後期所有的「教」也有了堅實的基礎，並不斷地得到完善，因此說他後期是結論後研究不無道理。印順法師自己也承認，

> 有人以為：我對佛法各部分，早已明白確定了，只是一部接一部地寫出而已，其實不是這樣的。我雖對佛法有一發展的全程概念，如要寫某一部分，還是在研求、補充或修正的情況下進行，所以寫作一部，對這部分問題有更為明確深入的理解（所以我曾說：閱覽不如講解，講解不如寫作）。〔註5〕

從中可以看出，前期他的整體思想 B 已基本定型，只是對一些細節 A 還不十分確定，因此在後期的研習中，他有補充，有修改，但是，

> 史的研究，不是為了考證，應有探索佛陀本懷的動機。它的最後目的，在發現演變中的共通點與發展中的因果遞嬗，去把握佛教的核心，把它的真義開發出來。〔註6〕

也就是說，後期的研究尤其是史 A 的部分，是始終不離佛教的那個核心 B 的，而這個核心自他的思想確定以後就從來沒有改變過。這就是其「宗」B——他的體悟，以及他所有「教」A 的理論基石。

第一節　回歸三法印

　　印順法師的佛學思想建構如果要成立，首先必須做的工作就是要打破習慣性思維——偏執一經一論，一宗一派的佛法見地。在這一點上，印順法師是通過對三法印的擴充解釋做到的。釋迦牟尼開示三法印，其目的是為了說明時空中一切法的究竟實相——法我空性、不生不滅的寂然一如，這可以形容為「以佛法研究萬法」。印順法師在《心經講記》中就分別詳述了諸行無常、諸法無我和涅槃寂靜的三法印，用以解釋宇宙人生的真理〔註7〕。而在《以佛法研究佛法》一文中，印順法師卻將三法印之解釋反諸自身，這就是他著名的標誌性語言「以佛法研究佛法」，在這種情況下，「（諸法無我之）深入無我

〔註5〕印順：《平凡的一生》（重訂本），第 140 頁。
〔註6〕印順：《法海探珍》，《華雨集》（四），第 54 頁。
〔註7〕印順：《心經講記》，《般若經講記》，第 110～111 頁。

而體證的實義 B，（暫時，筆者注）姑且不談」了〔註8〕，這樣才可對各種教理 A 做具體的抉擇，在這點上，周貴華研究員的「作為佛教的佛教」其邏輯剛好相反。在第三章中筆者曾提到印順法師的判教標準，但沒有表示意見，這裡將對此做進一步地說明。

首先，印順法師用諸行無常來解釋佛教歷史上出現的各種理論及其制度。

諸行無常法則：佛法在不斷的演變中，這是必須首先承認的。

經上說：「若佛出世，若不出世，法性法住」，這是依諸法的恒常普遍性說。一旦巧妙地用言語說出，構成名言章句的教典，發為思惟分別的理論，那就成為世諦流佈，照著諸行無常的法則而不斷變化。

至於事相的制度，表顯佛法的法物等，更在不斷演化中。〔註9〕

在這裡，印順法師首先分清了佛陀的正法 B 與解釋正法的佛教經典、以及踐行的佛教制度 A 等是不同的——佛陀正法是法爾如是的，而用文字、言語傳佈的教典和制度等事相，則是遵循著諸行無常的法則，是在不斷地變化、演進的。

因此，印順法師就鮮明地對佛教研究中的退化史觀以及進化史觀都提出了批評。退化史觀就是看重錫蘭、小乘、巴利文佛教，貶低其他佛教的思想。

這種思想，不但忽略了因時因地演變的必然性，並漠視了後代佛教發掘佛學真義的一切努力與成果。愈古愈真愈善的見地，把清代的漢學者送到孔子託古改制的最後一步，我想拙劣的原始佛教者，也必然要作出釋尊是印度文明發展中的成就者的謬論。〔註10〕

相反，進化史觀認為，小乘而大乘、空宗而唯識而密宗，事部行部一直到無上瑜伽，後來的階段都比前一階段圓滿、究竟。印順法師認為，這同樣是沒有看到在每個新階段都有新的確立與舊的廢棄，事事都在或上升或下降或維持的現象中推移，沒有前後隔別的剎那生滅。因此印順法師的結論是，對於佛法的研究要在其各種因緣的無常演化框架下，去發現那普遍性的佛法真義的健全發展與正常的適應〔註11〕。

其次，印順法師用諸法無我來規範佛學研究中的兩個層面。1. 要有無我

〔註 8〕印順：《以佛法研究佛法》，第 6 頁。
〔註 9〕印順：前引書，第 2～3 頁。
〔註 10〕印順：前引書，第 5 頁。
〔註 11〕印順：前引書，第 5～6 頁。

的精神，也就是不固執自我的成見，這樣才能更逼近經論的本義。如果一時搞不懂，可以暫時擱置，待將來見聞稍廣時自會恍然明瞭，切忌穿鑿附會，自以為是〔註12〕！2. 從法無我的角度去看，世間沒有獨立存在的東西，任何事物都是在與相關的事物以及輾轉的因緣相攝關係中成為現實的。一切法如此，佛法自然也不例外。它是一體多面的，既因不同的見解而分離，又因共同的認知而相聚。合而又離，離而又合，佛法就是在這樣的形態下，一天天地深刻、複雜起來。所以，認為佛法是單純地從甲發展到乙，或是甲乙兩者平行發展的觀念都是錯誤的，都是不解諸法無我之錯綜離合涵義的顛倒知見〔註13〕。如果與諸行無常聯合起來考慮的話，印順法師在這裡實際上就從縱的和橫的兩個維度上，構建起了一個立體的分析問題的座標。

　　最後，也是關鍵的一點，印順法師認為，佛學研究不能離開涅槃寂靜。在這裡，不同於上述的諸行無常與諸法無我之「變」與「異」，印順法師把涅槃寂靜歸宗為學佛者的歸趣，它作為更高層次的恒常 B，用來規範諸行無常、諸法無我的研究。

> 佛法研究，是為了它；它就是一一法離染的實相。它從沒有離卻我們，我們卻不能理會它。凡是佛法的研究者，不但要把文字所顯的實義體會到學者的自心，還要瞭解文字語言的無常無我，直從文字中去體現寂滅。〔註14〕

這個實相雖然深奧，且深藏在無常無我的語言文字 A 中，不易讓人理解，但它是實實在在存在的，佛法研究就是要體悟這個實相，並從中得到遠離倒見戲論的解脫。它就是

> 緣起法的寂滅性，是有情（緣起流轉中的眾緣和合體）離卻顛倒戲論而體現到的真實自在的聖境。〔註15〕

這也就是緣起（性空），研究佛法切不可將它作為與人的談資、名譽、謀生的工具，那樣的話是與緣起法不相應的。佛法研究就是要以解脫為最終目標，知行合一，在研究中兌現這一理想，改變我見的身心、以及辦事、待人接物的舊習〔註16〕。

〔註12〕印順：前引書，第 6～7 頁。
〔註13〕印順：前引書，第 7～8 頁。
〔註14〕印順：前引書，第 8～9 頁。
〔註15〕印順：前引書，第 8 頁。
〔註16〕印順：前引書，第 9 頁。

　　所以，印順法師進一步總結說，三法印就是一實相印，也就是法空性 B，他的佛法研究就是按照這一原則進行的。而且正是通過這種研究，一種不同於歷史上的各宗各派，而是直接從印度佛教中汲取營養的思想體系就建構起來了。

　　在第三章中，筆者曾分析過印順法師的研究方法 A↑b=B，從中可以看出他的佛學研究是與其佛學思想體系的建構息息相關的——從根本佛教中發掘緣起；從大乘佛教中突出性空；佛教史上的諸多異說，都根據其對這一核心命題的不同闡釋，而判定為種種的方便；更以此為標準區分了佛法與世俗學問之間的關係。所以，筆者同意邱敏捷教授的觀點，認為印順法師的研究方法是宗教立場的〔註17〕，雖然他與當時回歸印度佛教的研究風氣相一致，具有某種現代研究的品格，但是他與歐陽竟無、呂澂、湯用彤、陳寅恪、胡適的研究方法是不同的〔註18〕。雖然印順法師不宗任何一派，但是他所建立的未嘗不是某一宗，所以在「印順宗」和「印順學」之間，筆者更傾向於前者。歐陽竟無曾提出結論後研究的主張，即認為應以唯識作為判攝佛法精神的準則，並以此來規範對佛教經典真偽的判斷〔註19〕。印順法師未嘗不是如此，只不過他的標準是三法印、一實相印、緣起（性空）而已。

　　所以，筆者沒有像一些學者那樣重點解讀他的宗教史方面的研究，重點比對他的五期說、四期說、三期說、大乘三系、四悉檀等等，而是著重於其核心命題的釐清。從這個角度 B 來分析印順法師的佛教史研究，我們就會對其中的某些問題有更深入的認識。比如大乘是佛說〔註20〕，比如大乘的發展是因為佛弟子對佛的永恆懷念〔註21〕等等。因為這些問題對印順法師的佛學思想體系來說是至關重要的，所以，它們在歷史上必須是真實的。但是，其判定標準不是現代的考古、文獻，而是靠的三法印。與其說印順法師的研究是回歸印度，不如說是回歸這個理念 B 更為恰當。所以說，三法印是印順法師佛教思想體系的重要理論根基，沒有這個宗，印順法師的治學大廈就無從談起。

〔註17〕邱敏捷：《印順導師的佛教思想》，第 73 頁。
〔註18〕龔雋：《近代中國佛學研究方法及其批判》，參見邱敏捷：《印順導師的佛教思想》，第 67 頁。筆者觀點稍有不同，認為上述歸類過於粗糙了，秉持純粹現代學者風格的，大概只有呂澂、湯用彤、陳寅恪三人。
〔註19〕邱敏捷：《印順導師的佛教思想》，第 67 頁。
〔註20〕參見印順：《大乘是佛說》，《以佛法研究佛法》。
〔註21〕印順：《初期大乘佛教之起源與開展》（上），第 10 頁。

第二節　進窺釋尊本懷

　　印順法師的佛學思想建構如果要成立，第二塊理論基石就是人。印順法師認為，宗教不是關於神和人的關係的，它是人的解脫，人才是宗教問題的核心。關於這一點，印順法師是通過對釋尊的重新解讀完成的。在佛教中有著不同的佛陀觀，在釋尊入滅以後對佛陀神話的傾向越來越明顯。印順法師認為，「佛陀怎樣被升到天上，我們還得照樣歡迎到人間」〔註22〕。那麼他是如何辦到的呢？

　　在《佛在人間》一文中，印順法師也和常人一樣首先介紹了釋迦牟尼的簡歷，講到他的出生、出走、苦行、證悟、對外說法、直至涅槃。但是和其他人的思路不同，他認為光從釋尊平凡而偉大的一生中建立起自己的信仰是遠遠不夠的，還需要從他的身世中解讀出更加深刻的意義。

> 　　佛教是理智的宗教，自然不能離卻這人間的導師，轉到玄秘的信仰。但是，單在種姓清淨、相好圓滿、出家、成佛、說法、入滅的形跡上建立信仰，也還不能算深刻正確。凡是純正的佛弟子，必須把握佛陀的崇高偉大點，要窺見佛陀之所以為佛陀。唯有在這即人成佛的佛格上，才能奠定堅強的信念。在理智信仰的生命中，去為真理與自由而邁進，完成佛教出現世間的目的。〔註23〕

在這裡他提出了佛格的概念，這是與神教的神格不同的——神格，就是和人相比具有絕對能力的品格，它是他力的、來世的；而佛格，則具有即人成佛的性質，它要求理智的信仰、對真理和自由的追求、實踐，以及在世間實現佛國的最終目的。這才是釋尊身上最有價值的東西。

> 　　充滿生意的春風把這大喜的消息（釋尊的出生，筆者注）傳遍了迦毗羅，傳遍了恒河兩岸，一直到全世界。此時、此地、此人，將永遠成為人間的光榮，受著人們的歌讚與崇拜。〔註24〕

此時、此地、此人，就是印刷法師從釋尊的生平中所讀出的獨特的意義，這也正是他的「人間佛教」思想所極力主張的主題。

　　為了論證他的主張，他首先面對的就是「佛」是什麼的問題。在一般人的眼中，佛就是廟裡的塑像，印順法師不這麼認為。他把佛定義為法，以及

〔註22〕印順：《佛在人間》，第 11 頁。
〔註23〕印順：前引書，第 3 頁。
〔註24〕印順：前引書，第 1 頁。

弘揚佛法的僧團。法就是我們前面論述的緣起（性空），能體悟這緣起（性空）就是見法，就是見佛，「見緣起即見法，見法即見佛」。他並舉了佛經上的一個例子。有一次佛陀在廣大集會上說法，大家都想見佛一面。須菩提在山邊自忖到，我為什麼不觀察緣起呢？於是他便從一切都是因緣所生想起，觀察到無常、性空，最後契入寂滅的聖境。因此，釋尊便對最先見到他的弟子說，你不是第一個，是須菩提在先。通過這樣的論證，印順法師就把法等同於佛，實際上就是在肯定智慧的佛格，而否定信仰的神格。既然見緣起即見佛，那麼在世間弘揚佛法的僧團也應該具有這樣的品質。印順法師認為，在一起共處的僧團應該是緣起（性空）在世俗間的具體顯現，它應該是平等、和樂的集體，而不應該是深山裡的隱者，或者是家庭化、商業化的組織。家庭化指中國佛教界廣泛存在的子孫廟現象，即一座廟的傳承只有通過師父傳徒弟的方式，不是在同一家廟出家的根本不可能；商業化，指寺廟熱衷於經懺、焰火等有償服務。印順法師認為，這些都有違佛法的精神，更是在「出佛身血」。對法的違背，就是對佛的戕害〔註25〕，這種批評的分量是極重的。

　　見法即見佛，論證了法與佛的共通性。下一步還需要清除人們心中的另一個錯誤認識，即釋尊體悟到的法是厭世的，因為佛自己本身就是放棄了世俗王子的生活而選擇了出家的。對此，印順法師也有不同的解讀。首先他認為，釋尊的出家是看清了過去戰敗者與戰勝者都得不到安寧的根源，希望通過組織起新的大智大悲的自由團體給苦難的救濟一條與眾不同的解決之路，這正是緣起（性空）、性空不礙緣起的最好的行踐方式。他並以釋尊訓誡琉璃王為例來證明：當得知琉璃王的軍隊正向迦毗羅進軍時，釋尊便在琉璃王的軍隊前示現。他安詳地坐在一棵沒有樹葉遮陰的舍夷樹下對琉璃王說，「親族之蔭，勝餘人也」，琉璃王因此大為感動，吩咐退兵。印順法師認為，這才是釋尊出世的真正目的——不是用槍炮，而是通過一條新的更究竟的途徑來徹底化解世間的苦難。因此說，釋尊的出世絕不是避世的。

　　　　因此，釋尊在倡導佛教的解脫論中，沒有忽略世間。這是對的，
　　　正確的出世觀，是必然地配合著世間的淨化。釋尊倡導種族平等論，
　　　以消泯種族間的歧視、對立，與非法的壓迫。抨擊侵略者的殘殺，
　　　而鼓吹無諍的和合。在另一方面，組織起大智大悲的自由集團，也
　　　就是社會性的自由族。和平共存的思想，多少給予當時紛爭的印度

〔註25〕印順：前引書，第3～5頁。

以有效的救濟。這一切活動，是從倫理實踐的宗教出發，但他沒有
忽略人間，更沒有忘記祖國。〔註26〕

釋尊沒有忽略人間，他的出家是為了更好地接近人間。印順法師進一步論證
到，釋尊的出家，是體悟到苦難的根源在於人的愛見，由愛而貪戀、而起紛爭，
故而痛苦不堪。一般的救濟只能是相對的世間的改善，而根本的解決非要出世
不可。這出世不是與世間敵對，而是在改善和淨化世間的同時進行的。他進一
步以釋尊為例指出，釋尊出家前的王子生活實際上是陷於各種欲望之中的，那
不是幸福。當時，他也只能接觸到少數皇族周圍的人，也不能算是真正的世間。
釋尊出家以後，看似棄世了，但他沒有了愛見，而且因為傳法，他不僅接觸到
王公、大臣、后妃，更與屠戶、妓女、土匪以及奴隸往來，比過去接觸的人更
多更廣，這能說是棄離人間嗎？這其實是為了人類的真理與自由，為了人類的
向上，這與將個人封閉起來的棄絕世間是根本不同的〔註27〕。

因此印順法師總結說，雖然佛陀「在天而天，在人而人」，我們不必執著
其表相，但是，因為我們現在在人間，所以我們應該重點認識人間的佛陀。

佛陀是人間的，我們要遠離擬想，理解佛在人間的確實性，確
立起人間正見的佛陀觀。佛是即人而成佛的，所以要遠離俗見，要
探索佛陀的佛格，而作面見佛陀的體驗，也就是把握出世（不是天
上）正見的佛陀觀。這兩者的融然無礙，是佛陀觀的真相。〔註28〕

佛陀的佛格是出世與世間無礙的，我們在世間踐行緣起（性空）就是見佛，
就是世間的解脫。這是正確的佛陀觀，而釋尊的言教、身教，正是「人間佛
教」最好的示範。

印順法師把釋尊從天上拉回到人間，重新揭示出釋尊是在人間成佛的，
這為他的「人間佛教」思想提供了最佳的案例。在印順法師的全集中專門有
一本就是以《佛在人間》作為書名的，全書的主題即是「重於人間佛教的現
實利益，從人乘正行而向佛道」〔註29〕，從中可以推論出，他強調「人間佛
教」思想，主張人間正行與緣起（性空）之間的無礙關係，其根源即在釋尊一
生的經歷對他的啟發。

〔註26〕印順：前引書，第6頁。
〔註27〕印順：前引書，第7～8頁。
〔註28〕印順：前引書，第10頁。
〔註29〕印順：《般若經講記》，「《妙雲集》序目」，第2頁。

在第一章中，筆者介紹了近代中國的思想變化以及佛教界應對這一現代性思潮所做的各種反應，諸如禪宗的衰頹、淨土宗的流行、方興未艾的密宗、適應現代思潮的唯識學派、以及改建佛教的新運動學派等等。在這當中，太虛大師領導的佛教改革運動是其中重要的一個部分。和其他的派別相比，這一流派的主要精髓即在對治和顯正。對治就是試圖改革中國佛教末流重死、重鬼、輕人生、輕現實的流弊；顯正就是突出根本佛法的精神，即所謂「仰止唯佛陀，完成在人格，人成即佛成，是名真現實」，通過強調人間正行，辦教育、興慈善，以適應現代社會的要求。對於顯正的部分，印順法師完全同意太虛大師的觀點，而在對治的部分，印順法師又加入了對治神教的內容。筆者認為，在突出強調人這一點上，印順法師做得更徹底一些，而太虛大師還多少保留了一些釋尊的神性。所以印順法師說，

> 真正的佛教，是人間的，唯有人間的佛教，才能表現出佛法的真義。〔註30〕

如果參照圖3-4「人在有情界的地位圖」中人在五趣當中的位置就可以理解印順法師的人間義，它既是對治的，也是顯正的——從對治來說，它非天、非地獄、非畜生、非餓鬼；從顯正來說，釋尊就是在人間成佛的，他的言傳、身教都沒有離開人。所以人也應該追隨他的腳步，拋棄對死亡的恐懼，對天神的依賴，依靠自己的信、智、悲，由人而學習菩薩行，由菩薩行修學圓滿而成佛。「諸佛皆出人間，終不在天上成佛也」是支持他「人間佛教」思想的最好榜樣，這也當然是他「人間佛教」思想的第二宗。

第三節　掘發淨土真義

印順法師的佛學思想建構如果要成立，第三塊理論基石就是解脫的終極目標——淨土在哪裡？如何能夠趨入？這個問題其實是和第二節的問題相一致的，即佛是什麼？如何成佛？但是筆者又特別強調此點出來，是為了突出印順法師佛學思想體系的宗教性特徵。緒論中提到的方司蕾博士的論文《論印順「人間佛教」的「神聖維度」》，就是以分析印順法師的出世、入世思想展開的。但是筆者認為司著的解讀並不準確，因此在這裡做進一步的解釋。

和釋迦牟尼的神化現象一樣，在佛法中也有對淨土的神化——只要一心

〔註30〕印順：《人間佛教緒言》，《佛在人間》，第15頁。

稱念阿彌陀佛就能往生西方極樂世界，以這種思想為宗旨的淨土宗成為一個排他性的獨立法門。印順法師認為，淨土觀本是佛法不同派別的共同理想，把它單獨強調出來專門弘揚淨土，而且是這種他方的、他力的，由佛所準備、由佛所賜予的極樂世界並不是究竟的，而且具有神教的色彩。

> 若說平時學佛，只憑一句阿彌陀佛，別的什麼都不要，就可以
> 往生，這與神教的因信得救有什麼差別？〔註31〕

印順法師認為，稱念阿彌陀佛而往生西方極樂世界，這只是淨土法門的「助因」，不能因此而捨棄了「正因」，也就是大乘佛法的根本精神——淨化身心世界〔註32〕，只有這樣，淨土才能莊嚴，淨土才能實現，這就是他掘發的淨土之真正蘊含。在上一節中，我們看到了印順法師的思路：佛＝法＝緣起（性空），所以體悟到緣起（性空）即是見佛。同樣在這裡我們將會發現，他的邏輯是一貫的，即將淨土等同於緣起（性空）之地。

> 淨土，即清淨的地方，或莊嚴淨妙的世界。佛法實可總結它的
> 精義為「淨」，淨是佛法的核心。〔註33〕

佛法的核心是「淨」，前面我們論證了他體悟的佛法真義是緣起（性空），可見淨＝緣起（性空），而淨土就是具有淨這種性質的地方、世界。印順法師的淨土觀首先就從「淨」是什麼？「淨土」是什麼？開始。

一般都以為，土即剎土，在佛法中是世界或地方的意思，所以，淨土就是那麼一塊與這個污穢險惡的世間相對的清淨之地、相好莊嚴之地。印順法師認為，這些都只是形容詞，在字詞的下面其實包含了佛的依正莊嚴、佛的慈悲願力、以及佛的無邊功德等多種含義〔註34〕。他以西洋學者的觀點為例指出，在西方看來，宗教的具有超越性的「聖」是真善美的統一。以此推論，在佛法中真善美應該統一於「淨」——其中，「真」就是佛法緣起（性空）的實相，「善」就是道德的行為，「美」就是美妙與聖潔的情感。所以淨土就應該是這麼一塊智慧與情感高度統一的地方，它既不放逸（是真善的），也不枯寂（是美的）。具體來說，就是眾生清淨與世界清淨二者的相輔相成，所謂「心淨眾生淨，心淨國土淨，佛門無量義，一以淨為本」。也就是說，真正的淨土

〔註31〕印順：《念佛淺說》，《淨土與禪》，第 63 頁。
〔註32〕印順：《淨土新論》，《淨土與禪》，第 34 頁。
〔註33〕印順：前引書，第 3 頁。
〔註34〕印順：《念佛淺說》，《淨土與禪》，第 70 頁。

不是靠他力、在他方的，苦痛之人如果不經過自我的淨化、自我的改善，就能夠進入到的莊嚴的剎土；同樣，那個剎土也不是這麼一個地方，它自身是清淨的，無論住在裡面的眾生多麼地不淨，都無法減損剎土本身的真善美。這樣，印順法師就定義了一個新的淨土，這個淨土不是那種靠阿彌陀佛助力的、生活幸福無憂的、進到裡面就能夠成佛的淨土；而是一種要靠眾生自淨其心，進而其生活其中的剎土逐漸清淨的國土，只有為了這樣的淨土去努力，以致最終的圓滿達成，才算是真正的成佛〔註35〕。

在定義上重新界定淨土是一回事，經典中是否有此「創造的淨土」則更關鍵。在《淨土新論》的演說中，印順法師從幾個方面論述了佛法淨土觀的不同側面，有從整個人類的理想境界說的，有從成佛的因果說的，有從易行道難行道說的，有從佛土與眾生土的關係說的。角度雖然不同，但結論都是一個，那就是淨土是因創造真善美而得來的。我們分別來說明。

1. 世俗理想淨土與佛法的淨土

印順法師認為，淨土的理想在全世界各種文化中是普遍存在的，它寄託了全人類對於理想世界的一種普遍祈求。說到其具體內容，印順法師把它概括為自然環境的和順，眾生界物質條件的豐富，家庭、國族的平等、自由、無諍，以及更重要的，身心的淨化等等。所有這些都是人類共同的意欲。但是，由於世俗的理想是建立在我、我所之上的，因此它是外道神我思想的延伸，所以無論如何都難以達到理想的境地。相反，因為佛法的淨土是建立在無我、無我所的磐石上，因而才能真正地實現人類的自由、平等，佛法的淨土也才是真正的理想境界〔註36〕。從佛法與世俗理想的對比中，凸顯緣起（性空）的真義，這一點應該是非常明顯的。但是，這只是最初步、最簡單的論證。關鍵還是要說明佛法中諸多淨土之間的複雜關係。

2. 彌陀淨土與阿閦佛國

阿彌陀佛是國人最常掛在口邊的一句口頭語，印順法師認為這是有原因的。首先，梵語 amita 是無量的意思，阿彌陀佛也就代表了遍通一切無量佛，因此受到人們特別的讚歎與弘揚。其次，梵語 amita 後面加上 ābha，就成了 amitābha 無量光的意思，這是阿彌陀佛的另一個名稱。印順法師認為，這是

〔註35〕印順：前引書，第 2～3 頁。
〔註36〕印順：《淨土新論》，《淨土與禪》，第 6～11 頁。

受了印度婆羅門教太陽崇拜的影響，但是又是對太陽崇拜的一種淨化。佛法借鑒了這一比喻，用以形容佛法的本性就如落日一樣，是一切光明的藏依，能於空寂、寂靜、無生中生起無邊的化用。再次，在梵語 amita 後面加上 āyus，就成了阿彌陀佛另一個名稱 amitāyus 無量壽，用來比喻佛的常住、無邊。總之，無量、光明、無量壽，這樣就在隨順眾生對光明、壽命的共同祈求中凸顯出了諸佛的德性。雖然到了後來，阿彌陀佛特殊化為西方極樂世界的佛，但是它的真義要在這對比中才能得到明白完整的理解。印順法師繼而以西方彌陀淨土與東方阿閦佛國的關係作為例子說明，認為阿閦佛國著重於菩薩的廣大修行與智證，它是與般若思想——觀實相即是觀佛相應的。菩薩先是發心求生阿閦佛國，從阿閦佛國沒再生阿彌陀佛國，因此，這兩個淨土實際上代表了從發心、修行直至成佛的全過程。東方阿閦佛國代表依般若智證真如實相的菩提心；西方彌陀佛國代表了無量的佛德，是佛果的究竟圓滿。一個東方一個西方，正如同太陽的東升西落是一個完整的過程。因此，從阿彌陀的梵文原意以及與阿閦佛國的對比中印順法師得到的結論是，理智徹悟與事相圓滿是缺一不可的，後來的淨土行者單重西方極樂世界的佛德，是淨土思想的重大損失〔註 37〕。

3. 阿彌陀佛淨土與彌勒淨土、藥師佛淨土

另外，從彌陀淨土與彌勒淨土、藥師佛淨土的區別中也能夠深刻體會淨土的真義。

印順法師認為，彌陀淨土代表著太陽，比喻究竟佛果的清淨莊嚴，而彌勒淨土則代表了月亮，比喻在五濁惡世當中實現理想的地方，這也是淨土。相比較而言，彌陀淨土是他方淨土，彌勒淨土是此世的淨土，雖然從佛的果德究竟上說彌勒淨土不如彌陀淨土，但是從希望這個世界的苦痛得到救濟這個角度講，彌勒淨土是更切合實際的。所以印順法師認為，求究竟圓滿與此時此地的淨化，是不能偏於一邊的〔註 38〕。

東方藥師佛譯介來到中國以後也遇到了同樣的問題。中國人有一種特殊的意識，認為東方象徵著生長，代表者生機，因此東方淨土便演變為現實人間的消災延壽。而西方則代表著死後往生，所以它慢慢變質為等死、逃生的去處，人們特重這彌陀淨土的佛德，以致徹底忽略了現實人間淨土的信行（彌

〔註 37〕印順：前引書，第 14～20 頁。
〔註 38〕印順：前引書，第 11～14 頁。

勒淨土）以及菩薩的智證大行（阿閦佛國淨土）〔註39〕，所以，阿彌陀佛固有的精神應該得到恢復和繼承。

4. 易行道與難行道

但是，雖然有上述諸多的偏頗，淨土法門畢竟是佛法中重要的解脫手段之一，佛經上曾有記載說，即使平時不發大菩提心，不修佛法，為非作歹，只要臨終時知道悔改稱念佛名，釋尊也會使其往生淨土。印順法師對此的解讀有兩點，（1）這是佛法施設教化的需要，以使眾生不要失去成佛的絕望之心。

> 有一特殊的意義，即宗教的施設教化，在於給人類以不絕望的
> 安慰。若肯定地說，這種人決無辦法了，這在大悲普利的意義上，
> 是不圓滿的。任何人，無論到了什麼地步，只要能真實地回心，懺
> 悔向善，這還是有光明前途的。〔註40〕

但是，印順法師同時強調，這並不意味著真善美的品質都不需要了。

> 但這裡有一大問題，不可誤會！平生不曾聽聞過佛法，或一
> 向生在邪見家，陷在惡行的環境裡；或煩惱過強，環境太壞，雖
> 作惡而善根不斷，等臨命終時，得到善知識的教誨，能心生慚愧，
> 痛悔前非，即是下品往生的根機。若一般人，早已做沙門，做居
> 士，聽過佛法，甚至也會談談，也知道怎樣是善的，怎樣是不善
> 的，而依舊為非作惡，自以為只要臨命終時，能十念乃至一念即
> 可往生，這可大錯特錯了。或者以為，一切都不關緊要，臨終十
> 念即往生，何況我時常念佛，以為一句「南無阿彌陀佛」，一切都
> 有了，所以雖在佛法中，不曾修功德，持齋戒，對人對法，還是
> 常人一樣的顛倒，胡作妄為。這樣的誤解，不但不能勉人為善，
> 反而誤人為惡了。〔註41〕

所以，稱念佛名背後雖有各自的緣起，但性空一如卻是根本。這是第一。

（2）易行道難成佛，而難行道卻易成佛。一心稱念佛名，即可仰仗阿彌陀佛的慈悲願力而往生西方極樂世界，印順法師把這種單靠他力的淨土法門稱為易行道，而將參與創造的淨土稱為難行道。印順法師根據《大寶積經》的經文指出，佛經中確有易行道和難行道兩種法門：一個是慈悲心重，多為

〔註39〕印順：前引書，第 21～22 頁。
〔註40〕印順：前引書，第 36 頁。
〔註41〕印順：前引書，第 36～37 頁。

眾生的；一個是多集諸佛功德的。釋尊代表的是前一種難行道，彌陀佛則代表後者的易行道。但是，這只是菩薩在修行初期的偏重不同罷了，所以才有從布施、持戒、忍辱處下手，或是從念佛、禮佛等下手的不同。然而論到圓滿究竟菩提、莊嚴佛國與救度眾生，兩者是不能有所欠缺的。如果以為只是稱念佛名就可成佛，那就是執文害義，不能通達佛法意趣了。印順法師更以龍樹《十住毗婆沙論》指出，龍樹菩薩也是主張念佛、懺悔、勸請等，但認為那只是增長福力調柔自心的方便，這之後，還需要於佛法的甚深第一義中生信解心，於苦痛眾生中生悲愍心，以及進修六度萬行的菩薩行。這樣看來，易行道雖說發願而生淨土，但它是不究竟的，只是難行道的前方便〔註42〕。另外一個有分量的論證來自釋尊與彌勒佛親身經歷的對比，彌勒發心比釋尊早四十劫，而且已經久已證得無生法忍得不退轉，但他還是要等到下生才能成佛，晚於釋尊。所以，一切自利利他功德都要圓滿修集不可偏頗，才是淨土法門最好的解說。而中國的淨土行者以為龍樹主張念佛一門，強調念佛的功德無量，無事不辦，未免辜負了龍樹菩薩普渡眾生的慈悲心了〔註43〕。

5. 眾生土、淨土與佛土

以上，印順法師有關淨土的思想基本已經非常明確了。和他的緣起（性空）、知識論、實踐論的內容一樣，成佛，即體悟緣起（性空），即行菩提心、大悲心、空慧智，除此之外沒有捷徑好走。上述佛格的實現才是淨土的真義，不是神教的天國所能比擬的。為了明確說明這個問題，印順法師更提出了佛土、眾生土、菩薩莊嚴淨土的概念。

土，印順法師指出，是世界或地方的意思，同時也有共同依託的含義。就拿眾生土來說，生活其中的個人報身因個人業感的不同是不共的，而山河大地是共的，即共同能見、共同依託、共同受用。所以，依此世界的眾生能夠互相增上、彼此損益，互相都會有影響〔註44〕。

佛土，根據《仁王經》的說法，「三賢十聖居果報，唯佛一人登淨土」，這是指的常寂光土，在那裡只有佛一人居住。就是最後身菩薩也就是馬上成佛的菩薩，也因為有一分業感存在，所以也不能與佛淨土相應。因此，佛土是不攝化眾生的，也就沒有眾生求生佛土的問題。但是印順法師認為，佛不只

〔註42〕印順：前引書，第43～44頁。
〔註43〕印順：前引書，第47～50頁。
〔註44〕印順：前引書，第22～23頁。

是安住在究竟、圓滿、最清淨的法界中，在其因中修菩薩行時，又確有攝取淨土與攝化眾生兩大任務。所以，菩薩莊嚴淨土有兩層意義，一是菩薩福德智慧所應有的果德，二是為了攝化眾生，使眾生在良好的環境內更好地修行而莊嚴淨土。這樣，印順法師實際上就將淨土的概念分成了三個層次，佛土、眾生土，以及在兩者之間的菩薩莊嚴淨土。

印順法師指出，菩薩淨土不是個人的，是共的，其中有佛、有菩薩，也有同願同行的眾生。其中佛為主導，在這裡佛是應化其中的，也就是為適應、攝化不同根機的眾生而示現在此淨土中的，如釋尊示現在五乘穢土，彌勒示現在五乘淨土等。菩薩在此淨土中是佛的助伴，除上隨釋尊學習以外，他還要攝引一部分眾生於此淨土中修行，輾轉增上成就究竟佛土。在此過程中，佛菩薩的悲願福德力最為重要，正是仰仗於此眾生才有機會參加到淨土中來，並承佛願力的加持以及眾生三昧力以及成熟的善根力，和佛、菩薩一起輾轉互相增上，最終助成淨土的莊嚴〔註45〕。菩薩莊嚴淨土需要眾生的定慧善根，這種參與的、創造的淨土意義已經躍然紙上了。

6. 往生與了生死

區分往生與了生死，與上述區分眾生土、淨土與佛土的目的是一樣的。往生就是此界的終結，下一界的開始；而了生死是徹底解決了由煩惱、業障招致的苦果，根除了我見法見，通達了無我性。煩惱一斷，剩餘的業力將慢慢失效而不起作用。所以，往生並不等於了生死，往生到淨土以後，還需要

> 與諸上善人俱會一處，善緣具足，精進修學，輾轉增上，得不退轉，決定可達了生死的目的，只是時間的遲早而已。〔註46〕

所以，往生與了生死是截然不同的二件事，不能看作同一。佛法中雖也說到天界的相好，但因為天沒有解決生死問題，所以並不徹底，福報雖長但完了還是要墮落的，因此並不勸人生天〔註47〕。所以，淨土的真義乃是祈求在佛的助緣下完成最終的解脫，這樣的理解才能與一切教理相應。

綜合以上論述，我們可以看到印順法師淨土思想的三個關鍵因素。第一，他力、他方淨土不是淨土真義，或者說，如果不積聚福德，光是發願是不能往生淨土的。

〔註45〕印順：前引書，第23～25頁。
〔註46〕印順：《念佛淺說》，《淨土與禪》，第78頁。
〔註47〕印順：《求生天國與往生淨土》，《淨土與禪》，第84頁。

　　《阿彌陀經》也說：「不可以少善根福德因緣得生彼國。」〔註48〕

　　第二，不僅要知道淨土，更要知道創造淨土，也就是要知道淨土從何而來。

　　　　實際上，這樣的實現淨土，是攝導者與受攝導者的共同成果。因此，不能想像為實現了的淨土，唯佛一人，而必是互相增上輾轉共成的。菩薩是啟發的領導者，要大批的同行同願者，彼此結成法侶，和合為一地共修福慧，才能共成淨土。（中略，筆者注）不知莊嚴淨土，不知淨土何來，而但知求生淨土，是把淨土看成神教的天國了。〔註49〕

　　第三，知道了淨土所來，因此信、願、行三者不可或缺，這樣才能與阿彌陀佛的慈悲願力相應成就莊嚴淨土，這才是對淨土法門應有的信解。

　　　　簡略地說，發菩提心，慈悲喜捨，六度，四攝，菩薩一切功德行，都是成就淨土因。〔註50〕

　　這樣，與一般人以為的往生淨土不同，創造淨土不是終點而是階梯，一旦生入淨土，雖得不退轉，但也不是停留此地，還是需要直線向上的〔註51〕。也就是此地的、自力他力輾轉增上的、菩薩行的，這才符合大乘佛法的根本精神。

　　印順法師對淨土的解讀，為他的人生理想找到了最好的歸宿。他在《太虛大師年譜》中就引述塵空的話說，願太虛大師早日往生兜率淨土。之所以這樣祈願，就是希望太虛大師還能再來人間，繼續為佛法而努力〔註52〕。這不僅是太虛大師生前的願望，也成為印順法師對佛法的堅持。

　　　　彌勒淨土的第一義，為祈求彌勒早生人間，即要求人間淨土的早日實現。至於發願上生兜率，也還是為了與彌勒同來人間，重心仍在人間的淨土。〔註53〕

印順法師對此還打過一個淺顯的比喻，就像國內教育水平低需要到國外留學一樣，但是學成以後還是要回來貢獻自己的祖國。國內約為世間，國外約為

〔註48〕印順：《淨土新論》，《淨土與禪》，第29頁。
〔註49〕印順：前引書，第27頁。
〔註50〕印順：前引書，第27頁。
〔註51〕印順：《念佛淺說》，《淨土與禪》，第54頁。
〔註52〕印順：《太虛大師年譜》，第349頁。
〔註53〕印順：《淨土新論》，《淨土與禪》，第11～12頁。

兜率淨土，回國約為創造淨土，孰輕孰重是不能有絲毫偏差的〔註54〕。對這種創造淨土的體悟，就是印順法師「人間佛教」思想的第三宗。

以上三節筆者論述了印順法師對佛法的體悟。約略地說，第一節講的是此時，第二節講的是此人，第三節講的是此地。因為此時，所以有了空慧智，並對佛法進行了抉擇；因為此人，所以有了後來的菩薩行；因為此地，所以有了後來的菩提願。佛法是讓人脫離煩惱證入涅槃的，但凡佛教中的大德必是對此有所得而安住其中。和太虛大師的「無即時成佛的貪心」〔註55〕相類似，印順法師的一生也是安住在他對宗的體悟上的。他深刻體會緣起對於解脫的意義，將自己的一生看成是種種的因緣，在生活中隨順它們，他堅守戒律，與人無諍，謹守出家人的本分。傳道法師（印順法師戒子）對他有如下的評價：

> 在修行上從不誇耀自己修何法門，得到什麼境界，也不像傳統佛教拘於形式，強調幾點鐘要作什麼那麼刻板。在傳道看來，印順在日常生活中體證，沒有招式，平實可親、平易可學，我執似已銷融於無形，若沒有體證者無從表現出這種風範。〔註56〕

在財布施、身布施和法布施中，他根據自己的因緣重點放在法布施上，希望通過釐清純正的佛法，讓更多的人信受奉行〔註57〕。一生不夠，那就在生生世世中，繼續如此地聽聞佛法，行法布施，以最終實現此時、此地、此人終成佛道的究竟理想〔註58〕。斯人已逝，但其精神和榜樣將永遠激勵有緣之人。

> 「世間眼滅一何疾」！釋尊的入滅，將永遠遺留在佛弟子內心的深處，悲懷戀慕，直到人間淨土的完成！〔註59〕

對於印順法師所講授的教義，他有時叫做「人間佛教」，有時又叫做「自我的宗教、超脫的宗教、新生的宗教」，有時又強調「出世即入世」，只有通過這樣深入的審視才能得到真正的理解。因為，這與他體悟到的純正佛法是一致的，他的教 A 只不過是對其體驗——宗 B 的各個角度的展示。

〔註54〕印順：《念佛淺說》，《淨土與禪》，第81頁。

〔註55〕印順：《談入世與佛學》，《無諍之辯》，第126頁。

〔註56〕釋傳道：《記一位平實的長者》，參見邱敏捷：《印順導師的佛教思想》，第274頁。

〔註57〕江燦騰：《當代臺灣人間佛教思想家——以印順導師為中心的薪火相傳研究論文集》，第23～24頁。

〔註58〕印順：《契理契機之人間佛教》，《華雨集》（四），第46頁。

〔註59〕印順：《佛在人間》，第3頁。

第五章　新的問題，誰來解答

　　　　我認識了自己。在過去，身體那麼衰弱，但為法的心，自覺得
　　強而有力，孜孜不息地為佛法的真義而探求。為了佛法的真義，我
　　是不惜與婆羅門教化、儒化、道化、神化的佛教相對立。也許就是
　　這點，部分學友和信徒對我寄予莫大的希望，希望能為佛法開展一
　　條與佛法的真義相契應，而又能與現代世間相適應的道路。

　　　　我是那樣的懦弱，那樣的平凡！我不能忠於佛法，不能忠於所
　　學，缺乏大宗教家那種為法殉道的精神。我不但身體衰弱，心靈也
　　不夠堅強。這樣的身心無力，在此時此地的環境中，我能有些什麼
　　作為呢！空過一生，於佛教無補，辜負當年學友們對我的熱誠！這
　　是我最傷心的，引為出家以來最可恥的一著！

　　　　　　　　　　　　　　　　　　　　　——印順，《平凡的一生》

　　本書是從元問題開始的，這個思路適用於印順法師。他是一位宗教家，
自始至終縈繞在其腦海中的就是如何解脫現實的苦難。在最開始的時候這個
方案是成仙，到最後時他認為，

　　　　佛法的目的，主要在轉迷啟悟，轉染還淨。從現實的人生出發，
　　覺悟到人生之所以有重重的痛苦不自由，由於所行的不正；行為的
　　所以不能合乎正道，由於知見的不正，對於人生真相缺乏正確的悟
　　解。佛法是針對此點，勘破虛妄以見真實，遠離邊邪而歸中道；必
　　如此，才能得解脫而自在。〔註1〕

────────────────────
〔註1〕印順：《性空學探源》，第1～2頁。

讀到這裡相信您已經能夠總結說，這其實就是印順法師心中的那個純正佛法B，也就是說，經過了前期的教外探索以及出家後的求法閱藏以後，印順法師已經從佛法中找到了解脫痛苦的答案。如果故事就到這裡結束，我們看到的將僅僅是一位出家僧人「沒有招式，平實可親，我執銷融」的背影，但印順法師卻不僅僅如此。筆者在前面提到過，在印順法師的一生中出現過兩次大的跨越，第一次是在摸索中找到了解決人生苦痛的良藥，皈依了佛門，而第二次則是他在認識到了佛教的核心思想以後發現，當代中國佛教衰微的原因乃是對佛法核心義理的誤讀，嘴上說的是「緣起性空」，而日常崇信的卻是異化了的鬼、神。為了扭轉這一局面，他沒有一個人獨自歸隱山林，而是勇敢地走出來，窮其一生「自覺而強有力」地掘發純正佛法的真諦，並將當代中國佛教中存在的諸多問題一一指了出來。兩次跨越對治的問題明確，答案亦十分精彩。因此筆者認為，要想讀懂印順法師應該從元問題開始，至於一些學者一上來就直接切入的歷史研究問題，判教問題等等，都是為了元問題的解答而服務的，用筆者的話說就是，印順法師的佛學研究始終沒有脫離那個核心理念緣起（性空）B，強調他是中國佛教界難得的一位學問僧，其實並沒有號準印順法師的脈搏。

脈搏既然號準，從中我們又能聽到什麼？首先我們可以聽到的是印順法師貫徹始終的一個論證模式，那就是對二元、實有思維的破斥。一般宗教、哲學所涉及的往往都不出兩個基本範疇，以及對它們之間種種命題的詮釋。這兩個範疇一個是形上的B，一個是形下的A。對於A，印順法師往往會將其細化為自然、社會、以及身心三個部分。印順法師認為，在早期人類的時候，面對惡劣的生存環境，人類總幻想著在現象A背後有一個強大的神秘力量，而自己又是那麼的渺小，因此在思想中形成了B（＋1）A（－1）的觀念，並由此產生對B自然力→多神→祖先→一神等的信仰，希望通過B的護祐能夠離苦得樂，獲得永生。但是隨著人類的發展進步，認識到了這種思想的錯誤，於是神的王國倒塌了，現代人類建立起了科學的王國、民主的王國。但是，人類的苦痛非但沒有減少，反倒更加地處於水深火熱之中。問題出在哪裡？印順法師認為在於我見，也就是這種二元思維模式，雖然近代社會以科學、民主代替了宗教，但它依然是B（＋1）A（－1）結構的，而佛法就是對治這種思維模式的最好方式。

在佛法中有一個轉迷成悟的論述邏輯，它也是從我見開始，通過破除我

見，進而達到究竟的解脫，它的術語可以是「我有法有，我空法空」。我有就如同 A（＋1），法有就如同 B（＋1），佛法的全部目的就在於破除我見達成我空法空，也就是 A（0）B（0）。雖然，我空法空並不需要在自他相待的關係上安立，但是，它又是與假實、真妄、理事等二元對立範疇不一不異的，這就構成佛法在用人類語言解釋空之內涵時經常遇到的一個困境。禪宗的不立文字，它的初衷其實也正是為了要擺脫文字的這種束縛。印順法師自然也認識到這一問題，因此他是以緣起（性空）C（0）作為解決方案的，並在佛教歷史上出現的諸多派別中特重中觀學說。

在《法海探珍》一文中，印順法師把人類的認識比喻成一個圓，如圖 5-1，其中世俗的認識由三部分組成，一個是由一根線畫成的圈，另外二個是由這個圈所分開的內圓和外圓，也就是二元的思維模式。反之，佛法的認識雖然還有圈，但他把這看成是緣起的存在，所以並不以二元思維去認識它，而是要透過三法印去體悟這個圓圈深處的空性實相，它不在二元思維這個平面上，而在超越二元思維的平面之外。對二元思維的破斥意圖甚為明顯。

圖 5-1　世俗認識 vs 佛法認識〔註2〕

印順法師的論證其實還破斥了二元思維模式的隱性形式。這裡，我們插入印順法師與守培法師的一段諍論作為佐證。在前面提到的《悼念守培上人》一文中，我們談到印順法師與守培法師關於性空和真常的分歧。在該文中還談到他們之間的另一次諍論。

> 末後一次的法義辯論，是由我的《中觀今論》而起；守老批評我的「中道的方法論」。中觀與唯識，都是注重聞思薰修的，都是以分別抉擇的觀察慧，導入無分別智證的；與《起信論》等的修法並不相同。守老的解說中道，引用了「不偏之為中」，「未發之為

〔註2〕印順：《法海探珍》《華雨集》（四），第48、49頁。

中」，也許是受著中國文化的影響吧！我只作一簡短的答覆，載在
《中流》，說明我所宗的中道，是依經說：「離此二邊說中道，所謂
此有故彼有」等——依緣起而明中道。所據不同，意見也難得一致
了！〔註3〕

這裡提到，中觀、唯識、《起信論》的修法是不同的，而中觀唯識都重視聞思
的薰修。守培法師其實是重唯識的，故對中道的理解是「不偏之為中」「未發
之為中」，印順法師認為，這是受了中國文化的影響，他理解的中道不是這樣，
乃是「離此二邊說中道，所謂此有故彼有」。二者的差異何在？筆者認為，它
反映的正是中國的隱性二元思維模式與佛教中道的區別。

筆者在緒論中曾提到過在大連聖水寺時的一段經歷，在那以後的一段時
間筆者逐步形成了這樣一種認知，即西方思維是非此即彼的；中國思維是對
非此即彼的一種消融，主張彼此在一定的條件下可以向自己的反面轉化；而
佛法的思維則是取消了一切的分別妄執。所以佛道在中國有融會在一起的共
同思想基礎，二者間雖有差異，但在否定非此即彼的認識上是共通的，如圖
5-2。

西方　　　　　　　　中國　　　　　　　　佛法

圖 5-2　西方、中國、佛法核心理念對比圖

筆者不知道守培法師的中道思想是否從陰陽推理而來，但筆者的推理過
程顯然就是印順法師所說的受中國文化的影響。這種折衷、模棱兩可、對兩
個極端的調和，不是印順法師對中道的理解，他的中道是出離了種種執見，
息滅一切戲論的〔註4〕。因此，當筆者看到印順法師的圖 5-1 時，即對自己過
去的認識進行了徹底的反思，也認識到了佛法空性的正確意義。佛法的空是
不離緣起假名的依有明空，同時，性空也不礙緣起。如果我們還以圖 5-2 中右
邊的圓圈來表示的話，應該這樣來說明，圓圈就相當於緣起，它畫出的一筆
只是為了顯出一個空而已，因為是緣起的，所以它不應在圈內、圈外找尋任
何的歸宿（我見）去執著，它應該時刻不離這個圈，也就是緣起本身。

〔註 3〕印順：《悼念守培上人》，《華雨香雲》，第 234 頁。
〔註 4〕印順：《空之探究》，第 215 頁。

這樣的思考經歷讓筆者想到了羅素。在西方的宗教哲學中，對上帝的證明有所謂的宇宙論論證法、目的論論證法、本體論論證法、和來自宗教經驗的論證法等等〔註5〕。其中的本體論論證法就是假設有一個命題 S，如果加上其他確定或自明的假設 A¹和 A²，將會導致矛盾，這就反過來證明 S 的對立命題是真的。羅素有一天就是在瞬間領悟到，本體論的這種論證方式是有效的〔註6〕。所以，當筆者見到印順法師的圖 5-1 時也產生了類似的感覺，認為印順法師破斥世俗二元思維的論證也是有效的，（雖然它的形式不是西方的數學公式），這就是筆者將其佛學思想的核心確定為緣起（性空）C（0）的直接原因。這是理解印順法師的第一個關鍵，順著這個思路，可以開出印順學研究的另一片領域，尤其是在中外文化對比這一方面。

從印順法師的脈搏中聽到的第二個關鍵詞是人。在破斥了二元思維以後印順法師鮮明地提出，宗教的本質不是反映著神與人的關係，而是反映著人類自己的意欲。在過去人類之所以想像有神，本質上也是表現了自己對美好事物的嚮往。比如說雨，人類希望它適時地下雨，不希望淫雨，雨神因此而成為人類這種願望的代表者。所以人類起初的意欲都投射在了外物身上，不曾能夠突出自己。而到了佛教裡面，人類自己終於清晰地表現了出來，它不僅揭示了人類的黑暗面——煩惱、業，也展現了人類自己的光明面，以及通過自己的努力，最終達成理想的神聖使命。所以，不是神造人，而是人像神，神是人類自己的理想化、完善化。

> 佛教有這樣的話：「眾生為佛心中之眾生，諸佛乃眾生心中之諸佛。」眾生——人信仰皈依於佛，是眾生自己心中所要求實現的自己。所以佛弟子皈依佛、皈依僧，卻要「自依止」，依自己的修學去實現完善的自己。〔註7〕

所以，人類的解脫全在自己，而不是順從於某個神。這是理解印順法師的第二個關鍵，他的「人間佛教」思想的出發點全在於此，雖然印順法師是從印度佛教中發掘出人的重要意義的，但學者更應在現代性的視閾下考察印順法師之所以如此抉擇的背景，那種試圖在佛教的歷史發展進程中尋找出神聖維

〔註5〕參見路易斯·P·波伊曼：《宗教哲學》，黃瑞成譯，中國人民大學出版社，2006年5月。

〔註6〕路易斯·P·波伊曼：前引書，第51～52頁。

〔註7〕印順：《我之宗教觀》，第6頁。

度以質疑「人間佛教」之人間維度的企圖，可以說都是沒有號準印順法師的脈搏。

　　釐清了這兩點以後，我們就可以突破傳統佛教的固有侷限，轉到中外對比、以及現代性的視閾下，對印順法師所做的貢獻進行更多面相的分析。

　　首先，關於本體論的問題，印順法師曾明確否定過緣起（性空）是本體論，但是郭朋研究員卻這樣總結說：

> 「緣起有」與「自性空」，這是中觀學派的兩大根本命題。它可以說是中觀學派的現象論與本體論：論現象，是緣起有——緣起而有，就非真有、實有；論本體，是自性空——緣起無實，自性（實體）本空。〔註8〕

那麼如何解決這中間的矛盾？筆者認為，這還是源於文字給人們帶來的紛擾。通過上面的分析可以看到，基督教、西方哲學、儒家、道家等的思想體系都內涵著一個 AB 結構，A 約為形下的現象世界，B 約為形上的理念世界，B 是創作者，A 是被造物，而在這創造的過程中，A 逐步失去了創造者 B 的全真、至善、和純美，於是需要在創造結束以後不斷地向 B 回歸。雖然印順法師否定這種創生論，但是由 A 向 B 的回歸這一結構在他的思想中仍然存在，只不過這時的 AB 需要理解成：A 是二元對立思維代表的世俗智，B 是依緣起而不著兩邊的中觀智，人們只有破斥世俗智，才能進入究竟的解脫（如圖 3-6 中的世俗諦 vs 真·實·諦·如）。所以筆者的結論是，印順法師理解的緣起（性空）雖不是西方的創生意義上本體論，但卻有著破除我執，由煩惱趨於寂靜，最後成為佛化新人的向上一著，因此還是有著 A 在下 B 在上，由 A 向 B 回歸這種結構的，只不過是此 A↑B 非彼 A↑B 而已。麻天祥教授即將這種思維方式判定為非本體的本體論。

> 緣起性空（物從因緣故不有），故非本體；空性即實相（緣起故不無），亦即本體；實相性空，故實相非相（欲言其有，有非真生；欲言其無，事象即形）（參見僧肇《不真空論》），正是本體性空，本體亦非本體的意思。佛家正是以此辯證思維處理緣起和實相的關係，並建設其非本體的本體論的。這是佛學本體詮釋的核心。〔註9〕

〔註 8〕郭朋：《印順佛學思想研究》，第 253 頁。

〔註 9〕麻天祥：《中國佛學非本體的本體詮釋》，《中國社會科學》，2001 年第 6 期，第 35～36 頁。

所以說，非本體的本體論要比本體論的提法要好些，即便如此，不管你在文字上怎麼解釋緣起（性空）的既是也不是，非本體的本體論終究還是承認有本體的，而這種本體論的意識最終還是有著向神化發展的危險。印順法師批評熊十力先生對佛法的誤讀，原因也正是在這裡。擴大一點說，黑格爾對佛教「無」的評價，認為它只是一種抽象的質，是沒有包含真理的認識〔註10〕，其根子也在於對創生義本體論的堅持。而這與反對神化、鬼化，主張無神論，強調人的能動性的印順法師思想體系是格格不入的。因此筆者的意見是，還是將本體論的問題懸置，只突出中觀對世俗諦的超越意義，這樣比較沒有歧義。

印順法師重視人的這種思想，既來源於儒家學說，也來源於印度的佛教，這一點契合了雅斯貝爾斯的有關判斷。雅斯貝爾斯認為，在軸心時代的希臘、中國、印度，哲學家們突破了神話的論說模式，嘗試以人的理性去闡明社會經驗背後的意義，並意識到了整體的存在以及自身的限度，在力求拯救的意識推動下，人類也為自己樹立了最高的目標。他並認為，對軸心時代人之潛力的回憶以及復興，在西方、中國、以及印度的歷史中一再出現，成為推動歷史發展的精神動力〔註11〕。這裡有兩個觀察點；一是雅斯貝爾斯是通過研讀孔子、老子、龍樹的作品才得出這一結論的〔註12〕。就像我們現在都知道的，黑格爾並沒有接觸過孔子、老子、《易經》的第一手資料，因此他的結論偏向西方是有一定原因的。雅斯貝爾斯對佛教的推崇係來自龍樹，這一點很有意義。雅斯貝爾斯不像印順法師那樣涉獵了全部的佛教典籍，因此其得出的結論僅來自龍樹，不應視作佛教的各個派別均具有軸心時代的思想特徵，這一點可以與印順法師的研究互相參照，亦即佛教的人本精神在中觀學中特別突出，這個結論相當明顯。第二個觀察點是，印順法師這種對軸心時代精神的回歸併不是守舊的，而是具有現代性的品格，以這樣的視角看來，他的思想追求便可以與西方的過程神學、以及愛因斯坦的有關論述（僅舉兩例）進行對照、比較。

〔註10〕黑格爾：《宗教哲學講座·導論》，長河譯，山東大學出版社，1988年6月，「譯者序言」，第6頁。
〔註11〕卡爾·雅斯貝爾斯：《歷史的起源與目標》，魏楚雄、俞新天譯，華夏出版社，1989年6月，第8、9、14頁。
〔註12〕李雪濤：《論雅斯貝爾斯「軸心時代」觀念的中國思想來源》，《現代哲學》，2008年第6期，第87頁。

　　過程神學拋棄了傳統那種超自然的、至善的有神論的觀點，而主張上帝的動態性，認為上帝是在一種向前發展的經驗過程中被不斷完善和豐富的，它與其創造的世界乃共處於一種動態的聯合之中，上帝是在世界的進程中不斷充實自身、完善自身，從而亦使世界不斷趨於完美和圓滿〔註13〕。雖然，過程神學的歸宿仍然是一種「超泛神論」的，但是它吸收了人文主義的思想，主張人在道德和美學的完善理想中，去發現那超越有限性和時間性的永恆的價值，這與印順法師體悟到的創造的淨土——強化自己以戰勝我執、淨化自己、輾轉增上以達成至善境界——是相通的，二者的現代性品格甚為明顯。

　　將印順法師的宗教觀與愛因斯坦的宗教觀進行對比也很有意義。不過在具體講述之前需要解決一個重大疑問，即愛因斯坦曾經像雅斯貝爾斯那樣推崇過佛教嗎？之所以提出這個問題，是因為在坊間流傳的許多佛教宣傳資料中有一類小書，將眾多的科技、文化名人讚賞佛教的話語編輯在一起以提高人們對佛教的接受程度。其中有孫中山說的「佛學可補科學之偏弊」〔註14〕，也有愛因斯坦說的一段話，這句話被王萌教授在其 2004 年四川大學博士論文《融攝與對話：現當代佛教與科學關係研究》中引用：

　　　　在 20 世紀著名的科學家中，有許多人對佛教表達了尊重和推崇之情。其中最有影響者，當屬 20 世紀的科學巨人愛因斯坦的評價：「未來的宗教將是宇宙宗教。它應該超越一個人格的上帝並避免神學的教條。它包括了自然界和精神兩個方面；它應該建立在一種宗教感之上，這種宗教感來自於對一切事情——自然界的、精神的以及意味深長的統一性——的體驗。佛教符合這種描述……如果有哪一種宗教能應付現代科學的需要，那一定是佛教。」

對於上述引文王萌教授加了一個注釋：「轉引自：Martin J. Verhoeven. "Buddhism and Science: Probing the Boundaries of Faith and Reason." Religion East and West, Issue 1, June 2001. http://online.sfsu.edu/~rone/Buddhism/Verhoe venBuddhismScience.htm.」〔註15〕而不是像他論文中的其餘部分那樣引用第

〔註13〕卓新平：《當代西方新教神學》，上海三聯書店，1998 年 5 月，第 219～220 頁。
〔註14〕轉引自陳兵：《科學與佛》，《世界科技研究與發展》，1995 年 10 月，第 5 期。
〔註15〕王萌：《融攝與對話：現當代佛教與科學關係研究》，博士學位論文，四川大學，2004 年，第 137 頁。筆者於 2021 年 7 月 31 日校對本書時查閱了該網址，仍然有效。

一手材料，也許王教授覺得商務印書館 1976 年、1979 年版的《愛因斯坦文集》中沒有收錄上述文字吧〔註 16〕，不過，既然是專門論述佛教與科學關係的博士論文，對於如此重要的引述不應如此草率。對於這個問題，張卜天教授在《愛因斯坦與佛教》一文中做了分析，他查閱了這段文字據說的出處：Albert Einstein, *The Human Side*，沒有發現相同的陳述，該書中與佛教有關的文字也只有第 70 頁上的一句話：「在我看來，像佛陀、摩西和耶穌這樣的人物對人類的恩澤要高於探索和創造的心靈所取得的一切成就。」張教授認為，這與宣稱佛教最能支持科學的立場毫不相干〔註 17〕。在分析了當今眾多的把佛教與科學進行比附的議題，諸如「量子與蓮花」「量子物理學與慈悲」「禪與大腦」「空性與相對論」「原子與無我」「愛因斯坦與佛陀：類似的言教」之後張卜天教授指出，

> 他們的一些說法也許只是出於方便，或許有利於增強更多人的信念，但我依然認為，對科學的攀附已使佛教付出了沉重代價，因為這樣理解的佛教已經失去了某些最本質的東西。若把佛教與科學拉到同一層面，使佛教成為一種科學佛教（Scientific Buddhism），那麼長遠來看失敗的必定是佛教。對使用的概念多一些敏感性，對思想史多一些瞭解，會有利於佛教以及其他各宗教的健康發展。〔註 18〕

張教授的論證邏輯是，科學和宗教、哲學雖然都是人類對現象世界理性、深刻的反思，但到了近代發生了科學革命以後，科學的思維方式、手段、目的已經與宗教、哲學分道揚鑣了，並且在科學自己的領域裡也已經發生了幾次範式的轉型。用字母粗略理解的話（如圖 3-1），宗教、哲學還堅守著 B 的領域，堅持採用幾千年前的哲人們就在運用的沉思式思辯去體悟現象背後的終

〔註 16〕這種情況筆者也遇到過，對比張卜天譯 2018 年 6 月商務版《我的世界觀》與方在慶編譯 2018 年 10 月中信版《我的世界觀》，兩書收錄的文章就有出入，需要對是增？是刪？做出判斷。
〔註 17〕愛因斯坦在《善與惡》一文中指出，判斷宗教、政治領袖、大藝術家、科學家等人是否對人類做出了貢獻，標準是看他們是否提升了人們的境界，使人臻於完善，即對追求理解的衝動，亦即創造性和領悟性的腦力勞動。因此上一句的意思是說，在人類的思想家中，佛陀、摩西、耶穌在這些方面的貢獻是最大的。阿爾伯特‧愛因斯坦：《我的世界觀》，張卜天譯，商務印書館，2018 年 6 月，第 16 頁。
〔註 18〕張卜天：《愛因斯坦與佛教》，《南方周末》，2016 年 5 月 20 日。

極意義和原因，而科學卻已轉向了 b，它推崇觀察、實驗和邏輯的推理，強調結論不僅僅是可覺知的，更要可見、可觸、可驗證，同時，科學的結論也並不標榜自己是絕對真理，因此隨著科學的進步或範式的轉換，對同一問題的結論可以被不斷修正。所以張卜天教授的結論是，人們應該對這一思想史的變化多一些瞭解，從而認識到科學與宗教已經不在同一個層面上了，強行將二者拉到一起反而會使佛教失去它最本質的東西 B。第一章的圖 1-7、圖 1-8 想要傳達的也正是這種從前現代到現代轉變過程中表現出來的這種變化趨勢。不過，筆者覺得張教授的觀點即希望科學與宗教徹底分離，井水不犯河水，這樣科學和宗教才能各自健康地發展，未必 100%符合愛因斯坦對宗教的理解。因為愛因斯坦確實還說過下面這句話，並被宗教界人士頻繁引用，「科學沒有宗教是跛足的；宗教沒有科學則是盲目的」〔註 19〕，表明在愛因斯坦心裡，科學和宗教還是需要互相扶持的，如果是這樣的話，張教授的上述觀點可能還需要某種修正才能給出一個合理的解釋。下面我們就借著印順法師「正直捨方便」的精神，探索一下愛因斯坦之所以如此表達的背後邏輯，希望把張教授所說的究竟和方便義儘量清楚地傳達出來。

首先，在愛因斯坦心目中錯誤的科學觀是什麼？在《科學與宗教》（1939）一文中，愛因斯坦首先概括了當時社會上盛行的一種科學觀，即認為知識與信仰之間存在著不可調和的矛盾，並認為知識的領域越來越廣，那些得不到知識驗證的信仰——迷信——必須受到批駁，而學校的唯一任務就是傳授知識以及科學的思考方法。愛因斯坦認為這種極端理性主義的觀點有失偏頗，雖然他贊成信念應該得到經驗和理性思維的清晰的驗證，但是有一些起著決定性作用的信念如對終極目標的渴望並不能完全從這種僵硬的科學知識中找到歸宿，而傳統的猶太—基督教宗教卻能給人以這種靈感〔註 20〕。

其次，在愛因斯坦心目中錯誤的宗教觀是什麼？在《宗教與科學》（1930）一文中我們能看到，他把人類滿足欲望、減輕痛苦這種「深切的需求」看做是宗教產生的背後原因。按照這個思路，他把現存的宗教分為兩類。一類是恐懼的宗教，在這種宗教中，人們將飢餓、疾病、死亡等的種種苦難歸因於虛幻的鬼神，祭祀階層於是發明了獻祭的儀式，希望通過祭品換取鬼神的恩

〔註 19〕阿爾伯特·愛因斯坦：《愛因斯坦晚年文集》，方在慶、韓文博、何維國譯，北京大學出版社，2008 年 1 月，第 21 頁。
〔註 20〕阿爾伯特·愛因斯坦：前引書，第 17、18 頁。

寵以消除部族的苦難，在此過程中，統治階級也得到了自己至高的權力。第二類是道德的宗教，人類社會為了維護正常運轉，也為了個人痛苦的化解和願望的滿足，便形成了道德意義上的上帝觀，這個具有意志的上帝擁有保護、處置、獎罰的權力，在他的眷顧下，人類社會才得以不斷地延續和發展。愛因斯坦認為，雖然道德的宗教與恐懼的宗教相比是一種進步〔註21〕，但是它們終歸是建立在人與上帝不平等的關係之上的——人從他那裡得到庇祐、害怕受到他的懲罰——類似孩子與父親的關係〔註22〕，愛因斯坦對這種宗教觀提出了批評。

　　兩相對照，我們就可以對愛因斯坦的邏輯有一個正確的認識，即他對科學的價值是肯定的，但是，科學不應太過注重經驗世界表面上的因果關係，而放棄對這種理性背後之深邃、和諧的入神般的癡迷。同樣，宗教也不是普通人認為的對鬼神的服膺、以及死亡的恐懼，它應該去喚醒人們對這種深邃理性的敬仰之情並使其保持活力。

　　　　我們所能擁有的最美好的體驗是神秘體驗。這種基本情感是真正的藝術與科學的策源地。誰要是不瞭解它，不再有好奇心和驚異感，誰就無異於行屍走肉，其視線是模糊不清的。正是這種對神秘的體驗——即使夾雜著恐懼——產生了宗教。我們認識到有某種無法參透的東西存在著，感受到只能以最原始的形式為我們的心靈所把握的最深奧的理性和最燦爛的美——正是這種認識和這種情感構成了真正的宗教性；在這個意義上，也僅僅是在這個意義上，我才是一個篤信宗教的人。我無法想像神會對自己的造物加以賞罰，也無法想像他會有我們親身體驗到的那樣一種意志。我不能也不願去想像一個人在肉體死亡之後還會繼續活著；讓那些脆弱的靈魂，出於恐懼或者可笑的唯我論，去拿這些思想當寶貝吧！我滿足於生命永恆的奧秘，滿足於知曉和窺探現有世界的神奇結構，能以誠摯的努力去領悟顯示於自然之中的那個理性的一部分，哪怕只是極小一部分，我也就心滿意足了。〔註23〕

〔註21〕阿爾伯特・愛因斯坦：《我的世界觀》，張卜天譯，商務印書館，2018 年 6 月，第 17、18 頁。
〔註22〕阿爾伯特・愛因斯坦：前引書，第 22 頁。
〔註23〕阿爾伯特・愛因斯坦：前引書，第 6、7 頁。

筆者認為，透過文字的表相，愛因斯坦所要表達的正是筆者圖 3-1 所描述的
架構，只不過和張卜天教授理解的（要麼 b 要麼 B）不同，愛因斯坦仍強調
B 的意義：

> 個人感覺到人的欲望和目標都屬徒然，而大自然和思維世界卻
> 顯示出令人驚異的崇高秩序。他覺得個人的生活猶如監獄，想把宇
> 宙當成一個有意義的整體來體驗。〔註24〕

這裡明顯地看出有 AB 兩個世界，一個是個人的、受限的、無意義的形而下 A，
一個是自然界與思維世界高度一致的、統一的秩序，它是奇妙的、有意義的形
而上 B，科學就是對這種 B 的追求，只不過到了近代以後科學偏重經驗一些，
有與傳統宗教 B 分道揚鑣的趨勢，如 b，但在愛因斯坦這裡，這種類似傳統宗
教的情感 B 仍是需要的。當然，愛因斯坦心中的宗教 B 與牧師心中的宗教 B
或是佛教徒心中的宗教 B 是不同的，它沒有對人類擁有生殺予奪大權的人格
神（上帝）的位置，它沒有經典，也沒有教團，有的只是人，他是自由的、負
責任的，「全神貫注於那些具有超個人的價值而為他所堅持的思想、感情和抱
負之中」。愛因斯坦把這種宗教取名為「宇宙宗教情懷」，其作用就是使人們清
楚、完整地認識形而上的價值和目標，並且經常強化它們，擴大其影響。所以
在愛因斯坦的架構裡，科學 b 與宇宙宗教情懷 B 是高度一致的，宗教情懷是
「科學研究最強烈和最高尚的推動力」，只有二者結合在一起，才能最終完整
地回答出 A「是什麼」（b 的任務），以及「應該是什麼」（B 的任務）這樣兩個
問題〔註25〕。在這樣的邏輯下，愛因斯坦說出「科學 b 沒有宇宙宗教情懷 B
是跛足的；宇宙宗教情懷 B 沒有科學 b 則是盲目的」就是可以理解的。所以
筆者的結論是，愛因斯坦實際是構建了自己的一個哲學體系，在這個哲學體系
裡，科學理性與宇宙宗教情懷並不衝突。我們只有衝破文字帶給我們的干擾，
並且轉換認識問題的思路，才能對他的宗教觀給予正確的詮釋。

按照這個思路，我們就可以反向考察一下愛因斯坦那句沒有出處的話語
的意義。如果我們把它簡化成「未來的宗教是宇宙宗教情懷，而佛教和這種
宇宙宗教情懷的特徵很像」這樣兩個要素的話，那麼在《宗教與科學》一文
中我們能看到：

〔註24〕阿爾伯特・愛因斯坦：前引書，第 19 頁。
〔註25〕參見阿爾伯特・愛因斯坦：《宗教與科學》，《我的世界觀》，方在慶編譯，中
信出版社，2018 年 10 月。

　　宇宙宗教感情的開端早已有之，比如在大衛的《詩篇》和猶太
教的某些先知那裡。在佛教中，這種情感要素還要強烈得多，我們
尤其可以從叔本華的美妙著作中讀到。〔註26〕

在這篇文章中愛因斯坦還提到了德謨克利特、阿西西的方濟各、以及斯賓諾
莎等，可見在愛因斯坦的心裡，這些宗教家、哲學家的思想是近似於他的宇
宙宗教情懷的，這個結論應該能夠得出。因此，佛教信眾大可繼續將愛因斯
坦與佛教連接在一起，但是一定要謹記在心的是，愛因斯坦推崇的佛教理念
B 只是他的宇宙宗教情懷，它與普通信眾心中的傳統佛教理念 B 是不同的，
只有合於宇宙宗教情懷的佛教才能對人類發展起到積極的推動作用，這其中
沒有絲毫鬼神信仰與業報輪迴的因素。愛因斯坦也同樣講到，那種試圖與科
學理性正面對幹或極力迴避科學的宗教，只會給人類進步帶來不可估量的損
害，結局必然是失去對人類的影響力。他號召宗教領袖們必須有氣量放棄人
格化上帝的學說，而將人類與生俱來的宗教情感轉向能夠在人性本身培養真、
善、美的力量上來。筆者還是那句話，要正確理解愛因斯坦的原意，不僅需
要突破文字的束縛，也需要思考方式的轉變。其實，讀者如果感興趣的話，
不防把愛因斯坦與梁啟超的思維模式進行一個對比，在第一章中我們可以看
到，梁啟超先生推崇的佛教也是與傳統佛教不同的，它是入世的、平等的、
自力的、智信的，目的是促成「新民」的養成。

　　如果我們從這個角度來分析的話，印順法師的佛學思想 B 緣起（性空）
其實是暗合了愛因斯坦的宗教思想 B 宇宙宗教情懷的，這也從一個側面證
實了愛因斯坦對佛教中宇宙宗教情懷的認知，就像印順法師的研究亦能從
側面支持雅斯貝爾斯對佛教中人本思想的認知一樣。首先關於宗教的定義，
印順法師否定從人神關係的角度界定佛教，而是強調人的意欲，這一思路
與愛因斯坦一致。其次，愛因斯坦把宗教的歷史分為恐懼的宗教、道德的宗
教以及宇宙宗教情懷，印順法師則把宗教的歷史分為自然的宗教、社會的
宗教和自我的宗教（或精神的宗教），而宇宙宗教情懷與自我的宗教都強調
人的主體性，反對神我的護祐，二者都具有現代性人本主義的顯著特徵。第
三，更為重要的是，愛因斯坦與印順法師都各自建立了自己的哲學、宗教體
系，在各自的體系中，人類存在的意義都是在對終極目標的追求中實現的，
而在這永恆的過程之中，愛因斯坦和印順法師都發現了宗教——宇宙宗教

〔註26〕阿爾伯特·愛因斯坦：《我的世界觀》，張卜天譯，第19頁。

情懷 vs 緣起（性空）——的正面意義。

> 宗教是人類自己的意欲表現於環境中。不平等而要求平等，不
> 自由而希望自由，不常而希望永恆，不滿愚癡而要求智慧，不滿殘
> 酷而要求慈悲。當前的世界，斷滅論流行，不平等、不自由，到處
> 充滿了愚癡與殘酷，該是宗教精神高度發揚的時節了。〔註27〕

　　當然，他們二位肯定也有不同的地方，都有自己的堅持和底線，愛因斯
坦一定是以他的宇宙宗教情懷為主，佛教、斯賓諾莎等為輔；而印順法師一
定是以「真、實、諦、如」為究竟，視愛因斯坦的學說是外向的、二元的、我
見的，需要進一步超越。但是筆者認為，他們的理想 A↑B 其實都是一樣的，
都是為了人類社會的改善，這一點，在兩位各自的著作中隨處可見，只是提
出的方案不同而已。

　　順著這個思路，我們就可以對印順法師的佛學思想之於現代社會的意義
這一話題做進一步的追問。前面筆者提到，在印順法師的一生中發生了兩次
重大的跨越，第一次是認識了佛法，找到了解決自己心靈空虛、人生苦痛的
有效方法；第二次是體悟到了緣起（性空）的真實含義，找到了中國現實佛
教中各種問題背後的原因——對純正佛法的背離，他用一生來詮釋他的「人
間佛教」，讓我們可以從一個側面瞭解到這些背離表現在哪裡？這兩次跨越
是成功的，因為他都圓滿回答了他的元問題。（當然，不同的信眾可以得出
不同的結論 B。）按照這個思路，印順法師應該繼續提出第三個問題——即
如何扭轉中國佛教的面貌，更一步地，如何從淨化人心開始，逐步進到社會
的真正進步，最終實現宇宙的莊嚴清淨。這並不是筆者的臆想，而是印順法
師佛學思想中的應有之義，從前面的論述中相信您也一定能夠感受到這種出
世不礙入世的強烈願望，這也成為我們從他的脈搏中聽到的第三個關鍵詞：
踐行。

> 論到王，淨土也有二類：一類是有王的，如說彌勒當來下生的
> 時候，有輪王治世。金輪聖王，不是憑藉武力而統治天下的，全由
> 於思想的道德的感化，使人類在理想的生活中，人人能和樂共處。
> 這一類淨土，還是有政治組織的。第二類是無王的，這是大乘不共
> 的淨土。佛稱為法王，這不是說佛陀統治淨土的群眾，而僅是在思
> 想上、行為上受佛的指導，以期達到更究竟更圓滿的境地。這一種

〔註27〕印順：《我之宗教觀》，第 6 頁。

　　淨土，沒有政治組織形態，近於一般所說的無政府主義。〔註28〕可見在出世入世——踐行的問題上，他的思路仍然是一貫的，即不論是轉輪王還是法王，都只能以佛法的無我正見去感化社會，從而達到圓滿淨土的實現。但是，對於其中的輪王治世，中國人已經企盼了幾千年，其間有快要實現的時候，但到最後都是以失望而結束。

　　到隋代，那連提梨耶舍譯的《德護長者經》（《月光童子經》異譯）即說：「此童子於閻浮提大隋國內作大國王。」這在佛弟子的心目中，隋文帝是有實現可能的，但在煬帝手中失敗了。唐菩提流志譯的《寶雨經》也說：「月光……第四五百年中，法欲滅時，汝於此贍部洲，東北方摩訶支那國……為自在王。」這是意味著武則天的，但也不曾能發展完成。這種思想，還是永遠地存在於佛化中國的人民心中。到盛唐以後，與外道的摩尼教相結合，孕育為「明王出世，天下太平」的思想（當時密宗的本尊，也都有稱為明王的）。到元末，發展為秘密組織，這就是歷史上有名的白蓮教。他們理想中的明王，與彌勒菩薩、月光童子出世的思想還是一脈相承的，所以白蓮教也以天下大亂、彌勒出世為號召。至於名為白蓮教，那是因為宋代，結白蓮社念佛，上至宰相，下至平民，到處非常普遍。但蓮社是求生西方，念阿彌陀佛的；白蓮教雖採取白蓮的名義，而希望彌勒下生，人間淨土出現。不過佛教的思想更衰落，融合外道思想，經過秘密組織，越來越神秘了！抗戰時期，貴州一位姓龔的，還自說是彌勒佛出世呢。彌勒人間淨土，給予中國人的影響極大。可惜的是：中國是儒家思想的天下，佛教不能實現政治的淨化；不能引淨土的思想而實現於人間，得到正常的發展。明代的朱元璋，曾經出家，又加入白蓮教。但朱元璋雖為了生活無著做過和尚，卻缺少佛法的正當認識。所以在政治勝利的發展中，他結合了儒家的思想，背叛廣大人民的光明願望，漸與彌勒淨土的思想脫節。朱元璋建立的政權，說極權比什麼都極權，說封建比任何一朝都封建。月光童子出世和彌勒下生的思想，千多年來的發展，鼓舞了中國人對於人間淨土的要求與實行，而一直受著家本位的文化的障礙，不曾實現。所以說彌勒淨土，必須理解這人間淨土的特性。有的把這人間淨土忘

〔註28〕印順：《淨土新論》，《淨土與禪》，第10頁。

> 卻了，剩下求生兜率淨土的思想，以為求生兜率，比求生西方淨土
> 要來得容易，這是沒有多大意義的教說。〔註29〕

隋文帝、武則天、白蓮教、朱元璋……看來輪王治世不是那麼容易實現的，印順法師將其中原因歸咎於儒家思想，亦即 A（−1）↑B（0），也許在儒家思想占統治地位的中國，這條路真的困難重重。那就剩下另一條，即通過人們自己對淨土的正見來實現無王之治，但實際的情形是這條路同樣荊棘叢生，印順法師自己就是最好的例子。我們在他的回憶錄中可以看到他有一些支持者，如演培法師、妙欽法師、續明法師等，他們屬於好勝的、希望改革的一群，並對印順法師給予了很高的期望。但是，他們「不能認識我」：

> 身體的苦，在心力的堅強下，我是不覺得太嚴重的；經濟困難，
> 也不會放在心上。可是，遇到了複雜的困擾的人事，我沒有克服的
> 信心與決心。大概地說：身力弱而心力強，感性弱而智性強，記性
> 弱而悟性強，執行力弱而理解力強——依佛法來說，我是「智增上」
> 的。〔註30〕

也就是說，在理論和實踐上，印順法師是偏重理論的，所以到真要落實時，就會出現本章標題下引文所說的遺憾。與其說這是印順法師本人的遺憾，不如說是他「人間佛教」思想體系的困境——從學理上說，眾生苦痛的解脫，好像只要破除我見就可一念而成，但實際上，人間淨土的實現仍然遙不可期。這不是理論 A↑B 的問題，而是實踐 B↓A 的問題。

正如馬克思對費爾巴哈的批評一樣，人的思維是否正確，這並不是一個理論問題而是實踐的問題，人類應該在實踐中去證明自己思維的真理性。所以，認清宗教是人的本質的異化這只是分析工作的開始，要想找到人類苦痛的真正原因只有從世俗基礎的自我分裂和自我矛盾中去理解。因此馬克思的結論是，哲學家們只是用不同的方式解釋世界，而問題在於改變世界〔註31〕。印順法師對佛法的解讀雖然深刻，但是當它遇到現實時，理論的有效性就明顯地突出了出來，龔雋教授即明確地指出了這一問題：

> 雖然在學理上，「人間佛教」特別區分了佛教的人間性與俗世

〔註29〕印順：《淨土新論》，《淨土與禪》，第 13～14 頁。
〔註30〕印順：《平凡的一生》（重訂本），第 174 頁。
〔註31〕馬克思：《關於費爾巴哈的提綱》，鄭天星編：《馬克思恩格斯論無神論、宗教和教會》，華文出版社，1991 年 12 月，第 154～157 頁。

化的不同，如印順就為太虛「人生佛教」的「順應潮流」作了新的解釋，提出許多人誤讀太虛法師的思想為「世俗化而已」，而不知道人生佛教的「學理革命」恰恰「不是世俗化，不是人天乘，不是辦辦文化慈善，搞政治，而是有深徹意義的」。他認為，如果不瞭解這一微細的分別，佛教人間化就難免在所謂圓融中橫生障礙，在人事中而「輕視一切事行」，「專心於玄悟自修」而把世間的本份事也看成份外事。〔註32〕印老要告訴我們的是，「人間佛教」的意趣就是即世間而離世間，在世與出世間獲得超越性的法度。這在理上是很清楚的，問題是，一落到世間經驗的面向上，情況要困難得多。理則上的不二，必須對世間法有更充分的準備和分析，單提「佛法不離世間」一句調和的話頭，還不足以應對複雜的現代性困局。要理解「人間佛教」的救渡意義，必須先充分照顧到真正虔誠者在面對現代性和世俗化生活中所遭遇到的二難，即揭示出霍克海默所謂的「今天成為問題的意義」，否則人們會感到，從教義上是圓通的諦理，在現實生命中可能沒法受用，於是，「人間佛教」在實踐層面的拯救性計劃就很可能是軟弱無力的，這也就是「人間佛教」難免會經常受到來自宗教實踐立場批判的原因。就是說，「人間佛教」在面對現代性所帶來的各種世俗化的問題中，如何在世法與出世法之間建立起真正有實踐意義的聯繫，既能夠「順應潮流」，又可以沿流知返，而不是單方面地傾向於事相或學理上用功，疏於道行，或「落人本之狹隘」，限於「人乘行果」，〔註33〕這是其面對傳統性所必須深刻應對的問題。〔註34〕

〔註32〕引文原注：印順，〈談入世與佛學〉，《無諍之辯》，妙雲集下編之七，臺灣正聞出版社，1992 年版。

〔註33〕引文原注：江燦騰先生在〈從人生佛教到人間佛教〉一文中，對於太虛和印順法師的人間佛教思想的異同作了詳細的考辨，他認為，儘管二人關於人間佛教的思想有很大的不同，但關懷點都是「人乘行果」。參見其書《當代臺灣人間佛教思想家——以印順導師為中心的薪火相傳研究論文集》，新文豐出版社，2001 年版，第 81 頁。

〔註34〕龔雋：《從現代性看「人間佛教」——以問題為中心的論綱》，2002 年第三屆「印順導師思想之理論與實踐」學術會議論文，引自佛教弘誓學院官網 http://www.hongshi.org.tw/dissertation.aspx?code=95F8309286CE2C8E46EB9E719E5C70FE。

　　龔雋教授的這篇文章就是從「人間佛教」的實踐面作出的評論——「今天成為問題的意義」，這即是筆者指出的印順法師的第三個元問題，面對當今科技的進步、社會的世俗化、各種社會問題、個人問題層出不窮的當下，如何以「人間佛教」為旗幟，發動、利用各種資源，共同建立起一種新型的「契機」的關係〔註35〕以解決上述問題？江燦騰教授也指出，不管什麼理論，新儒家也好，「人間佛教」也罷，都必須面對現代性問題的挑戰。如果某一理論不能為文化批判和文化重構提供意義的話，它的發展就將失去動力〔註36〕。遺憾的是，在踐行的層面，「人間佛教」目前的成果是不盡如人意的。

　　比如江燦騰教授就曾引述藤吉慈海的經歷認為，印順法師的淨土思想在東南亞的接受度是不高的〔註37〕。宣方副教授在《作為方法的印順：問題意識、詮釋效應及其他》一文中也指出，印順法師的思想在大陸佛教界並不是主流〔註38〕。另外我們再從相反的方面看看被印順法師批評的密宗，它不僅在臺灣逐漸盛行，在大陸也在做著適應時代要求的改變。才讓所做的田野調查《神聖與世俗——拉撲楞地區的藏傳佛教信仰現狀研究》中就顯示，藏傳上師對當地的和諧、穩定起到了建設性的積極作用。青海海南州的某一村落想禮請洛桑嘉措為上師，上師瞭解到這個村子因為酗酒造成村民結仇，便要求他們禁酒，否則做上師的事免談。

　　　　在他（洛桑嘉措，筆者注）的勸說下，該村大多數人都戒了酒，
　　　　隨後他讓矛盾的雙方人員，在佛像前，一對一，互相握手，面帶微
　　　　笑，發誓今生今世永遠做朋友。多年的冤仇得以化解，村中的緊張
　　　　氣氛頓時消除，村民對格西（洛桑嘉措，筆者注）也更為愛戴。洛
　　　　桑嘉措認為就此小事，亦足見佛法對社會之功用。〔註39〕

〔註35〕漢思昆的觀點，原載劉小楓主編：《20世紀西方宗教哲學文選》下卷，第1620
　　　　～1623頁，上海三聯書店，1996年版，參見龔雋：《從現代性看「人間佛教」
　　　　——以問題為中心的論綱》。
〔註36〕江燦騰：《當代臺灣人間佛教思想家——以印順導師為中心的薪火相傳研究
　　　　論文集》，第221～224頁。
〔註37〕江燦騰：前引書，第56頁。
〔註38〕宣方：《作為方法的印順：問題意識、詮釋效應及其他》，《弘誓》第76期，
　　　　2005年8月。
〔註39〕才讓：《神聖與世俗——拉撲楞地區的藏傳佛教信仰現狀研究》，牟鍾鑒主編：
　　　　《宗教與民族》（第六輯），宗教文化出版社，2009年8月，第359頁。

可見曾被印順法師批評的密宗亦在做著服務社會的實實在在的工作，而不僅僅侷限於灌頂。

　　筆者認為，印順法師對這一點應該是有清楚認識的。當劉成有教授請教他大陸應該如何落實「人間佛教」的問題時，他的回答就是：

> 佛法的基本原則是不變的，但是也要適應這個地區，適應這個
> 時代，要有一些方便。沒有方便，沒辦法。〔註40〕

這可以給那些執著於勝義諦、世俗諦的學者們一個明確的警醒。如果不能夠適應當今現代性的問題，不能解決不同眾生的不同意欲，任何純而又純的理論諍辯都將是徒勞的。

> 菩薩遍及各階層，不一定是煊赫的領導者。隨自己的能力，隨
> 自己的智慧，隨自己的興趣，隨自己的事業，隨自己的環境，真能
> 從悲心出發，但求有利於眾生，有利於佛教，那就無往而不是入世，
> 無往而不是大乘！這所以菩薩人人可學。如不論在家出家，男眾女
> 眾，大家體佛陀的悲心，從悲願而引發力量，真誠、懇切，但求有
> 利於人。我相信，涓滴、洪流、微波、巨浪，終將匯成汪洋法海而
> 莊嚴法界，實現大乘的究極理想於人間。否則，根本既喪，什麼入
> 世、出世，都只是戲論而已！〔註41〕

　　這一段既是印順法師對「人間佛教」踐行部分的強調，也可以說是印順法師心中的對於第三個元問題的答案——它不是在法義上辯論入世、出世，而是要人人依據個人的能力，從各自的當下出發，發悲心，利眾生，以少積多，最終實現人間淨土——這才是「人間佛教」在當代的真議題。而孤陋寡聞之筆者常常見到的只是在佛學研究上繼續做著印順法師的工作，其實這個第二項的工作印順法師已經完成了。當然，亦會有人不同意印順法師的研究結論，但是正如筆者在正文中論述的那樣，那是他們的 B，你花全部的時間精力在這方面與其進行諍辯，想證明印順法師結論 B 的正確，那是不可能完成的任務，印順法師的追隨者們如果仍然在這個議題上繼續糾纏的話，實際只是「照著講」而已，並沒有抓住「人間佛教」的現實問題。而現實的情況是，「人間佛教」的思想已經建構完成了，當前需要做的只是如何把它變成現

〔註40〕劉成有：《佛教現代化的探索——印順法師傳》，第 465 頁。
〔註41〕印順：《談入世與佛學》，《無諍之辯》，第 133 頁。

實，這才是對印順法師第三個元問題的解答，也就是「接著講」。這就好比六祖慧能的《壇經》完成了，但是還要有神會發動的一場革命才能使頓宗思想成為主流。當今「人間佛教」的實踐者們應該拋棄在義理上的糾纏，整合各自的資源，目標一致，開創出佛教在現代社會中的指導意義，以解脫人們的苦難，滿足人類超越的意欲，這才是針對著印順法師未曾實現的問題，筆者期待著印順法師的追隨者們拿出他們的答案。

梁啟超先生在《李鴻章》一書的「緒論」中從總體上評價了李鴻章的其人、其世，指出當時人們對李鴻章的一些指責未必公允，李鴻章只是一位時勢造就的梟雄，而不是能造時勢者，在當時的國內、國際情勢下——舊勢力的掣肘，洋人的逼迫，又無英雄輔佐——他的志向有不能完成者，他的失誤也不能全怪他一人。但是，梁啟超先生最後說：

> 吾故曰，敬李之才，惜李之識，而悲李之遇也。但此後有襲李
> 而起者乎？其時勢既已一變，則其所以為英雄者亦自一變，其勿復
> 以吾之所以恕李者而自恕也。〔註42〕

印順法師曾自嘲地說自己只是在冰雪大地上撒種的癡漢，從這句話中我們可以體會得出他當時的無奈。如今，時勢已變，「人間佛教」的追隨者勿復以癡漢自恕也。

〔註42〕梁啟超：《李鴻章》，何卓恩評注，湖北人民出版社，2004 年 8 月，第 7 頁。

參考文獻

一、原典、字典

1. 印順：《印順法師佛學著作全集》（全二十三卷），北京，中華書局，2009年8月。

2. 黃夏年主編：《民國佛教期刊文獻集成》（原刊影印），北京，全國圖書館文獻微縮複製中心，2006年10月。

3. 黃夏年主編：《民國佛教期刊文獻集成》（補編），北京，中國書店，2008年1月。

4.《牧靈聖經》，南京，中國南京愛德印刷有限公司，蘇出准印 JSE-0001512號，2007年印製。

5.《聖經後典》，張久宣譯，北京，商務印書館，1987年8月。

6. 輔仁神學著作編譯會：《神學辭典》，上海，天主教上海教區光啟社，內部資料准印證（98）第234號，1999年6月。

7. 中國大百科全書總編輯委員會編：《中國大百科全書》第二版，北京，中國大百科全書出版社，2009年3月。

8.〔英〕尼古拉斯·布寧、余紀元編著：《西方哲學英漢對照辭典》，北京，人民出版社，2001年2月。

二、研究論著

1.〔以色列〕阿巴·埃班：《猶太史》，閻瑞松譯，北京，中國社會科學出版社，1986年6月。

2. 〔美〕阿爾伯特・愛因斯坦：《愛因斯坦晚年文集》，方在慶、韓文博、何維國譯，北京，北京大學出版社，2008 年 1 月。

3. 〔美〕阿爾伯特・愛因斯坦：《我的世界觀》，方在慶編譯，北京，中信出版社，2018 年 10 月。

4. 〔美〕阿爾伯特・愛因斯坦：《我的世界觀》，張卜天譯，北京，商務印書館，2018 年 6 月。

5. 〔英〕安東尼・吉登斯：《社會學》第五版，李康譯，北京，北京大學出版社，2009 年 4 月。

6. 〔法〕安田樸：《中國文化西傳歐洲史》，耿昇譯，北京，商務印書館，2000 年 7 月。

7. 〔美〕包爾丹：《宗教的七種理論》，陶飛亞、劉義、鈕聖妮譯，上海，世紀出版集團、上海古籍出版社，2005 年 2 月。

8. 〔以色列〕彼得・奧克斯：《亞伯拉罕宗教的神學政治學：一個猶太教的視角》，蔣立群譯，《民族論壇》，2012 年 3 月（下）。

9. 〔美〕彼得・伯格等：《世界的非世俗化——復興的宗教及全球政治》，李駿康譯，上海，世紀出版集團、上海古籍出版社，2005 年 9 月。

10. 才讓：《神聖與世俗——拉撲楞地區的藏傳佛教信仰現狀研究》，牟鍾鑒主編：《宗教與民族》（第六輯），北京，宗教文化出版社，2009 年 8 月。

11. 蔡惠明：《印順法師的佛學思想》，《法音》，1989 年第 12 期。

12. 《禪》編輯部：《生活禪——第六屆生活禪夏令營專輯》，石家莊，河北佛協虛雲印經功德藏，冀出內準字（1999）第 A191 號。

13. 《禪》編輯部：《生活禪——第七屆生活禪夏令營專輯》，石家莊，河北省佛教協會虛雲印經功德藏印行。

14. 陳兵：《科學與佛學》，《世界科技研究與發展》，1995 年 10 月，第 5 期。

15. 陳兵、鄧子美：《二十世紀中國佛教》，北京，民族出版社，2000 年 11 月。

16. 陳方正：《繼承與叛逆：現代科學為何出現於西方》，北京，生活讀書新知三聯書店，2009 年 4 月。

17. 陳懷宇：《近代傳教士論中國宗教——以慕維廉〈五教通考〉為中心》，上海，世紀出版集團、上海人民出版社，2012 年 6 月。

18. 陳嘉明：《知識與確證——當代知識論引論》，上海，世紀出版集團、上海人民出版社，2003 年 4 月。

19. 陳麟書：《陳麟書宗教學研究論文集》，成都，四川出版集團巴蜀書社，2011 年 3 月。

20. 陳榮捷：《現代中國的宗教趨勢》，廖世德譯，臺北，文殊出版社，1987 年 11 月。

21. 陳衛華：《出世與入世：人間佛教的分際——以太虛和蔣介石關係的個案研究為例》，《河南師範大學學報》（哲學社會科學版），2009 年 4 月。

22. 陳耀庭：《開拓的精神、實在的構建——試評羅竹風同志的宗教學研究》，《學術月刊》，1997 年第 6 期。

23. 成蹊編著：《和尚‧博客——學誠大和尚博客文集之十六》，北京，華文出版社，2012 年 2 月。

24. 〔古羅馬〕德爾圖良：《護教篇》，涂世華譯，上海，上海三聯書店，2007 年 7 月。

25. 董平：《近二十年大陸關於「人間佛教」的研究及其有關理論問題的思考》，2005 年海峽兩岸宗教與社會學術研討會，2005 年 10 月。

26. 〔法〕杜赫德編：《耶穌會士中國書簡集：中國回憶錄》（第 1 卷），鄭德弟、呂一民、沈堅譯，鄭州，大象出版社，2001 年 1 月。

27. 范麗珠、〔美〕James D. Whitehead、Evelyn Eaton Whitehead：《當代世界宗教學》，北京，時事出版社，2006 年 3 月。

28. 范麗珠、〔美〕James D. Whitehead、Evelyn Eaton Whitehead：《中國與宗教的文化社會學》，北京，時事出版社，2012 年 10 月。

29. 范麗珠、〔美〕James D. Whitehead、Evelyn Eaton Whitehead：《宗教社會學：宗教與中國》，北京，時事出版社，2010 年 4 月。

30. 范麗珠：《西方宗教理論下中國宗教研究的困境》，《南京大學學報》（哲學‧人文科學‧社會科學），2009 年第 2 期。

31. 范麗珠：《現代宗教是理性選擇的嗎——質疑宗教的理性選擇研究範式》，《社會》，2008 年第 6 期。

32. 方立天、何光滬、趙敦華，等：《中國宗教學研究的現狀與未來——宗教學研究四人談》，《中國人民大學學報》，2002 年第 4 期。

33. 方立天：《佛教哲學》，《方立天文集》（第四卷），北京，中國人民大學出版社，2006 年 10 月。

34. 方立天：《試論中國佛教之特點》，《方立天文集（第一卷）——魏晉南北朝佛教》，北京，中國人民大學出版社，2006 年 10 月。

35. 馮友蘭：《中國哲學簡史》（英漢對照），趙復三譯，天津，天津社會科學院出版社，2008 年 5 月。

36. 高觀如：《入佛指南》，上海，上海市佛教協會印行，上海市出版局內部資料准印證編號（89）第 086 號。

37.〔日〕高楠順次郎、木村泰賢：《印度哲學宗教史》，高觀盧譯，上海，商務印書館，1935 年 9 月。

38. 高秀昌：《馮友蘭中國哲學史方法論研究》，北京，北京大學出版社，2010 年 6 月。

39. 高楊、荊三隆：《印度哲學與佛學》，西安，太白文藝出版社，2004 年 11 月。

40. 葛兆光：《從學術書評到研究綜述——與博士生的一次討論》，《杭州師範大學學報》（社會科學版），2012 年 9 月，第 5 期。

41. 葛兆光：《西潮又東風：晚清民初思想、宗教與學術十論》，上海，上海世紀出版股份有限公司、上海古籍出版社，2006 年 5 月。

42. 葛兆光：《中國宗教、學術與思想散論》，上海，復旦大學出版社有限公司，2010 年 9 月。

43. 郭朋：《印順佛學思想研究》，北京，中國社會科學出版社，1991 年 8 月。

44. 何建明：《竺摩法師、人間佛教和香港佛教的發展——香港菩提學會會長永惺長老訪談錄（下）》，《香港佛教》第 554 期，2006 年 7 月。

45. 何雲：《卷首語・一個元問題》，《佛教文化》，2002 年第 2 期。

46.〔德〕黑格爾：《黑格爾關於中華帝國的國家宗教》，選自黑格爾：《宗教哲學講演・特定的宗教》，畢芙蓉、張嚴、戶曉輝，等譯，李理校，《世界哲學》，2011 年第 5 期。

47.〔德〕黑格爾：《宗教哲學講座・導論》，長河譯，濟南，山東大學出版社，1988 年 6 月。

48. 胡景鍾、張慶熊主編：《西方宗教哲學文選》，上海，上海人民出版社，

2002 年 9 月。

49. 黃夏年：《關於「人間佛教」的思考》，「第三屆兩岸四地佛教學術研討會」，2009 年 12 月。

50. 黃夏年主編：《太虛集》，北京，中國社會科學出版社，1995 年 12 月。

51. 〔美〕霍姆斯·維慈：《中國佛教的復興》，王雷泉、包勝勇、林倩等譯，上海，上海世紀出版股份有限公司、上海古籍出版社，2006 年 12 月。

52. 江燦騰：《當代臺灣人間佛教思想家——以印順導師為中心的薪火相傳研究論文集》，臺北，新文豐出版股份有限公司，2001 年 3 月。

53. 江燦騰：《辛亥革命以來的百年現代性佛學研究》，《江蘇行政學院學報》，2012 年第 2 期。

54. 蔣廷黻：《中國近代史》，海口，海南出版社，1994 年 8 月。

55. 金順福：《概念邏輯》，北京，社會科學文獻出版社，2010 年 5 月

56. 金岳霖主編：《形式邏輯》，北京，人民出版社，1979 年 10 月。

57. 〔德〕卡爾·雅斯貝爾斯：《歷史的起源與目標》，魏楚雄、俞新天譯，北京，華夏出版社，1989 年 6 月。

58. 寬忍編著：《佛教手冊》，北京，中國文史出版社，1991 年 11 月。

59. 李四龍、周學農主編：《哲學、宗教與人文》，北京，商務印書館，2004 年 12 月。

60. 李四龍：《論佛教在西方 200 年的形象變化》，《江蘇行政學院學報》，2012 年第 2 期。

61. 李四龍主編：《佛學與國學：樓宇烈教授七秩晉五頌壽文集》，北京，九州出版社，2009 年 12 月。

62. 李向平：《人間佛教的現代轉換及其意義》，《世界宗教研究》，1997 年第 1 期。

63. 李雪濤：《論雅斯貝爾斯「軸心時代」觀念的中國思想來源》，《現代哲學》，2008 年第 6 期。

64. 李養正：《陳攖寧「仙學」的特徵、理論與方法》，《中國道教》，1989 年第 3 期。

65. 梁啟超：《清代學術概論》，上海，上海古籍出版社，1998 年 1 月。

66. 梁啟超：《李鴻章》，何卓恩評注，武漢，湖北人民出版社，2004 年 8 月。

67. 梁思成：《佛像的歷史》，北京，中國青年出版社，2010 年 6 月。

68. 劉常淨：《三論宗綱要》，北京，中國佛學院教務部。

69. 劉成有：《佛教現代化的探索——印順法師傳》，臺中，太平慈光寺，2008 年 10 月。

70. 劉成有：《略論廟產興學及其對道教的影響——從 1928 年的一段地方志資料統計說起》，《中國道教》，2004 年第 1 期。

71. 劉成有：《現代性視野中的人間佛教》，《中國宗教》，2009 年第 11 期。

72. 劉成有：《印順早期的信仰轉向及其意義》，《全球化下的佛教與民族——第三屆兩岸四地佛教學術研討會論文集》，2009 年。

73. 劉平：《中國秘密宗教史研究》，北京，北京大學出版社，2010 年 12 月。

74. 劉延剛：《太虛「人間佛教」思想與中國佛教的現代化》，《網絡財富》，2009 年 3 月。

75. 〔美〕路易斯‧P‧波伊曼：《宗教哲學》，黃瑞成譯，北京，中國人民大學出版社，2006 年 5 月。

76. 〔美〕羅伯特‧沙夫：《走進中國佛教——〈寶藏論〉解讀》，夏志前、夏少偉譯，上海，上海世紀出版股份有限公司、上海古籍出版社，2009 年 12 月。

77. 羅榮渠主編：《從「西化」到現代化——五四以來有關中國的文化趨向和發展道路論爭文選》，合肥，黃山書社，2008 年 5 月。

78. 呂大吉：《宗教學通論新編》，北京，中國社會科學出版社，1998 年 12 月。

79. 麻天祥：《胡適、鈴木大拙、印順禪宗研究方法之比較》，《求索》，1997 年第 6 期。

80. 麻天祥：《中國佛學非本體的本體詮釋》，《中國社會科學》，2001 年第 6 期。

81. 麻天祥、孔祥珍：《梁啟超說佛》，武漢，湖北人民出版社，2007 年 1 月。

82. 〔德〕馬克思：《關於費爾巴哈的提綱》，鄭天星編：《馬克思恩格斯論無神論、宗教和教會》，北京，華文出版社，1991 年 12 月。

83. 牟鍾鑒：《探索宗教》，北京，宗教文化出版社，2008 年 1 月。

84. 牟鍾鑒：《中國道教》，廣州，廣東人民出版社，1996 年 7 月。

85. 牟鍾鑒主編：《民族宗教學導論》，北京，宗教文化出版社，2009 年 6 月。

86. 牟鍾鑒主編：《宗教與民族》（第六輯），北京，宗教文化出版社，2009 年 8 月。

87. 牟宗三：《中西哲學之會通十四講》，上海，上海古籍出版社，1997 年 12 月。

88. 蒲長春：《印順人間佛教的「人間」三義》，《南陽師範學院學報》（社會科學版），2006 年第 5 期。

89. 邱敏捷：《印順導師的佛教思想》，臺北，法界出版社，2000 年 4 月。

90. 邱敏捷：《印順學之薪火相傳——昭慧法師訪談錄》，《弘誓》第 110 期，2011 年 4 月。

91. 任繼愈：《中國哲學與中國宗教》，李申、李勁編：《天人之際——任繼愈學術思想精粹》，北京，人民日報出版社，2010 年 8 月。

92. 拾文輯：《人間佛教思想資料選編》，《法音》，1984 年 5 月。

93. 釋禪林：《心淨與國土淨的辯證——印順導師與人間佛教大辯論》，臺北，南天書局有限公司，2006 年 5 月。

94. 釋傳法：《編輯室報告》，《弘誓》第 118 期，2012 年 8 月。

95. 釋聖嚴：《比較宗教學》，臺北，臺灣中華書局，1985 年 4 月。

96. 釋昭慧：《初期唯識思想——瑜伽行派形成之脈絡》，北京，宗教文化出版社，2008 年 12 月。

97. 釋昭慧：《「印順學」已在成形》，《弘誓》第 80 期，2006 年 4 月。

98. 孫立平：《傳統與變遷——國外現代化及中國現代化研究》，哈爾濱，黑龍江人民出版社，1992 年 10 月。

99. 太虛：《怎樣去做軍官》，《太虛大師全書》（第 26 卷），北京，宗教文化出版社，2005 年 1 月。

100. 〔挪威〕託利弗・伯曼：《希伯來與希臘思想比較》，吳勇立譯，上海，上海世紀出版股份有限公司、上海書店出版社，2007 年 4 月。

101. 汪丁丁：《中國社會科學的研究方法導論》，《財經問題研究》，2008 年 10 月。

102. 王俊中：《救國、宗教抑哲學？——梁啟超早年的佛學觀及其轉折》，《華嚴蓮社趙氏慈孝大專學生佛學論文集》（十）。

103. 王栻主編：《嚴復集》（第三冊），北京，中華書局，1986 年 1 月。

104. 吳晨：《社會知識論還是社會認識論》，《自然辯證法研究》，2004 年 11 月。

105. 夏明方：《十八世紀中國的「現代性建構」——「中國中心觀」主導下的清史研究反思》，《史林》，2006 年第 6 期。

106. 夏明方：《十八世紀中國的「思想現代性」——「中國中心觀」主導下的清史研究反思之二》，《清史研究》，2007 年 8 月第 3 期。

107. 熊十力：《新唯識論》（語體文本），蕭萐父主編：《熊十力全集》（第三卷），武漢，湖北教育出版社，2001 年 8 月。

108. 宣方：《批印諸文學術失範與學風問題舉隅》，《弘誓》，第 145 期，2017 年 2 月。

109. 宣方：《作為方法的印順：問題意識、詮釋效應及其他》，《弘誓》第 76 期，2005 年 8 月。

110. 楊鳳崗：《中國宗教的三色市場》，《中國農業大學學報》（社會科學版），2008 年第 12 期。

111. 楊書鍼：《梁啟超的佛學研究》，司馬琪主編：《十家論佛》，上海，世紀出版集團、上海人民出版社，2006 年 6 月。

112. 姚平主編：《當代西方漢學研究集萃·宗教史卷》，上海，上海世紀出版股份有限公司、上海古籍出版社，2012 年 9 月。

113. 葉小文：《當前我國的宗教問題——關於宗教五性的再探討》，《世界宗教文化》，1997 年第 1～2 期。

114. 葉秀山：《一以貫之的康德哲學——我這幾年學習康德哲學的一些體會》，《中國社會科學院研究生院學報》，2012 年 1 月。

115. 余英時：《現代儒學的困境》，《現代儒學的回顧與展望》，北京，生活·讀書·新知三聯書店，2004 年 12 月。

116. 余英時：《現代儒學論》，上海，世紀出版集團、上海人民出版社，2010 年 9 月。

117. 俞吾金：《從哲學的元問題談起》，《探索與爭鳴》，1987 年第 2 期。

118. 俞吾金：《再談哲學的元問題》，《學術月刊》，1995 年第 10 期。

119. 宇恒偉、李利安：《胡適宗教研究方法關鍵詞的解讀》，《江南大學學報》

（人文社會科學版），2006 年 10 月。

120.〔英〕約翰·麥奎利：《談論上帝——神學的語言與邏輯之考察》，安慶國譯，高師寧校，成都，四川人民出版社，1997 年 11 月。

121. 張卜天：《愛因斯坦與佛教》，《南方周末》，2016 年 5 月 20 日。

122.〔美〕張灝：《梁啟超與中國思想的過渡（1890～1907）》，崔志海、葛夫平譯，南京，江蘇人民出版社，1995 年 1 月。

123. 張曼濤主編：《民國佛教篇——中國佛教史專集之七》（現代佛教學術叢刊 86），臺北，大乘文化出版社，1978 年 12 月。

124. 張榮明：《中國思想與信仰講演錄》，南寧，廣西師範大學出版社，2008 年 2 月。

125. 張志剛主編：《宗教研究指要》，北京，北京大學出版社，2005 年 6 月。

126. 浙江省政協文史資料委員會、浙江省人們政府民族宗教事務委員會、浙江省佛教協會編：《東南佛地盛世重光——浙江近現代佛教史料》（浙江文史資料第 59 輯），杭州，浙江人民出版社，1996 年 12 月。

127. 鄭杭生、楊敏：《論社會學元問題與社會學基本問題——個人與社會關係問題的邏輯結構要素和特定歷史過程》，《華中科技大學學報》（社會科學版），2003 年第 4 期。

128. 周貴華：《佛學研究的內在詮釋之路——以印度佛教瑜伽詮義思想為例》，《華東師範大學學報》（哲學社會科學版），2018 年第 4 期。

129. 周貴華：《完整佛教思想導論》，北京，宗教文化出版社，2013 年 1 月。

130. 周貴華：《作為佛教的佛教》，北京，宗教文化出版社，2010 年 2 月。

131. 周予同：《中國經學史講義》，上海，上海文藝出版社，1999 年 1 月。

132. 朱紅文：《社會科學方法》，北京，科學出版社，2002 年 7 月。

133. 卓新平：《當代西方新教神學》，上海，上海三聯書店，1998 年 5 月。

134. 卓新平：《講透「社會主義的宗教論」需要新思想》，《中國宗教》，2003 年第 5 期。

三、學位論文

1. 方司蕾：《論印順「人間佛教」的「神聖維度」》，博士學位論文，武漢大學，2008 年。

2. 李嶷：《印順法師佛學思想研究》，博士學位論文，北京大學，2001 年。

3. 王萌：《融攝與對話：現當代佛教與科學關係研究》，博士學位論文，四川大學，2004 年。

4. William P. Chu, *A Buddha-Shaped Hole: Yinshun's Critical Buddhology and the Theological Crisis in Modern Chinese Buddhism*, University of California, 2006.

四、電子文獻

1. 印順文教基金會官方網站，http://www.yinshun.org.tw/firstpage.htm。

2. 佛教弘誓學院：歷屆學術會議，《弘誓》雙月刊，http://www.hongshi.org.tw/index.aspx。

3. 太虛大師全書（電子版），南普陀在線，http://www.nanputuo.com/nptlib/。

4. 香港佛教聯合會：《香港佛教》月刊，http://www.hkbuddhist.org/。

5. 香港中文大學人間佛教研究中心，http://www.cuhk.edu.hk/arts/cshb/index.html。

後　記

　　《印順法師的佛學思想》是筆者 2013 年 5 月中國中央民族大學的博士論文，完成以後即在導師劉成有教授的鼓勵下，繼續思考有關問題，以期讓這部作品更加完善。（也許更準確的表述是更加「自洽」）。現在，承蒙花木蘭文化出版社編委會同意付梓，終於又花工夫校勘了一番，將行文的邏輯重新做了修定，算是反映出了這幾年的思考成果。只是由於筆者目前的教學重心不在這一領域，因此文章大的架構以及文獻綜述都是 8 年前的，沒有反映當今大陸的研究情況，這一點只好請讀者見諒。

　　本書的完成無法用語言表達其中的種種感慨，借用佛家用語來形容——因緣不可思量。結果不是求來的，但只要努力，總會有意想不到的收穫，因為一路上總有幫助你的人。

　　首先我要感謝的是在佛學的求知路上給予我具體指導的人們，法師中有淨慧法師、性妙法師、索達吉堪布、理方法師、了義法師、剛曉法師；同修中有劉軼權、史耀海、蔣賢旭、張進、石偉、原軍超等，他們的睿智和信念給了筆者不斷探索的精神動力。

　　其次我要感謝哲學與宗教學學院的劉成有教授以及其他授業老師們，他們的學術精神和無私指點，釐清了筆者一度困惑的模糊思想，讓我能夠順利完成本書的寫作，達到學術理論上的一個新高度。同時，亦感謝花木蘭文化出版社的同仁們為本書提供了出版的機會，好讓它能夠接受大家的檢驗。

　　第三我要感謝曾經一起工作過的領導、同事們，魯志強、喬仁毅、張劍荊、喬國棟、孟慶江等。筆者是一個有棱角的人，在這樣一個巨變的社會裡，仍能有這麼多同事給予我各種各樣的幫助，讓筆者能夠不斷超越過去的自己，

尤其值得筆者珍惜。記得在我剛剛參加工作的第一年裡，社會上一度闖紅燈盛行，那時筆者仍然堅持等待紅燈變燈時再通過路口。記得當時一位意氣風發的同齡人在我身邊說，「這時候還等紅燈，看來你一輩子都是紅燈了」。他一邊說著一邊騎著車揚長而去，而我仍在原地等待。這麼多年過去了，讓筆者感到慶幸的是，社會上堅持自己獨特個性的人不是少了而是更多了，而他們終能等到為其開啟綠燈的人。

祝願這個社會的綠燈永不熄滅。

2021 年 7 月 31 日於戒幢佛學研究所